느낌이 좋은 대화 방법
The Art of Speaking

전영우

집문당

머리말

　오늘 우리는 대화시대에 살고 있다. 그런데 대화의 기본을 잘 모르고 일상의 대화를 나누고 있지 않은가. 대화의 조건, 대화의 능력, 대화의 분위기, 화제 선택, 어휘 선택 등의 기초는 물론, 설명·보고·정보제공·설득 등의 말하기 기능과 토의·토론·회의·연설 등의 말하기 유형을 대체로 숙지하지 못한 형편이 아닌가. 대화가 일방 커뮤니케이션에 머물고, 토의·토론이 논쟁으로 격화일로를 치닫고, 회의는 제한시간의 불투명으로 정시에 끝나는 일이 없으며, 연설은 수사에 매이기 일쑤가 아닌가?
　이 현상에서 과감히 벗어나야 한다. 보다 조리있는 설명, 논리정연할 뿐 아니라 감정상 호감을 살 수 있는 설득, 요령있는 간결한 보고, 가치있는 정보활용 등으로 대화, 토의, 토론, 연설에 임해야 한다. 그리고 각계각층의 기업과 조직에서 좀더 능률적인 회의 운영으로 대폭 회의시간을 줄이고, 보다 생산적 부면으로 정력을 돌려야 한다.
　'백지장도 맞들면 낫다'고 중지를 모아 나가는 데 있어 고도의 회의능력이 요구된다.
　말하기·듣기를 한낱 재능으로 보던 시대는 지났다. 지금은 이것이 생활방편이다. 그러므로 '화법교육'이 각급 학교는 물론 모든 조직과 기업의 연수원에서 밀도 있게 활발히 교육되는 것이다. 인구밀도가 조밀하고 집단규모가 점차 방대하여 가는 추세 속에 '커뮤니케이션' 기능의 중요성은 불을 보듯 분명하다. 조직은 사람이 움직인다. 그런데 조직을 움직이는 기능이 바로 '커뮤니케이션'이다.
　능변의 조건이 과거에는 웅변가형의 음성을 가질 것, 수사학에 정통할 것, 논리적 사고와 표현이 가능할 것, 어휘가 풍부하고 그 구사가 적절할 것, 대중조작 능력이 있을 것 등이었으나, 현재에는 첫째, 진실을 바탕에 깔 것, 둘째, 사실을 사실대로 밝힐 것, 셋째, 가치있는 정보를 갖고 이를 적시에 활용할 것 등으로 바뀌었다. 물론 여기 과거의 조건이 더 첨가되면 금상첨화이다.

 각급 학교 국어교육이 문장에 편중되다 보니 국문교육의 성격을 띠게 되었다. 명실공히 국어교육이면 무엇보다 말하기, 듣기 교육에 우선을 두어야 할 것이다. 최근 '화법교육'이 각급 국어 교과서에 조금씩 다루어지고 있음은 때늦은 감이 있으나 그나마 다행이다.

 국어교육에서 '화법'이 비중 있게 다루어지고, 각 기업과 조직이 '화법 연수'를 필수로 사원들에게 훈련을 쌓게 하고 있다. 나아가 사회교육원에서 '국어화법론'이 수강생의 요청으로 수업을 실시하고 있다.

 이 책은 최근 이런 움직임에 대응, 초보적인 선에서 '스피치'에 입문하는 일반 독자층을 위해 쓰여진 것이다.

 설명을 잘해야 상대방이 쉽게 이해하고, 설득을 잘해야 상대방이 무리 없이 납득한다. 납득이 되면 호의어린 반응과 함께 곧 행동을 일으킨다. 이 같은 말하기, 듣기 기능이 대화, 토의, 토론, 회의 장면에서 효과적으로 이루어질 때 비로소 우리는 대화 시대에 사는 보람을 만끽하게 된다.

 "아첨하는 교묘한 말과 보기 좋게 꾸미는 얼굴빛은 인(仁)이 적다"는 <논어>의 말씀을 새기고, 보다 나은 국어생활을 위하여 말하기, 듣기의 효과적 방법을 실천에 옮겨 보자.

지은이 씀

*1988년 초판을 낸 뒤 12판을 제작, 보급한 ≪대화의 에티켓≫을 개정 증보하여 ≪느낌이 좋은 대화 방법≫으로 책의 표제를 바꾼 것이다.

차 례

머리말 / 3

생각 못하는 갈대

1. 말은 곧 인격 ··· 11
2. 거스름돈 100원의 말다툼 ······························· 14
3. 막연한(?) 친구 사이 ······································· 20
4. 생각 못하는 갈대 ··· 25
5. 선 채로 절 여쭙기 ··· 30
6. 언어 소양 ·· 35
7. 성실한 인사 ··· 39

대화 시대

1. 대화 시대 ·· 47
2. 대화 분위기 조성 ··· 51
3. 대화의 에티켓 ·· 54
4. 고운 말 쓰기 (1) ··· 56
5. 고운 말 쓰기 (2) ··· 60
6. 말하기에 앞서 듣기가 중요 ···························· 64
7. 효과적 청법 ··· 67
8. 마음의 문제 ··· 71
9. 마음의 벽 ·· 76
10. 질문과 대답 ··· 78
11. 벼이삭 같은 인품 ··· 84

12. 아는 것이 많아야 ·· 85
13. 화제 선택 (1) ··· 87
14. 화제 선택 (2) ··· 89
15. 화제 선택 (3) ··· 91
16. 화제 선택 (4) ··· 94
17. 뜻과 소리 ··· 96
18. 말하기 예의 ··· 99
19. 대화의 조건 ·· 104
20. 대화의 능력 ·· 110
21. 대화의 10단계 ·· 115
22. 대화의 조화 ·· 119
23. 말의 첫마디 ·· 121

남을 내 뜻대로

1. 설명 기능 ·· 127
2. 설명 방법 ·· 130
3. 보고 기능 ·· 134
4. 유머 있는 대화 ·· 136
5. 남을 내 편으로 ·· 138
6. 남을 내 뜻대로 ·· 140
7. 설득한다 ·· 142
8. 설득의 기능 (1) ··· 150
9. 설득의 기능 (2) ··· 154
10. 심층 설득 (1) ·· 159
11. 심층 설득 (2) ·· 164
12. 정보 제공 ·· 168

가는 말 오는 말

1. 상대의 지위와 나의 입장 ·············· 177
2. 가르칠 때, 꾸짖을 때 ·············· 180
3. 의기를 높이는 말 ·············· 182
4. 가는 말 오는 말 ·············· 187
5. 의뢰와 명령 ·············· 189
6. 비판할 때의 말 ·············· 194
7. 충고할 때와 받을 때 ·············· 198
8. 의견을 내세울 때 ·············· 202
9. 임기응변의 화법 ·············· 207
10. 아름다운 표현 ·············· 209
11. 대화의 의미 ·············· 211
12. 전화 응대 요령 ·············· 214
13. 좌담회 사회 ·············· 216
14. 회의를 줄이자 ·············· 218
15. 회의 분위기 ·············· 220
16. 회의와 집회 ·············· 221

조건부 긍정

1. 조건부 긍정 ·············· 229
2. 세일에 전 인격을 ·············· 231
3. 저항 제거의 화법 ·············· 233
4. 비즈니스 화법 ·············· 235
5. 묘사화법 ·············· 239
6. 암시화법 ·············· 240
7. 판매화법 ·············· 245

연설과 토론

1. 청중을 안다 251
2. 말하는 사람 256
3. 능변의 조건 262
4. 이야기 목적 269
5. 윤리적 표현 270
6. 음성표현법 272
7. 표정 언어 277
8. 언어 표현법 279
9. 긴장과 흥분 286
10. 의미 강조의 반어 291
11. 감명을 주는 연설 293
12. 5분 스피치 298
13. 말의 첫머리 300
14. 이야기가 길면 303
15. 이야기 구성의 5단계 (1) 309
16. 이야기 구성의 5단계 (2) 314
17. 이야기 시작 317
18. 토론 전개 322

찾아보기 / 327

생각 못하는 갈대

1. 말은 곧 인격

◇ 진실해야 설득력이

 대화의 광장, 대화 있는 인간관계, 그것은 모두 호의어린 설득과 효과적인 커뮤니케이션을 바탕으로 한 인간의 심리적 자극 반응의 관계를 시사한다. 일상생활에서 우리가 직면하는 복잡미묘한 문제를 효과적으로 해결해 나가는 힘, 즉 남과 잘 교섭하고 사람을 잘 움직이는 힘은 누구에게나 절실하게 필요한 것이다.
 "사람은 잘못을 쉽게 말해선 안된다. 그리고 진실을 침묵해선 안된다."
 우리 생활 주변에 교언영색이나 감언이설 또는 미사여구로 대화에 임하는 사람이 없지 않으나, 이것은 오늘날 우리의 생활윤리에 맞지 않는 농도 짙은 화장술에 불과하다. 부자연스럽기 때문이다. 자연스러워야 한다. 자연스러워야 진실하기 때문이다.
 대화에 임해 모름지기 설득력을 구사하려면 진실과 성실을 바탕으로 해야 한다. 품격과 교양을 지녀야 한다. 훈훈한 인간미를 풍겨야 한다. 그리고 대화의 매너와 에티켓을 마음과 몸에 잘 간직해야 한다. 인간의 행동과학에서 가장 소중한 교양, 대화의 이모저모를 알아야 한다. 이것이 독자의 일상 언어생활에 도움이 될 것이다.
 영국신사는 영어 발음이 정확하고 화제 또한 풍부한데 그것은 교육받은 부인과 자주 대화의 기회를 가짐으로써 대화가 세련되어지기 때문이다. 또 부인은 교양있는 신사와 대화하는 것으로 대화의 미가 가꾸어진다. 이성간의 대화는 누구나 주의하고 특별한 관심을 갖는 것이다. 특히 부인은 미를 좋아하는 열정이 대단하므로 부인과 대화하면 알지 못하는 사이에 미의식이 새겨진다. 이름 있는 좌담에서 여성의 영향을 받지 않는 경우가 없다. 그것은 여성의 말과 이야기 속에 가꾸어진 미가 있고 세련된 교양이 있기 때문이다.

영화 <상류사회 부인>은 이렇게 시작된다. 때는 1900년대 초기, 영국 런던, 궂은비가 멈추지 않은 어느 날, 한 상류사회 연회가 끝난다. 거리에 마차가 이따금 지나갈 뿐, 마차 잡기가 수월치 않다.

이때 신사 한 사람이 마차를 잡으려고 비오는 거리를 이리 뛰고 저리 뛴다. 그러다 그만 꽃 파는 소녀의 꽃바구니를 툭 건드린다. 그러자 꽃바구니에 소담하게 담겨 있던 갖가지 아름다운 꽃송이들이 거리의 흙탕물에 나뒹굴어 흩어진다.

꽃 파는 소녀, 때를 놓칠세라 신사를 향하여 마구 욕지거리를 한다. 차마 입에 담지 못할 욕설을 함부로 내뱉는다. 여기까지 구경하던 극장 관객이 일시에 폭소를 터뜨린다. 한데, 그 소녀가 바로 미모의 여주인공 오드리 헵번이 아닌가.

바뀐 화면에서 예의 신사가 가볍게 멈칫하며 사뭇 놀란다. 그렇게 아름다운 얼굴에서 욕설이 마구 튀어나오니 어이가 없던 모양이다. 신사는 '스피치' 선생이다. 신사는 관심을 소녀에게 쏟는다. 그렇게 아름다운 용모를 지녔는데 앞으로 '스피치'를 배워 상류사회에 나가지 않겠느냐는 충고를 보낸다. 그러나 소녀는 막무가내다. 그래도 아깝게 느낀 신사가 그의 집 주소와 이름이 적힌 명함을 소녀에게 전해준다. 화면은 다시 바뀌고 신사의 집 정문이다.

꽃 파는 소녀가 그 집 초인종을 조심스럽게 누른다. 신사와 상면, 영어 '스피치'를 배우겠다는 결심을 말한다. 선생은 즉석에서 응낙한다. 수업이 시작된다. 영어발음부터 배운다. 어느 단계에 도달한다. 비로소 화법을 익히는데 먼저 날씨를 화제로 삼는 인사말이다.

"오늘 날씨는 매우 쾌청합니다. 스페인 평야의 맑은 날씨와 같고…"

그 무렵, 신사의 어머니가 호스티스가 되는 상류사회 파티가 열린다. 신사는 소녀를 데리고 그 모임에 참석, 어머니에게 소녀를 소개한다. 연회에 처음 참석하는 터라, 소녀는 수줍은 모습이다.

신사는 어머니에게 귀엣말로 이 소녀가 날씨에 대한 화제 이외에 아직 배운 것이 없으니, 다른 사람과의 대화 때 각별한 주의가 필요하다고 말하고 꼭 동석할 것을 요구한 뒤 그 자리를 떠난다.

소녀 역의 오드리 햅번은 테이블에 자리를 잡는다. 그냥 보면 매우 청순하고 요염한 자태다. 바로 이때, 저만치 약삭빠른 인상의 젊은 신사 한 사람이 이쪽으로 다가온다. 소녀에게 정중히 인사를 건네고, 한 테이블에 앉는다. 신사가 화제를 꺼낸다.

"오늘 날씨가 대단히 좋습니다."

"네, 오늘 날씨는 매우 쾌청합니다. 스페인 평야의 맑은 날씨와 같고…"

일순간 신사는 크게 놀라는 표정이다. 아름다운 용모에 구슬 구르는 듯한 맑은 목소리, 그리고 금상첨화로 교양미 넘치는 인사말, 신사는 소녀에게 크게 매료되고 만다. 마침내 신사는 화제를 바꾼다.

"그런데, 또 환절기가 되면…"

"네, 환절기가 되면 감기가 유행하죠. 그렇잖아도 지난번 환절기 때 내 작은 엄마가… 뒈졌어요."

순간 신사는 두 번째로 크게 놀란다. 이때 어리둥절한 표정이다. 교양미와 몰상식이 동시에 교차된 때문이다. 마침 그 자리에 호스티스인 '스피치' 선생 어머니는 자리를 지키지 못하였다. 영화를 통하여 이 장면을 보던 극장 관객은 일시에 폭소를 터뜨렸다.

◇ **대화의 7하 원칙**

말은 인격의 표현이다. 훌륭한 인격을 바탕에 깔면 훌륭한 말이 기대되나, 그렇지 않을 때는 기대할 것이 없다. 인격과 소양이 고루 갖추어져야 우리는 바람직한 대화에 임할 수 있다.

그러므로 대화는 인격의 만남이요, 인격의 교류이다. 입이 말하는 것 같으나 입이 말하지 아니하고, 귀가 이야기를 듣는 것 같으나 귀가 이야기를 듣는 것이 아니다. 그러면 입은 무엇이고 귀는 무엇인가. 입은 말하는 신체 기관이요, 도구요, 수단이다. 그리고 귀 또한 듣는 신체 기관이요, 도구요, 수단일 뿐이다. 말하고 듣는 것은 무엇일까? 그것은 바로 인격인 것이다. 인격이 말하고 인격이 듣는 것이다. 그러므로 대화를 인격의 교류라 말한다.

민족의 선각 도산 선생은 일찍이,

"진리는 반드시 따르는 자가 있고, 정의는 반드시 이루는 날이 있다. 죽더라도 거짓이 없으라."

하는 뜻있는 일깨움을 주었다. 이 말은 도산 선생의 입이 말한 것이 아니고, 그분의 인격이 한 말씀이다.

대화의 이상을 우리는 허심탄회한, 격의 없는, 흉금을 터놓는 대화로 표현한다. 과연 일상 대화에서 우리는 이런 류의 대화를 솔직히 나누고 있는지 조용히 반성해 보자.

끝으로 고려할 것이 '7하 원칙'이다. 언제, 어디서, 누가, 누구에게, 무엇을, 왜, 어떻게 말할 것인가? 어느 정황에서라도 말할 때 꼭 염두에 둬야 할 것이 바로 '7하 원칙'이다. 그리고 아름다운 말은 금상첨화이다.

'사랑스런 예쁜 꽃이 색깔도 곱고 향기도 있듯, 아름다운 말을 바르게 행하면, 반드시 그 결과 복이 있나니, 청산은 나를 보고 말없이 살라 하고, 창공은 나를 보고 티 없이 살라 하네, 탐욕도 벗어놓은 채 성냄도 벗어놓은 채 물같이 바람같이 살다 가라 하네.'

동학사 문턱 아치에 써 있는 글이 문득 머리에 떠오른다.

2. 거스름돈 100원의 말다툼

어느 날 우리 나라 굴지의 한 그룹을 방문한 적이 있다. 임원 부속실에 앉아 있으려니 상냥하고 청순한 인상의 여비서가 다가와서 물었다.
"차를 드리려고 하는데 무슨 차를 드릴까요? 저희는 커피, 오렌지 주스, 곤포차가 준비돼 있습니다."
어디서 차 대접을 받을 때면 이렇게 차 기호를 질문받는 경우가 흔치 않은 터라, 여비서의 배려는 대단히 훌륭하게 느껴졌고 고맙기까지 했다. 그날 벌써 커피를 두 잔쯤 마셨기에 커피 생각은 없고, 또 이따금 술을 마셔서 속이 좋지 않아 오렌지 주스 또한 마음에 내키지 않는다. 오로지 끌리는 것은 곤포차뿐이다. 그때까지 곤포차가 뭔지 잘 몰랐다.
그 차 이름이 흡사 '캄푸치아' 나라 이름과 비슷하게 들릴 정도이다. 그래도 세 가지 차 중에 그게 나을 것 같아,
"그럼, 곤포차."
하였다. 기호에 맞는다는 듯이 말한 것이다.
음식을 택할 때, 우리는 오관의 만족을 먼저 생각한다. 요모조모 감각을 따져 그 중 가장 구미에 당기는 것을 택하는 것이다.
그러면 감각과 맛은 어떤 관계에 있는지 살펴보자.
먼저 시각적인 감각에서 볼 때, 음식은 눈으로 봐서 먹음직해야 한다. 이에 대표적인 것이 아마 일본음식일 것이다. 그러면 후각적인 감각에서는 어떤가? 코에 자극을 주는 음식이므로, 아마 이에 해당하는 것이 중국음식일 것이다. 셋째는 청각이다. 같은 된장찌개라도 불 위에서 바글바글 끓고 있는 쪽에 수저가 가지, 소리 없이 식어버린 쪽으로 수저가 가진 않는다. 넷째는 미각, 즉 맛이다. 두말할 나위 없이 먹는 기쁨의 핵심 그 자체다. 더 이상의 말이 필요 없을 것이다. 다섯 번째로 촉감, 손에 와 닿고 입술·혀에 와 닿는 기쁨으로 인한 즐거움이다.
이렇게 하나 하나의 감각을 생각하며 곤포차의 맛을 상상하고 있자니까 얼마 뒤에 곤포차가 나왔다. 먼저 색깔이 신통치 않다. 냄새

가 없는 터에 소리도 없다. 이제 남은 것은 맛을 보는 일뿐이다. 하지만 곤포차를 처음 마시게 되니 맛을 보는 일이 썩 내키지 않는다. 어떻든 차를 권하면 설탕도 내놓는 법인데 설탕이 나오지 않는다.

그렇다고, "설탕을 왜 안 주나요?" 하고 질문하기는 좀 구차했다. 말이 입 속에서 맴돌다 그대로 들어가 버린다.

티스푼으로 조용히 차를 저었다. 이제 맛을 보지 않으면 안 된다. 맛을 보니 뭔가 찝찌름하다.

"곤포차!"

하고, 차를 시킨 자신이 우습게 느껴졌다. 그러나 어떻든 여비서의 호의는 고마운 것이었다.

◇ 자기 본위의 호의

이 일이 있은 뒤, 모 은행지점을 방문한 적이 있다. 당시는 아직 음료수 자동판매기가 설치되기 훨씬 전이다. 지점장이 한 여직원을 불러 차를 가져오게 한다. 전기한 사례와 달리 여직원은 차 대접을 위한 차의 기호를 묻지 않는다. 얼마쯤 시간이 경과한 다음 차가 나오는데 앞에 갖다 놓은 차가 커피인 것은 예상대로이나, 지점장 앞에 놓인 차는 커피가 아니다. 같은 커피라면 이 사실을 지금껏 기억하지 않을 것인데, 그것이 레몬을 띄운 홍차이기 때문에 아직껏 기억에 남아 있다.

만약 이때, 여직원이 그룹 여비서처럼

"커피와 홍차가 있는데요, 어떤 것으로 드시겠습니까?"

하고 손님의 기호를 물어본 뒤, 지점장과 나에게 똑같은 홍차를 대접해 주었다면, 같은 중학교 동창끼리 좀더 여유있는 대화 분위기를 조성할 수 있지 않았을까 생각해 보았다.

물론 직장이나 가정에 따라 손님에게 대접할 차 종류가 많지 않을 수가 있다. 만일 준비한 것이 커피 하나밖에 없다면,

"커피로 드시겠어요? 아니면 보리차로 하시겠어요?"
하고 의중을 물으면 손님에 따라,
"보리차요!"
하고 환한 얼굴로 대답할지 모른다.

몇 가지 종류를 제시하고 거기서 손님의 기호에 맞는 것을 선택하도록 하는 것이 올바른 대화의 에티켓이다. 그럼에도 불구하고, 우리 주변에 흔히 일방적 서비스로 차를 내놓아 손님을 당황하게 만드는 경우가 적지 않다. 기왕 손님에게 차 대접을 할 바에야 기호를 물어보고 손님 기호에 맞는 차를 준비해 내놓는 것이 한층 예의 바르고 성의있는 대접이 될 것이다. 하찮은 일 같으나 이 같은 대화를 통하여 우리는 보다 밝은 대화 분위기를 조성해 나갈 수 있다.

오뉴월 복지경, 더위에 시달리면 누구나 건강식을 머리에 떠올리게 된다. 나 역시 예외가 아니다. 한번은, 친구한테서 전화가 걸려왔다.

"여보세요?"
"나 아무개일세, 오늘 저녁 어디 약속한 데 없나?"
"없는데, 왜 그러나?"
"아니, 좋은 데 가려고."
"어디인데?"
"가면 알지! 내가 차 가지고 갈 테니 기다리게."
"알겠네."

전화 수화기를 놓고, 나는 하루 종일 '가면 아는 곳'이 어딜까 하는 호기심에 궁금한 마음으로 기다렸다. 이윽고 저녁 무렵 그가 차를 몰고 왔다.

"자, 타지."
"어딜 가는데 그러나?"
"가면 알지."

차가 움직이기 시작, 복잡한 서울의 도심을 빠져나가더니 변두리

쪽으로 방향을 돌린다. 얼마를 달린 끝에 마침내 차를 세웠다. 그곳은 '보신탕 집' 앞이다. 나는 난색을 표하지 않을 수 없다.
"난 보신탕 못 먹네."
"이 사람 무슨 얘기야, 자네 쇠고기 먹나?"
"먹지."
"돼지고기, 닭고기는?"
"다 먹지."
"그런데 왜 개고기를 못 먹나?"
어이가 없다. 좀 있다가 이번엔 내가 질문을 던졌다.
"자네 혹시 고양이 고기 먹나?"
"이 사람아, 누가 고양이 고기를 먹나?"
"피장파장이지 뭘 그래."
결국 그곳을 떠나 다른 식당으로 옮겨갔지만, 친구는 일방적인 생각으로 자기가 좋아하니까 남도 좋아할 것으로 짐작, 이른바 단백질이 좋다는 보신탕을 내게 대접하려 했던 모양이다. 나는 식생활 습관상 개고기를 먹어보지 못했기 때문에 고사했던 것이다.
"자네 여름철 기호 음식이 무엇인가?"
"나는 민어 매운탕, 콩국수, 아니면 소 내장 중에 양 고운 것이지."
이렇게 이쪽의 기호를 알아본 뒤, 공통점이 있는 기호 음식을 함께 먹을 수 있다면 그야말로 그 이상 고마운 우정이 없을 것이다.
이번에는 '감정 이입'이 적절했던 예화를 하나 소개한다.

◇ 남의 입장을 읽자

유명인사 K씨가 택시를 탔다. 당시는 택시 기본료가 900원 하던 때이다. K씨는 기본구간을 타고 차에서 내렸다. 내릴 때, K씨는 기사에게 천 원을 건네주었다. 그러자 기사는 거스름돈 100원을 즉시

내주었다. 그는 기사에게 거스름돈 받기를 사양하면서,

"넣어둬!"

하고, 반말조로 선심을 표현했다. 그러자 기사 역시 반말 들어가면서 백원 더 받겠느냐는 생각에서였던지,

"가져가!"

이렇게 응수해 버렸다. 가만히 듣고 있던 K씨 역시 은근히 화가 나서 곧,

"넣어두라면 넣어둬!"

하고 언성을 높이기에 이르렀다. 그러자 택시기사 또한 이에 질세라 더욱 기분 나쁜 표정으로,

"가져가라니까!"

"뭐, 이런 게 있어?"

이렇게 하여 두 사람은 각기 상대방 멱살을 잡고 싸우기 시작했다. 실로 순식간에 벌어진 일이다. 이런 일이 벌어지면 아무리 출근이 바빠도 구경을 하게 되는 것이 사람들의 묘한 심리다. 구경꾼이 금세 구름처럼 모였다. 좀처럼 시비가 가려지지 않자, 누구인지 두 사람 중 한 사람이 인근 파출소로 갈 것을 요구했다. 두 사람은 선두가 되고, 구경꾼은 '헬리' 혜성 꼬리처럼 줄을 이었다.

때마침 D일보 사회부 기자가 멀리서 이 광경을 바라보다 호기심이 생겨 파출소로 달려왔다. 자초지종을 알고 보니 별일도 아니었다. 그러나 일단 기사를 작성, '데스크'에 넘겼다. '데스크'는 신문에 게재할 것인지 여부를 놓고 동료들과 함께 왈가왈부하던 끝에 결국 사회면 가십란에 싣기로 결정, 신문에 기사화했다.

이 기사를 읽은 나는 흥미를 느껴 그것을 스크랩북에 붙였다. 그리고 얼마 지난 뒤, 나 역시 우연치 않게 택시를 타고, 마침 무교동에서 하차하게 되었는데, 미터기가 900이다. 기본구간을 탄 것이다. 그러자 불현듯 유명인사 K씨 일이 머리에 떠오르면서 왠지 불안한 마음이 들었다. 나도 꼭 그와 같은 경험을 반복할 것만 같아서였다.

이때, 잠시 나는 '감정이입'을 한 다음, 내릴 때 기사에게 천 원을 주면서,

"바쁜데 거스르지 말고 그냥 가시오."

"고맙습니다."

택시 기사는 백원 더 웃돈을 받은 것보다, 손님이 어쩌면 저렇게 자기 입장을 잘 알아주나 하는 마음에서 감사의 인사를 한 것 같다.

상대방이 선택할 여유를 갖도록 질문하든가, 아니면 상대방 입장에서, 즉 '감정이입'을 잘해서 대화에 임하면 그만큼 대화는 부드러워질 것이고, 대화 분위기는 한층 화기애애해질 것이다.

3. 막연한(?) 친구 사이

안경 끼는 사람은 자주 안경을 바꾸게 된다. 도수가 잘 맞지 않아서, 안경알이 깨져서, 안경을 잃어버려서, 또 자기 얼굴형에 맞지 않아서, 안경테가 무거워서, 새 유행에 따르려고, 어떻든 이런저런 이유로 안경을 바꾼다. 나도 예외는 아니다. 오래 전의 일이다. 서울 충무로에 있는 I안경점을 찾은 적이 있다.

"어서 오십시오. 안경을 새로 하시렵니까?"

"네."

"어느 정도 것을 찾으시는지요?"

"네, 값은 고하간에, 우선 안경테가 가볍고, 내 얼굴형에 맞으며, 요즈음 유행되는 걸로…값이 좀 알맞은 것으로요."

주인이 약간 웃는다. 나의 이야기가 변덕스럽기 때문이다. '값은 고하간에' 하다가 '값이 좀 알맞는 걸로요' 했으니.

안과 처방을 주고 기다리는데, 주인이 나에게 묻는다.

"요즈음 유행이 있는데 그걸 해드릴까요?"

"유행이라니요?"
"렌즈에 장미빛을 약간 넣어드리는 겁니다."
이때 '장미빛 인생'이란 샹송이 머리에 떠오른다. 그다지 나쁘지 않다는 생각이 들어,
"넣으시오."
그리고 나서 나중에 안경이 다 되어 써보니 안경알이 불그스름하다. 공연히 색을 넣었다는 후회가 생긴다. 그러나 그대로 쓰고 다닐 수밖에. 만약 그때 주인이,
"요새 유행이 있는데, 그걸로 해드릴까요?"
"유행이라니요?"
"렌즈에 벽돌빛을 약간 넣어드리는 겁니다."
하였다면, 렌즈에 '벽돌빛'이 아랑곳이냐고 반문했을 것이다. 그러나 장미빛이란 말이 기분에 들어 승낙하고 만 것이다. 그 후 안경알이 깨져 '백장미'로 바꾸었다.

◇ **샴페인 색의 승용차**

두 번째 차를 구매할 때 이야기이다. 흑감색 포니를 처음 1년 반쯤 타다가 남의 말을 듣고 팔았더니 금세 아쉽다. 다시 새 차를 사기로 작정하고 세일즈맨을 불렀다.
"차를 새로 사신다고 해서 왔습니다."
"네."
"처음 사시나요?"
"아뇨, 두 번째인데요…"
"그럼 차를 올려 타시겠군요?"
"아뇨, 그냥 포니로 하렵니다."
"그럼 차 색을 바꾸시죠!"
"네, 그럴까 합니다. 어떤 색이 좋을까요?"

"먼저 타신 차색갈이 뭔데요?"
"흑감색입니다."
그럼 샴페인 색으로 바꾸시면 어떨까요?"
"무슨 색이요?"
"샴페인 색이요."
이따금 연회에 참석 샴페인을 마셔보았으나 도무지 샴페인 색이 머리에 떠오르지 않는다. 샴페인 색이라니까 곧 '축배의 노래'가 머리를 스친다. 봉투에서 꺼낸 카다로그를 보니 진한 밀크커피 색이다.
"샴페인 색으로 하겠소."
만약 이때, '밀크커피 색이라고' 했다면 그다지 마음에 썩 내키지 않았을 것이다. '벽돌빛'보다 '장미빛'이, '밀크커피 색'보다 '샴페인 색'이 확실히 기분 좋고 아름답게 가슴에 와닿는다. 낱말을 선택할 때 상대방에게 좋은 느낌을 주는 말을 골라 말할 수 있다면 대화 능력은 한층 충실해질 것이다.
대부분 영어사전은 자주 펼쳐보기 때문에 검은 고양이처럼 까맣게 때가 타는데, 국어사전은 정반대로 여인의 진솔버선처럼 희고 깨끗하다. 좀처럼 펴보지 않았기 때문이다. 어휘가 풍부해야 다양하고 복잡한 느낌과 생각을 그때마다 적절히 구사할 수 있다.
'명랑소설'이라고 장르 아닌 장르를 이루어 놓은 조흔파 선생의 일화가 생각난다. 라디오 인터뷰에서 만났다.
"…조 선생님, 느낌은 어떠십니까?"
"야리야리한 느낌입니다."
"야리야리하다니요?"
"야리야리를 모릅니까? 묵 있죠? 묵무침이 있는데 이것을 젓가락으로 집어먹으려면 묵이 젓가락 사이로 빠질락 말락 하지 않소?"
"그런데요?"
"묵을 젓가락으로 집어서 입에 넣기 직전 묵의 모양이 야리야리요!"

방송이 끝난 뒤, 스튜디오에서 나와 사무실에서 국어사전을 찾아 보니 이 말이 사전에 없다. '의태어'이므로 사전에 수록되지 않았나 보다. 언제인가 한식집에서 불고기를 시켜 먹으며 가까운 친구들과 담소를 나눈 적이 있는데 그때 마침 묵무침이 나왔다. 불현듯 '야리야리'가 떠올라 그것을 먹으며 웃었더니, 좌중이 의아해 한다. 묵을 먹으면 먹었지 싱겁게 웃기는 왜 웃느냐는 것이다. 그 까닭을 내가 설명해 줬더니 모두 묵을 먹으며 '야리야리'란 말이 담은 뜻을 음미해 본 뒤, 한바탕 크게 웃어댄다.

시, 소설, 수필 등을 읽으면 우리말이 이렇게 아름다운가 하고 문득문득 놀랄 때가 있다. 가령, 조지훈님의 <승무>가 그렇다.

승무

얇은 사 하얀 고깔은 고이 접어 나빌레라.
파르라니 깎은 머리 박사 고깔에 감추오고
두 볼에 흐르는 빛이 정작으로 고와서 서러워라.
빈 대에 황 촛불이 말 없이 녹는 밤에
오동닢 잎새마다 달이 지는데
소매는 길어서 하늘은 넓고
돌아설 듯 날아가며 사뿐히 접어 올린 외씨 버선이여
까만 눈동자 살포시 들어
먼 하늘 한 개 별빛에 모두우고
복사꽃 고운 뺨에 아롱질 듯 두 방울이야
세사에 시달려도 번뇌는 별빛이라
휘어져 감기우고 다시 접어 뻗는 손이
깊은 마음 속 거룩한 합장인양하고
이 밤사 귀뚤이도 지새우는 삼경인데
얇은 사 하얀 고깔은 고이 접어 나빌레라.

우리말이 얼마나 아름다운가를 절로 실감하게 된다. 하기사 '구슬

이 서 말이라도 꿰어야 보배라' 하지만 본래 있는 아름다운 말을 주옥처럼 엮은 시인의 미적 감각에 다만 조용히 탄복할 뿐이다.

◇ 안항(雁行)과 형제 수

 오래 전 일이다. '청량리'발 '대구'행 중앙선을 이용, 강원도 '원주' 쪽으로 기차여행을 하는 차 안에서의 일이다. 마주 앉은 앞자리 승객과 이런저런 이야기로 대화를 나누는데 그가 문득 나에게 물었다.
 "안항이 어떻게 되시오?"
 "…?"
 "형제가 어떻게 되시오?"
 "네, 몇입니다."
 이때의 당혹감을 아직도 기억하고 있다. 기러기 안 자에 항렬이란 항 자를 써서 형제 수를 물어온 것이다. 이쪽을 높여 존대해 준 말이다. 그래서 더없이 고맙기만 한 것이다. 그리고 비유의 뜻을 담은 말이니 '안항'은 새겨볼수록 멋지고 운치있는 말이다. 그러나 예사로 쓰이는 말이 아니라서 의사 소통에 효과적인 말이라 할 수 없다.
 말에는 소리와 뜻이 있는데 담겨진 뜻은 격조를 보이나 소리가 생소하니 자연 의사소통에 지장이 생길밖에. 이때 내 쪽이 그 정도 교양쯤 갖추었다면 별문제이나 그렇지 못하여 당황한 빛을 감출 수 없었던 것이다. 그러니 말하기, 듣기가 모두 사람의 인격에 좌우됨을 수긍하지 않을 수 없다.
 한번은 집안 조카가 내게 전화로 안부를 전하면서,
 "아저씨, 제 친구가 아저씨한테 인사 좀 시켜달라고 하는데요. 시간이 언제쯤 좋으세요?"
 "아무 때고 상관없으니, 미리 전화하고 오게!"
 그 후에 조카가 그의 친구를 데리고 나를 찾아왔다.
 "그럼 둘 사이는 친구인 줄 알지만 어떤 사이인가?"

하고 내가 둘 사이를 물어보니, 조카가 말하기를,
 "네, 둘 사이는 아주 막연한 사이입니다."
 "…?"
 서로 허물없이 썩 친하다는 문맥이면 의당 조카의 말은,
 "네, 둘 사이는 아주 막역한 사이입니다."
 "으응, 매우 가깝구만…"
하고 응대를 했을 텐데 막연하다고 하니 막연하게 생각할 수밖에. 격조 높은 말을 찾다보면 대부분 한자어가 튀어나오나 이때 그 말을 정확히 구사해야지 자칫 잘못 쓰면 무식이 탄로나기 십상이니 주의해야 한다. 상대를 보고 말을 골라 쓰되, 말하기에 앞서 한 번쯤 교양의 체로 말을 걸를 필요가 있을 것이다.

4. 생각 못하는 갈대

 어디에 전화를 걸었다.
 "감사합니다. 무슨 회사 무슨 부입니다."
 매우 예의바르고 친절한 회사라는 인상을 준다.
 "김 부장님 좀 바꿔 주십시오."
 "어디십니까?"
 "학교입니다."
 "누구십니까?"
 "전영우라고 합니다."
 "안 계십니다."
 "……?"
 안 계신데 무얼 그렇게 꼬치꼬치 캐묻는가고 생각되었다. 나 역시 어디의 누구라는 사실을 먼저 분명히 이야기하고 김 부장을 바꿔

달라고 부탁했다면 양상이 달라질 수 있었을 것이다.

　상대방만 해도 그렇다. 자리에 부재중이면 일단 자리에 안 계시다는 형편을 먼저 말해놓고 어디인가? 누군가? 하고 한 번에 한 가지씩 물어볼 일이 아니라, 어디의 누구냐?고 한 번에 두 가지를 동시에 물어오면 이쪽 역시 덜 실망했을 것이다.

◇ 고객은 진정 왕인가

　오래 전 일이다. 지금은 조경공사를 잘 해놓아 주위 경관과 함께 관광지로 손색없이 꾸며져 있으나 내가 '오색 약수터'를 찾아간 때는 그야말로 보잘것없는 몰 풍경 그것이다. 민가가 들어서 있고 연탄재가 여기저기 아무렇게 뒹굴고 있고 이따금 영계 백숙 탓인지 닭털이 흩어져 있는 것마저 눈에 띈다. 개천 바닥 같은 곳에서 약수가 나온다고 관광객들이 마치 얼룩말처럼 빙 둘러서서 약수샘을 굽어보고 있는 정경은 더욱 가관이다.

　나는 거기서 조금 떨어져 먼 발치서 그들을 바라보고 서 있었다. 그 중 한 중년여인이 이른바 약수를 한 바가지 뜨더니 내 쪽을 향하여 웃으며 권한다. 나는 얼떨결에 그녀의 호의에 감사하며 군소리 없이 고맙다는 인사말과 함께 선뜻 약수를 받아 마셨다.

　이때 느낀 그 여인의 친절을 지금껏 간직해 온다. 친절한 대우를 받으면 누구나 크게 고마워하고 기뻐한다. 남의 친절을 받기는 좋아하지만 남에게 베푸는 친절에 인색한 까닭은 무엇일까? 크게 반성할 일이다.

　S호텔 커피숍에서의 일이다. 더위가 한참인 복날을 전후한 때이다. 손님을 만날 일이 있어 그곳을 찾은 것이다.

　"어서 오십시오."

　친절하고 정중한 인사말과 함께 나비넥타이 차림의 종업원이 내게 자리를 안내한다. 그를 따라 들어가니 창가의 자리를 가리킨다.

자리는 마음에 드나 마침 서창이고 창 너머 들어오는 태양광선의 뜨거운 열기로 마음이 선뜻 내키지 않는다. 이때 나비넥타이가 곧 창가로 가더니 커튼을 내린다. 순간 고마움을 느낀다. 친절한 행위, 그것은 생활 도처에서 요구되나 잘 행하여지지 않고 있는 실정이다. 그래서 더욱 고마웠다.

  오래 전 이야기다. 은행에 처음 갔을 때이다. 예금 청구서에 기재 사항을 기재해 나가는데 금액을 쓰는 난에 일금 얼마를 아라비아 숫자로 기재한 뒤 창구에 냈더니 상냥한 말씨로 다시 쓰라고 여행원이 청구서를 밀어 놓는다. 나는 벽창호 노릇을 하였다. 먼젓번과 똑같이 이번 역시 금액을 아라비아 숫자로 적었다. 이때 창구에서,

  "제가 도와드리죠"

하더니 예금 청구서를 그녀가 직접 적는다. 적는 것을 보니 숫자를 글자로 적어 넣는다. 이때 비로소 은행예금 청구는 글자로 액수를 표시한다는 사실을 처음 알게 되었다. 경험은 귀하다. 경험은 교과서이다. 그녀는 손님에게 무엇을 가르쳐 주되, 가르쳐 주지 않는 것처럼 가르친 것이다. 얼마나 세련된 교양미인가 새삼 그녀의 친절에 감사할 뿐이다. 만약 완곡하게 일러주지 않고,

  "은행에 처음 오셨군요. 예금 청구서에 액수는 아라비아 숫자로 적지 않고 글자로 적는 거예요. 아시겠죠?" 하고 말했다면,

  "무엇으로 적든 청구 액수만 지불해 주시오!"

라고 하지 않았을까? 물이 가야 배가 온다. 친절한 응대에 어떤 고객이 불쾌해 하겠는가? 고마울 뿐이다. 친절한 손님응대는 은행에 국한되지 않고 모든 접객업소에서 행해져야 한다.

  어떤 설렁탕 집 벽에 <고객은 왕>이라는 표어가 붙은 것을 보았다. 미국의 백화점 왕이 한 말을 연상케 한다. 날씨가 을씨년스럽고 추운 날이어서 나는 설렁탕 국물이 더 필요하여 식당 여종업원에게 부탁했다.

  "국물 좀 더 줘요."

"지금 바쁘니까요, 잠깐 기다리세요."

고객은 왕이란 표어가 무색해 보였다. 그리고 속으로 나는, '짐의 마음 심히 괴롭도다' 하는 생각을 잠시 한 뒤 고소를 머금었다.

과장된 허장성세의 표현을 나는 싫어한다. 진실치 않기 때문이다. 진실만이 설득력을 갖는다. 아직도 여전히 고객서비스 기관에서 '고객은 왕'이라는 표어 혹은 슬로건을 내건 곳이 많다. 비록 그 말이 비유라 할지라도.

"오는 손님 따뜻하게, 가는 손님 인상 깊게"라는 표어를 관광호텔이나 대형식당에서 자주 보게 되는데 형식과 구호에 그치지 않기를 바라고 싶다. 요즈음 도시에 자리잡은 식당에 들어가 음식을 청하면 으레껏 음식을 가져다주면서 종업원들이 천편일률로 하는 말이 있다.

"맛있게 드십시오."

안 듣는 편보다 그래도 듣는 편이 나은 것 같으나 때로 지극히 형식적이라는 인상을 받을 때 그리 썩 유쾌한 일은 못 된다. 마음에서 우러나오는 성의가 깃든 인사면 몰라도 그렇게 하라고 주인이 시키니까 마지못해 하는 말소리는 어떻게 들으면 오히려 역효과를 초래하기 쉽다.

형식적인 친절의 언사보다 차라리 말은 없더라도 음식 자체와 손님 대접에 절절이 정성이 담기고 친절이 넘치는 절실한 태도와 자세가 아쉽다.

◇ 인간관계의 황금률

예절의 근본은 친절이다. 친절함은 나를 남에게 보이는 가장 밝은 모습이 될 것이다. 남이 나를 어떻게 보는가, 그들이 나를 어떻게 보아주기를 바라는가, 어떻게 처신해 나가는 것이 유리한가 등의 인간관계의 황금률은 이때 큰 도움을 준다.

"그러므로 무엇이든지 남에게서 받고자 하는 대로 너희도 남을 대접하라. 이것이 율법이요 선지자니라."

이른 새벽, 동네 목욕탕에 자주 간다. 부지런한 동네 사람 몇이 벌써 와 있다. 아는 얼굴이 있을 때 버젓이 인사하기도 쑥스럽고 인사를 안 할 수도 없다. 대강 인사를 차리고 샤워를 한다. 후에 온탕에 들어가 앉는다. 그지없이 행복한 순간이다. 조용히 명상에 잠긴다. 오늘 있을 일을 생각하며 오늘 하루 역시 보람있고 뜻깊은 하루가 되기를 간절히 신에게 빌게 된다.

목욕탕 사태는 이때쯤 벌어진다. 탕 밖에 있는 몇 사람이 물통을 집어 아무렇게나 부주의하게 탕 안의 물을 푼다. 가볍게 첨벙 하고 물통으로 물을 푸는 것이지만 머리만 내놓고 있는 나의 얼굴에 뜨거운 물이 휙 끼얹혀 온다. "몰라서 그랬겠지" 하고 이해하고 참을 수밖에 없다. 순간 또 두 번째 물통이 사정없이 첨벙 하고 물을 튀긴다. 도리없이 이때 몸을 움직여 위치를 바꾸지 않을 수 없다. 그리고 생각하기를, '생각 못하는 갈대가 왔는가?' 한다.

옛 철학자들은 "너 자신을 알라" 하였고, "인간은 이성적이며 사회적 동물"이라 하였다. "생각한다. 고로 존재한다" 하였고 "인간은 갈대다. 그러나 생각하는 갈대"라 하였다.

내가 아무리 하고 싶고 하고자 하는 것이 있더라도 주위를 의식할 때 그것이 온당치 않으면 하려던 일을 멈추든가 차선책을 강구하여 볼 일이고, 아무리 하고 싶지 않더라도 주위가 하는 일이 뜻있고 가치있는 일이라면 흔쾌히 거기에 동참할 수 있어야 할 것이다. 그런데 이를 지각하지 못하는 경우가 없지 않다.

친절한 행위는 바로 이 같은 의식 속에서 나온다. 말로써 천냥 빚을 갚는다고 한다. 진실을 바탕에 깐 한 마디 말은 의당 상대방 기분을 부드럽고 기쁘게 해줄 것이 틀림없다. 별 대수롭지 않은 일이라 하여도 상면하는 상대방이 초면이든 구면이든 자주, "감사합니다" "고맙습니다" "미안합니다" "죄송합니다" "제가 잘못했습니다" "저의 실수였습니다" 하고 마음속에서 우러나오는 인사말을 건넨다면, 우리는 그 사람이 예의바른 사람이라는 인상을 강하게 받을 것이다.

상대방을 기분좋게 해줄 뿐 아니라, 그에게 도움을 주고 보탬을 줄 수 있다면 바로 그것이 예의바른 태도요, 자세일 것이다. 같은 말이라도 '어' 다르고 '아' 다르다. 말소리는 마음의 반향이니 얼마나 마음이 착하고 아름다우냐?

마음 공부가 중요한 의미를 갖는다. 수양된 마음, 교양을 간직한 마음에서 비롯된 친절한 말씨는 한 줄기 분수처럼 뭇사람의 기분을 상쾌하게 만들어 줄 것이다.

남에게 엄격하고 자신에게 관대한 것이 속물 근성이라면 적어도 교양을 갖춘 세련된 아름다움은 자신에게 엄격하고 남에 대하여 관대한 태도에서 엿볼 수 있는 것이 아닐까.

5. 선 채로 절 여쭙기

상대방을 높이고 자신을 낮추는 일은 쉽지 않다. '겸허'는 예절에서 중요한 비중을 차지한다.

조치훈 기성이 여섯 살 어린 나이에 부모님 슬하를 떠나 일본에 가서, 바둑을 수업한 지 19년 만에 '명인'의 지위에 오른 것은 매우 자랑스러운 일이다. 일본과 우리 나라 기단에서 이 사실이 토픽이 된 것은 물론이다.

다음은 당시 어느 일본 언론인이 조기성과 인터뷰를 하면서 나눈 몇 마디이다.

"조치훈 명인! 축하합니다. 명인이 된 소감을 말씀해 주십시오."

"감사합니다. 그러나 영원한 승리는 없습니다. 승리는 순간의 착각일 뿐입니다."

그가 바둑은 물론 인간으로서 입신의 경지에 든 것 같은 답변이다. 이듬해 과연 그는 이 사실을 팬들에게 입증해 보이기라도 하듯 일본 바둑의 정상인 '기성위'에 도전, 당당히 '기성위'에 올랐다. 얼마나 장쾌한 일이던가.

◇ 마음 없는 겉치레

요즘 '공중 연설'을 들으면 연사가 연설 허두에 의례적인 겸허를 보이는 경우가 드물지만 과거에 형식적인 수사가 아주 많았다. 연사가 연단에 나와 현하지변을 토하기 앞서 의례 다음과 같이 장식적 표현을 즐겨 쓰는 것이다.

"불초소생이 천학비재한 몸으로 배운 것도 없고 아는 것도 없는데…"

그러면 청중 속에 앉은 학생 신분의 필자는 속으로, '그런 사람이 무엇 하러 나왔는가. 배우고 나오지…' 하는 야유 어린 반응을 일으킨 적이 있다.

연사의 겸허한 장식 표현은 청중의 호감을 사려는 의도적 기교려니 하는 풀이가 후에 가능했지만, 당시 어린 마음에 전혀 그 의도를 이해하지 못하였다. 일부러 하는 겸사에 구토증을 느끼는 사람 또한 전혀 없지 않을 것이다. 어떻든 지금은 이 같은 표현을 연설 허두에 쓰는 사람을 찾아보기 힘들다.

꿈에도 할 수 없는 가정이나 만일 필자가 일본에 가서 바둑의 기성위에 도전, 기성위를 획득하였다고 가정해 본다.

귀국하여 텔레비전에 출연, 사회자로부터 질문을 받는다.

"기성의 금의환향을 축하합니다. 우선 기성이 된 소감을 한 말씀."

"네, 감사합니다.…뭐 제가 기성이 되었다고 해서가 아니라, 이 기성 되기가 얼마나 힘든 일인지 모릅니다."
하고 거드름을 피는 대답을 했다 치면, 전국에서 텔레비전 인터뷰를 시청하던 시청자들이 일제히 폭소를 터뜨린 다음, 곧이어 천천히 메스꺼움을 느끼기 시작할 것이다.

비록 기성 되기 쉽지 않은 것은 사실로 인정된다 하여도 이때 이같은 소감은 만인의 빈축을 살 것이 틀림없다. 그런데 하물며 하찮은 일을 가지고 우쭐대거나 자신을 내세울 때 남이 자신을 어떻게 받아들일까를 짐작하기는 어렵지 않을 것이다.

젊은 여성 가운데 윗사람을 향하여 쓰는 공대말에 자연스럽지 못한 대목을 왕왕 듣게 된다.

일전에 버스를 탔을 때 일이다. 나는 한손으로 손잡이를 잡고 또 한손에 책가방을 들고 있다. 버스가 커브길을 돌 때면 애써 곡예사의 몸짓을 거부하면서 잠시나마 고통을 감수했다. 이때 바로 앞에 앉은 여학생이 내 가방을 가져다 무릎 위에 포개놓는다. 나는 고마워 곧 학생에게,

"학생 고마워."

"……"

장면은 바뀌어 시발점에서 버스를 타고 빈 자리에 앉아 몇 정거장을 지나니 이번엔 여학생들이 우르르 몰려 탄다. 이웃에 여학교가 있는 모양이다. 앞에 선 여학생이 제 몸 반만한 무게의 책가방을 한손에 든 채 안절부절 못하는 모습이 안쓰러워 즉시 그 가방을 받아 나의 무릎 위에 올려놓았다. 이때 그 여학생이 홀가분한 표정을 지으며 하는 말이,

"아저씨, 고마워요."

이 말을 들은 나는 내가 그 여학생의 나이 많은 조카벌인가 하는 생각이 문득 떠올랐다. 나의 기대는

"아저씨, 고맙습니다."

였던 것이다. '와요', '워요'의 종지사 대신 '습니다'의 종지사를 쓰는

것이 바른 경어법이 될 것이다. 같은 연배, 혹은 손아랫사람을 높여 줄 때면 몰라도 손윗사람에게 '와요', '워요'의 경어법은 걸맞지 않는다.
"고마워요", "미안해요", "죄송해요" 등 이런 말을 아무 거리낌 없이 상대방이 누구든 함부로 쓰는 경향이 있다.

◇ 예의는 인간미로 쌓아야

어린 시절 필자가 밖에서 놀다가 집에 들어와 보면 아버지가 친구분과 담소하고 계신 때가 종종 있다. 이때 아저씨 쪽을 향하여,
"안녕하십니까?"
하고 절을 꾸벅 하면, 곧 아버지의 꾸중이 떨어진다.
"어른을 보면 방에 들어와 절을 여쭈어야지. 선 채로 절만 꾸벅하는 게 뭐냐? 이리 들어와라."
방에 들어가 절을 여쭙고 무릎을 꿇고 있자면 왜 그리 다리가 쉬저려오는지 몸을 이리저리 돌리는 걸 어른이 보시고,
"인제 그만 나가 봐라."
이 말이 떨어져야 자리에서 일어날 수 있었다. 불과 한 세대 후인 오늘은 어떤가.
집에서 친구와 담소하는 중에 자식놈이 들어온다. 친구에게 자식을 가리키며,
"이 애가 내 큰애일세."
하면, 아들아이가 선 채로 허리도 구부리지 않고,
"아저씨, 안녕하세요?"
하고 인사한다. 이때 내가,
"어른에게 인사하는 데 어떻게 허리도 구부리지 않느냐?"
하고 나무라면, 곧 허리를 구부려 절한 뒤 서슴없이 자리를 뜬다. 자율적인 행동이다. 세태 탓으로 돌려야 할 것인가, 예절의 변화로 받

아들여야 할 것인가 분별이 확실히 서질 않는다.

　인간의 겸허한 모습을 흔히 벼에 비유한다. 초여름 논에 심은 벼 포기는 하늘 높은 줄 모르고 자랄 기세이나, 철이 바뀌어 결실의 가을이 되면 제 몸무게를 지탱할 수 없을 정도로 패인 이삭이 매달려 벼가 축축 늘어지는 것처럼 남에게 머리 숙일 줄 알아야 그 사람이 올찬 인물로 높이 평가되는 것이다.

　은행에 다니던 직장 여성이 있다. 친구를 만났는데 그 친구는 아직 직업을 갖지 못한 터라 은행에 다니는 그녀를 매우 부러워한다.

　"너 좋은 데 다니는구나, 부럽다 네가…"

　"아냐. 웬만하면 다 들어와. 너도 마음에 있다면 들어올 수 있을 거야."

　설령, 이 말이 거짓이라 하여도 지금까지 지내온 우정에 아무 변화를 주지 않을 것이고, 또 호의어린 둘의 인간관계가 계속 유지돼 나아갈 것이다. 그러나 이와 반대로,

　"내가 은행에 다닌다고 해서가 아니라, 사실 은행에 들어오기가 무척 힘들어. 우선 용모가 일정 수준에 미달하면 안 되고, 학교 추천이 있어야지, 또 경우에 따라 시험도 패스해야 돼, 경쟁이 얼마나 치열하다구…"

　이 말을 들은 상대방 친구의 기분이 어떨까를 생각해 본다. 우선 크게 실망할 것이고, 순간 부러운 마음이 야속한 마음과 서운한 감정으로 바뀔 것이 뻔한 노릇이다.

　말은 생각 내키는 대로 던지면 그만인 게 아니다. 상대방이 어떤 반응을 보일까 하는 예상을 한 번쯤 한 다음 말해야 한다. 체로 한 번 걸른 다음 말할 필요가 있다. 사실을 사실대로 말하였는데 무슨 잘못이 있는가 하고 반문할지 모른다. 사실을 말하더라도 인간미를 송두리째 빼버리는 결과를 초래해서야 되겠는가.

　사람 사이에는 정이 쌓여야 한다. 우정이든 애정이든 정은 인간미로 쌓이는 것이지 다른 것으로 쌓이지 않는다. 차라리 야멸찬 사실

보다 한풀 속이는 겸허한 인간미가 우정을 한층 깊게 할지 모른다.

　사람이 제일 하고 싶은 말이 자기 자랑이지만, 다른 한편 가장 듣기 싫어하는 말이 다른 사람이 제 자랑만 우쭐대며 떠벌이는 것이다. 내가 싫어하는 것은 물론 남도 싫어하기 마련이다. 예의를 갖춘다는 것은 결국 그만큼 신경을 쓴다는 것이 아니겠는가.

6. 언어 소양

　'미스 유니버스' 선발대회가 81년 가을, 서울 세종문화회관에서 개최된 적이 있다. 미스 아메리카의 요염한 자태가 호화현란한 이브닝 드레스의 분위기와 함께 강렬한 장내 스포트라이트를 한몸에 받으며 무대 중앙으로 나올 때 관중석에서 기성이 섞인 환호성과 박수갈채가 일제히 우레와 같이 터졌다.

　당시의 사회자 팝은 그녀를 인터뷰하면서 첫 질문을 이렇게 던진다.

　"여기에 응원단이 와 있는가요?"

　"네, 저기 뒤쪽에 보이 프렌드가 와 있습니다."

　'보이 프렌드'란 말은 오래 전부터 들어오는 터이니 아무 새로운 맛이 없으나 미국여성이 직접 남성을 가리켜 말하는 것을 듣기는 그때가 처음이다. 누군가 하고 호기심이 생겨 알아보니 미국 샌프란시스코에 있는 포티나이너스 축구팀의 한 선수이다. 이 미스 아메리카가 그때 미스 유니버스로 선발되었는데 그녀의 이름은 '션 웨들리', 팬들이 열광하는 가운데 당해 연도 미스 유니버스로 뽑힌 그녀 역시 감격 어린 눈물을 글썽이며 연예 기자 앞에 나왔다.

◇ 자연스런 태도로

"축하합니다. 션 웨들리 양, 미스 유니버스가 된 비결이라 할까, 세계적인 미인으로서 미모를 지닌 당신의 특징은 무엇인가요?"
 기자의 질문에 대하여 그녀는 화사한 미소를 얼굴에 머금으며 대답한다.
 "네, 감사합니다. 비결이라 할 것까지 없구요, 제가 신경을 좀 쓴 것은 엷은 화장, 약간의 포도주 마시기, 건강관리가 모두입니다."
 우리는 '엷은 화장'에 주목하게 된다. 본인은 화장을 했는데 남이 보았을 때 한 것 같기도 하고 안 한 것 같기도 한, 그러나 분명 화장을 한 상태의 화장. 이것은 짙은 화장이 아니라 자연스런 화장임이 분명하다. 자연스러우냐 부자연스러우냐의 척도로 가늠해 볼 때 자연스러운 것이 예절이요, 부자연스러운 것은 예절이 아니다.
 머리 모양, 화장한 모양, 옷 입은 모양, 일거수 일투족이 모두 자연스럽게 보인다. 그래야 예절을 갖춘 모양이 된다.
 관광버스 출발에 앞서 안내양은 마이크를 입 가까이 가져다 대며 몇 가지 내용을 승객에게 알려준다.
 "항상 저희 관광버스를 이용해 주시는 손님 여러분 감사합니다."
 허두를 이렇게 꺼내 말하는 억양이 거의 천편일률적으로 부자연스럽다. 부자연스런 안내양의 억양을 들을 때 누구나 몸이 이상해지는 느낌을 가질 것이다. 이때 역시 대화하는 억양을 쓰면 좋으나, 그렇지 않고 틀에 박힌 그들 특유의 억양을 쓰니 거부감을 준다.
 하루속히 바르게 교정해야 한다. 부자연스런 억양은 진부하다. 원래 누구나 말하는 어투가 자연스럽기를 기대한다. 진실한 내용을 담았다면 형식 역시 그렇게 들려야 할 것이다. 가식과 거짓은 다같이 설득력을 갖지 못한다.
 다음이 언어학습이다. 우리 한국인은 몸에 밴 한국어로 사물을 느끼고 생각하기 때문에 언어표현이 거칠며 감수성과 사고력이 무디어지고 마침내 성격마저 거칠어진다. 유럽의 학교교육이 모두 훌륭한 것은 아니나 모국어 훈련과 예의범절 교육에 정성을 쏟는 일만은 반드시 우리가 배워야 한다. 가령, 초등학교 저학년이면 체육시간을 뺀 나머지 시간의 반은 모두 국어시간이다. 이것이 60퍼센트 가량 되는 학교도 있다.

영국에 '어린이는 어른 앞에서 스스로 이야기를 꺼내지 않는다. 어른이 허락해야 비로소 이야기를 꺼낸다'는 뜻의 격언이 있다. 어린이 언어는 아직 미숙하다. 미숙한 상태를 그대로 방치해 두면 머리와 마음이 유치한 상태에 머문다. 언제까지 어른이 될 수 없다는 뜻이다.

◇ 직장에 나가서도

"거짓부렁 마."
"아무렴…그럴까."
"난 그거 싫어잉."

등의 말을 아무렇지 않게 입에 올리는 여성이 있다. 남 앞에서 말할 때 말끝을 올려가며 말하는 유아의 어투를 버리지 못한 것이다. 미숙한 탓이다.

백화점 여사원 교육에서 최근 말썽을 빚고 있는 것 중의 하나가 손님에 대한 여사원의 절하기이다. 마치 어느 나라 백화점 여사원의 절하기를 방불케 하는 형식을 직수입하여 그것을 그대로 모방시켜 인사하게 하고 있다. 참으로 가관이다. 이렇게까지 우리에게 비판적 안목이 없는 것이다. 우리가 평소에 하는 절이 이런 것인가 새삼 놀라지 않을 수 없다.

알게 모르게 이웃나라 예절이 우리에게 젖어들고 있음을 느낄 때 경악을 금할 수 없다. 특히 각 기업 여사원의 연수 담당 직원은 최소한 교육적 안목을 키운 교육학 전공의 사람이 맡아야 하지 않을까 하는 생각이 든다. 아무튼 이 같은 잘못을 범하는 사례가 있어선 안 될 줄 안다.

과거 우리 나라 무대극의 역사를 훑어보면 신파극이 나온다. 신파극은 무엇보다 먼저 음성 표현에서 과장된 인상을 남긴다. 한때 그래도 이것이 관객의 눈물주머니를 자주 터뜨린 것은 물론이다. 그러나 지금 와서 신파극은 거의 자취를 감추고 말았다. '리얼리티'가 위장되어 예술성을 충분히 살리지 못한 까닭이다.

방송국에 있을 때, 어느 기업체를 방문하였다. 기업체 사장이 차를 권하며 인사말을 이렇게 건넨다.

"요즘 텔레비전 화면을 통하여 아침 저녁으로 자주 얼굴을 대하고 있습니다."

"…?"

당시 나는 아침 저녁은커녕 낮에도 텔레비전에 나가는 일 없이 라디오 프로그램만을 맡고 있던 때이다. 그렇다 하여 초면의 사람에게,

"무엇을 보고 하시는 말씀인가요?"

라고 되받아 넘길 수 없어 잠시 머뭇거리다가,

"네, 감사합니다."

하였으나 마음속으로 내심 '거짓말인데…' 하는 생각은 끝내 지울 수가 없었다.

가식, 거짓은 그것이 비록 의례적이거나 형식적인 체면치레라 하더라도 결코 상대방을 기쁘게 해줄 수 없는 것이다.

7. 성실한 인사

인사성이 분명해야 예절바른 인상을 줄 것이다. 인사성이란 상대방에 대한 나의 의식, 관심, 호의, 감사의 표현이다. 이것이 부녀간에서 이루어질 때가 있다. 집의 큰딸이 출가하여 두 아이의 엄마가 되었다. 대학을 나와 누구 도움 없이 교직을 가졌으니 대견하기 이를 데 없다.

딸이 학교에 취직하고 얼마 안 되었을 때, 집에 돌아와 보니 책상 위에 선물 꾸러미가 놓여 있다. 나는 아들에게 물어보았다.
"이게 뭐냐?"
"누나가 봉급 탔답니다."
"그래서?"
"아버지에게 드리는 선물입니다."
"뭔데?"
"풀어보시죠."

풀어보니, 내복이다. 나중에 딸을 불러 물으니 요즘 여성들이 직장을 잡아 취직하면 거기서 받은 첫 봉급에서 우선 아버지 어머니의 속옷부터 사는 것이 관행이라 한다.

◇ 딸의 선물을 받고

이 이야기를 들으니 밀물 같은 후회가 앞선다. 딸이 학교 다닐 때 등록금 납입기일이 다가오면 딸과 나는 실랑이를 벌였다.
"아버지 등록금 주세요."
"마감날 내라."
"오늘이 마감입니다."
"아, 그럼 하루 이틀 전에 예고를 해야지."

"아버지가 마감 때 말하라고 하지 않으셨어요."
"그래도 그렇지, 얼마냐?"
"230만원입니다(요새 돈으로 환산)."
"뭐가 그렇게 많으냐?"

한참 이런 식의 대화를 나누다 겨우 등록금을 내주곤 하였다. 여덟 번의 등록금이 그때마다 이 같은 우여곡절을 겪은 뒤에 나갔다. 웬만하면 달라는 돈을 시원스럽게 내주면 되었지 왜 그렇게 자식의 애를 태웠는지 모르겠다. 밀물 같은 후회가 남는 것은 오히려 당연하다. 그러나 딸아이는 남이 하는 대로 첫 봉급을 타서 부모의 속옷을 사서 집에 가져온 것이다. 이 선물 사연을 들으니 받을 자격이 없지 않은가 하는 겸연쩍은 생각이 든다.

나는 이 조그만 선물을 놓고 해석을 해봤다. 딸아이 마음을 읽어 볼 양으로, 선물은 나에게 이렇게 말하는 것 같다.

"아버지, 봉급 탔습니다." 관심의 표현,
"아버지, 봉급 탔습니다." 호의의 표현,
"아버지, 봉급 탔습니다." 감사의 표현,
"아버지, 봉급 탔습니다." 의식의 표현,

이 선물을 통하여 마음에 와닿는 형용키 어려운 기쁨을 맛보았다. 바로 이 점이 인사성이라 생각한다. 사람은 인사성이 분명해야 한다고 할 때 나의 의식, 관심, 호의, 감사 등이 그 때마다 상대방에게 확실히 전달 표시되어야 한다. 그러면 인사에 몇 갈래 길이 있을까.

우선 '선물'을 꼽게 된다. 사회정화적 차원에서 뇌물적 성격의 것은 주지도 말고 받지도 말아야 한다. 그러나 그것이 애정이든 우정이든 인정이든 사람과 사람 사이에 정을 이어주고 정을 쌓아주는 것이면 얼마든지 선물은 권장돼야 한다.

은행 창구에서 창립기념일이 되면 찾아오는 고객들에게 크지 않으나마 정성이 담긴 작은 선물을 내줄 때가 있다. 이것 역시 훌륭한 인사이다.

남녀간에 좋아하고 사랑하는 사이라면 곧잘 선물을 교환한다. 여성은 남성에게 라이터, 만년필 등을 선물한다. 남성은 담배 태우고 글을 쓸 적마다 선물한 여성의 고마움은 물론 그녀가 지금쯤 무엇을 하고 있을까 하고 한순간 골똘히 그녀 생각에 잠기게 된다.

크든 작든 선물은 사람과 사람 사이에 알게 모르게 정을 쌓아준다. 그러므로 인사에서 선물처럼 귀한 방편이 또 없다. 누구나 선물을 주고받은 경험이 여러 차례 있을 것이다. 분명 선물은 중요한 인사이다.

언어를 통한 인사가 많다. 남을 축하하거나 위로할 때 제때 인사하는 일을 소홀히 하면 안 된다. 아무리 바쁘고 부득이한 사정이 생겼다 하더라도 이 점을 등한시하면 평소 우리의 대인관계는 매우 폭이 좁아질 것이다.

"축하합니다."

한 마디 말이라도 성의를 다하여 때를 놓치지 않고 인사할 수 있어야 한다.

"뭐라고 위로의 말씀을 드려야 좋을지 모르겠습니다."

"얼마나 마음이 아프시겠습니까?"

모든 갖가지 애경사를 당하여 주위에 있는 많은 지기(知己)로부터 정중하고 진실한 인사를 받을 수 있다면 그만큼 그의 인생은 윤택하고 행복한 것으로 보아야 한다. 물이 가야 배가 온다는 이치와 같이 남의 애경사에 성실한 관심을 표명하는 일이 일상화되어야 남의 성실한 관심이 나에게 되돌려질 것이다.

우리의 대인관계는 상대적이다. 또 그렇다 하여 되돌려받을 것을 전제로 남에게 인사를 차리는 일이 바람직하다고 할 수 없다. 순수하고 진실한 마음에 바탕을 둔 인사라야 언제나 가치가 더해질 것이다.

뉴욕의 어느 전화국에서, 시민의 일반 대화 중 어떤 말이 가장 많이 쓰이는가를 알기 위해 수용자를 대상으로 통화내용을 상세히 조사한 적이 있다.
  예상대로 가장 많이 쓰인 말은 '나'였다. 5백의 통화 중 4천 번이나 가깝게 '나'란 말이 쓰였다. 누구나 사람은 자기 자신에 대한 관심이 가장 크다. 여러 사람이 함께 어울려 찍은 사진에서 주로 찾게 되는 것이 자기 모습이다. 자기 자신만큼 큰 관심사가 또 어디 있는가. 그러므로 남에게 성실하고 진실하게 관심을 보이면 그만큼 호감을 살 것은 당연한 일이다.
  로마의 시인 파브리아스 시라스는 이 점에 대하여,
  "우리는 우리에게 관심을 주는 사람에게 관심을 보낸다."
라고 하였다. 또 심리학자 알프레드 아드라는
  "남의 일에 관심을 갖지 않는 사람은 고난의 길을 걷지 않으면 안 된다. 남에게 대하여 그는 괴로운 존재가 된다. 인간의 모든 실패는 그런 사람들 사이에서 일어난다."
라고 하였다. 이만큼 대인관계상 의미심장한 말은 드물다. 나와 남과의 관계는 성실한 관심의 표현을 통하여 보다 돈독해진다. 이때 인사말 한 가지라도 분명히 할 필요가 있다.

◇ 표정으로 하는 인사

  밝고 부드럽고 화사한 표정이 가장 이상적이다. 그러나 흔히 '미소'를 내세우지만 그 '미소'가 던지는 의미가 일부러 짐짓 인위적이고 가식적인 무언가를 보여주는 것 같은 느낌 때문에 미소는 탐탁하지 않다. 표정이 밝아야 하는데 아무래도 그것이 가식이 아니려면, 기쁜 마음에 뿌리를 내린 것이어야 한다. 기쁜 마음을 늘 지닐 수 있을까?
  성경 데살로니카 전서 5장 16절에, "항상 기뻐하라, 쉬지 말고 기도하라, 범사에 감사하라"는 금언이 있고, 불경에도 '상락아정(常樂我淨)'이란 말이 자주 눈에 띈다.

종교적 신념을 가지면 모든 근심 걱정을 쉬 떨쳐 버리고, 늘 기쁘고 감사하는 마음을 되찾아 나갈 수 있으려니 이때 수양이 무엇인지 절실히 깨닫게 된다. 어떻든 기쁜 마음에 뿌리를 내린 밝고 부드럽고 화사한 표정이 남에게 좋은 인상을 주고 무언의 호의어린 인사가 될 수 있다.

표정 인사에서 웃음은 국제 공통어이다. 지리학자 K교수가 아프리카를 방문했을 때, 어느 나라 외무성에서 있던 일이다. 그가 여권 사증을 받을 때 여권을 내놓으며 웃었더니 처음 상대방은 의아해 하다가 이쪽 사정을 알아차린 뒤 그 또한 웃으며 수속을 밟아주더라는 일화가 떠오른다.

웃음으로 호의를 보이니 자연 호감을 사는 것은 당연하다. 웃음은 무언의 인사에서 가장 흐뭇하고 소박하다. 그리고 또한 인간적이다.

의식, 관심, 호의, 감사의 표현이 자주 주변사람들에게 진실하고 성의있게 표현되면 직장사회, 공동사회가 한층 더 밝아질 것은 자명하다.

접시는 소리로써 그 장소에 있나 없나를 알고, 사람은 말로써 그 지식이 있나 없나를 안다. 나아가 그 사람 인사성 하나로 인품과 예절을 가늠하게 된다. 어두운 인상보다 밝은 인상을, 소극적 자세보다 적극적 자세를, 보고도 못 본 체하기보다 몰라도 아는 체하는 밝은 태도를, 사고로 우왕좌왕하기보다 행동의 실천을, 내성적이고 개인적이기보다 외향적이고 사교적이기를 애써 노력하면 부지불식간에 바람직한 인사성이 몸에 배게 될 것이다.

"안녕하십니까?"
"네, 안녕하십니까?"
"고맙습니다."
"네, 고맙습니다."

대화 시대

1. 대화 시대

◇ 대화는 인격의 교류

우리 나라 인구가 남북을 합해 모두 7천만을 웃돌고, 인구 밀도 또한 매우 조밀하다. 조밀한 인구 밀도는 우리에게 많은 것을 시사해 준다. 그 중에서 대인 접촉의 빈도가 잦아지고 대화 빈도도 잦아지고 있음을 크게 일깨워 준다. 우리는 지금 대화 시대에 살고 있다. 말만 내세우고 행동적 실천이 따르지 않든가, 아는 것을 행동으로 옮기지 않든가, 한번 한 약속을 지키지 않든가, 교언영색을 일삼든가, 감언이설을 농하든가, 미언여구로 수사적 표현에 주력하려면 차라리 '말보다 실천'을 일상 언어생활의 모토로 하는 것이 낫다.

관점은 다르나 성경에도 태초에 말씀이 계셨다고 했다. 뜻이 있고 말이 있고 행동이 따르는 법이다. 칼 힐티가 살던 스위스에 '말보다 실천!'이란 구호를 많이 외치고 떠들었던 모양이다. 그 말을 듣고 힐티는 "그것이 벌써 말이다"하고 날카롭게 꼬집었다. 따라서 언행일치, 지행합일이 합리적 모토다.

또 말은 입이 하고, 말은 귀가 듣는다는 착각을 지적하지 않을 수 없다. 입은 말하는 것 같으나 말하지 않고, 귀는 말을 듣는 것 같으나 말을 듣지 않는다. 입은 말하는 기관이요 도구요 수단이고, 귀 역시 말을 듣는 기관이요 도구요 수단인 것이다. 그러면 말하는 것은 무엇이고, 듣는 것은 무엇인가? 말하는 것이나 듣는 것이나 모두 그의 인격인 것이다. 결국 인격이 말하고 인격이 듣는 것이다. 그런데 일반은 보통 입이 말하고 귀가 듣는다고 착각하고 있는 것이다. 그러므로 대화는 인격과 인격의 만남이요, 인격과 인격의 교류라 할 수 있다.

영업에 시장조사가 중요하고, 병법에 적정 파악이 중요하듯 화법에는 청자 및 청중 분석이 매우 중요하다. 상대방이 누구인가를 자세히 알지 못하고 우리는 선뜻 대화에 임하기 어렵다. 상대방을 여러모로 분석 파악하고 있어야 한다. 그래야 비로소 바람직한 대화가 가능하다. 손무 역시 그의 병법을 통해 적을 알고 나를 알면 백전이 위태롭지 않고, 만약 적을 모르고 나를 알면 일승 일부요, 만약 적도 모르고 나도 모르면 싸울 적마다 반드시 위태롭다고 경고했다. 화법에서도 말하기 전에 상대방을 알아놓는 일이 최우선으로 손꼽힌다.

◇ **대화의 목적**

다음이 말하기 목적이다. 무엇 때문에 말하는가? 상대방 파악에 앞서 말하기 목적을 먼저 정해야 할 것이 순리이다. 그러나 누구를 만나 왜 말해야 하고, 무엇을 말해야 하나를 순차로 따지면 상대방에 대한 고려를 먼저 한다고 모순될 것이 없다.

말하기 목적을 대화장면에 적용하면, 바로 대화 목적이 된다. 왜 대화를 나누어야 하는가가 문제로 제기된다. 그리고 세 번째가 무엇을 말하는가이다. 화법에서 주제를 이루는 것은 누구에게, 왜, 무엇을 말해야 하는가이다.

대화가 있으면 피차 이해하고 알게 되지만, 대화가 자주 이루어지지 않으면 모르고 오해될 뿐만 아니라, 추측과 억측이 난무하고 때로 가십, 루머가 꼬리를 문다. 오해보다 이해가 팀웍에 더없이 중요하다. 이때, 흉금을 터놓고 허심탄회하게 대화를 나눌 수 있다면 그것은 금상첨화가 아닌가? 나아가 백지장도 맞들면 낫다고 대화를 통해 피차 새로운 협력관계를 구축하고, 상부상조의 장을 펼칠 수 있다. 대화는 공사간에 우리의 대인관계를 폭넓게 형성해 준다.

대화 없는 오늘의 사회생활을 상상할 수 없다. 아침 잠자리에서 눈을 뜨고 일어나 하루 종일 활동하고, 다시 밤늦게 잠자리에 들어 코를 골 때까지, 우리는 잠시도 남과 더불어 대화하지 않고 삶을 영위할 수 없다. 그렇다면 대화는 긴요한 우리의 생활 수단이다. 대화를 배워 대화에 활력을 가하고 윤택한 대화를 나눌 수 있다면 그것처럼 우리 생활에 윤기를 더해주는 것은 없을 것이다.

◇ 교양 화법

'대화' 또는 '화법'을 우리는 '국어교육'을 통해 배워야 함에도 불구하고 우리의 국어시간은 거의 '국문교육'에 편중돼 있다. 중고등 및 대학 국어시간에 글을 가르치고 배우지, 말을 가르치고 배우는 시간이 없다. 그렇다면 참된 국어교육이 아직 우리 나라에는 이루어지지 않고 있는 실정이다. 말을 가르치고 배워야 하는데 글에만 치중하고 있다. 말하기 교육 곧 '화법 교육'이 절실하나 아직 이 방면에 여전히 관심이 소홀함은 어쩔 수 없다. 그러나 요원의 불길처럼 화법 교육의 중요성이 논의되고 있어 그나마 다행이다.

인구밀도가 조밀해질수록 대인관계의 양상이 다양해진다. 우리 생활 영역이 점차 확장 세분되고, 만나는 사람의 빈도 역시 하루가 새롭다. 동시에 우리 활동도 시간의 제약을 크게 받기 때문에 시간은 매우 귀중한 것이 되었다.

따라서 주어진 짧은 시간 내에 필요한 의견 교환을 효과적으로 적절히 수행하려면 요령부득의 말보다 요령 좋은 말, 횡설수설하기보다 줄기가 선 말, 앞뒤가 안 맞는 말보다 일관성 있는 말, 초점을 벗어난 말보다 핀트에 맞는 말, 산만한 말보다 조리 있는 말, 초조하거나 융통성 없는 말보다 여유 있는 유머, 궁지에 몰려 흥분하기보다 재치 있는 위트 등을 포함한 생활의 교양화법을 누구나 착실히 익혀야 할 것이다.

그것은 자기 성장을 촉진하고 자기의 대인 접촉을 적극적으로 밀어주기 때문이다. 세련되고 능숙한 대화의 매너를 수양된 인격과 더불어 겸비할 수 있다면, 그만큼 우리는 현대시민의 소양을 새롭게 쌓은 것이 되고, 나아가 오늘을 사는 생활의 적응력 또한 확실히 다질 수 있을 것이다. 생애를 통한 성공의 예나 실패의 예가 모두 그 원인이 자신에게 있다고 할 때, 자신의 의사 교환력과 사회 적응력을 훌륭히 키워나가는 일이야말로 오늘을 사는 데 더없이 소중한 것이다.

"사람들 사이에 대화가 없다면 제대로 생활을 영위해 나갈 수 없다."

이 말은 프랑스 작가 카뮈가 한 말이다.

"사람이 사람으로 되는 길은 대화를 통하지 않고 생각해 볼 수 없다. 인간의 근본 형식은 공동 인간성이기 때문에 인간이 개인적으로 사회적으로 대화를 상실하는 때 인간은 비인간화해 버린다. 오늘날 우리 사회의 가장 심각한 문제는 대화의 상실에 있다. 시장에 가보면 고성으로 아귀다툼하는 사람들을 흔히 본다. 그들은 각기 자기가 옳다는 주장만 내세울 뿐, 상대방 이야기는 전혀 들으려 하지 않는다. 들을 줄 모르고 말할 줄만 아는 것, 이것이 곧 싸움을 일으키는 도화선이 되며 이런 싸움은 결국 욕설과 폭력으로 번져가기 마련이다. 이것이 대화를 상실한 인간 사회의 모습이다."

이것은 강원룡 목사의 말이다.

위에 든 두 사람의 말은 모두 대화의 중요성을 드러낸다. 특히 일반적으로 자기 말만 내세우지 남의 말은 들으려 하지 않는다는, 강 목사가 지적한 사회현상의 단면은 우리의 대화법에 큰 교훈을 던져 준다. 그런데 이에 선행하는 문제의 처리가 우리 앞에 가로놓여 있다. 그것은 과연 우리는 각종 대화에서 말할 경우, 모든 매너와 에티켓에 벗어나지 않게, 또 선의의 인간관계를 유지하며 효과적인 화법을 쓰고 있느냐 하는 점이다. 사실은 이 점부터가 문제인 것이다.

초면이든 구면이든 면접의 인사는 말로 시작한다. 토의, 토론, 회의 참가에서 남보다 뛰어난 효과적 화법이 곧 그의 이익으로 돌아온다. "말로 천냥 빚을 갚는다" 하고 "돈 잘 버는 사위보다 말 잘하는 사위를 얻으라"는 속담이 전해진다.
　정치, 경제, 문화, 교육 각 방면에서 진선미를 바탕으로 한 효과적 화법을 활용한다면 누구나 빛나는 장래를 약속받을 것이요, 이 같은 사람으로 구성되는 사회는 밝은 내일을 기약할 수 있을 것이다.
　대화의 광장, 대화 있는 인간관계, 그것은 모두 호의어린 설득과 효과적인 커뮤니케이션을 바탕으로 한 인간의 심리적 자극 반응의 관계를 시사한다. 일상생활에서 우리가 직면하는 복잡미묘한 관계를 효과적으로 해결해 나가는 힘, 즉 남과 잘 교섭하고 사람을 잘 움직이는 힘은 누구에나 절실히 필요한 것이다. 이 점을 생활적인 측면에서 관찰하고 스피치론의 각도에서 분석하여 여기 수록해 나가고자 한다.
　"사람은 잘못을 쉽게 말해선 안 된다. 그리고 진실한 것은 침묵해선 안 된다."
　키케로의 이 말과 같이 진실 아닌 것은 말해서 안 되나, 진실인 것은 말해야 한다. 동시에 인간관계 황금률인 마태복음 7장 12절을 염두에 두어야 한다.
　"우리 모두 밝은 대화를 익히고 밝은 대화를 나누지 않겠는가."

2. 대화 분위기 조성

　얼마 전, 학생시위와 이를 저지하는 경찰의 대치 상황 속에서 '무석무탄'과 '무탄무석'의 입간판 씨름이 벌어졌는가 하면, 다음에 좀 색다른 양상이 나타나 세인의 주목을 끌었다.
　그것은 다름 아닌 지난 85년 6월 어느 날 오후, S대학에서 교문을 사이에 두고 학생과 경찰간에 벌어진 방송 씨름이다. 종전 같으면,
　"지금 여러분은 범법행위를 하고 있습니다. 해산하지 않으면 모

두 체포하겠습니다."
하던 것을 바꾸어,
"민족의 앞날을 지켜나갈 여러분! 경찰은 결코 여러분과의 충돌을 원치 않습니다. 여러분의 주장과 요구는 조국과 민족을 아끼는 뜨거운 충정에서 우러나온 것임을 우리는 잘 압니다. 그러나 과격한 시위는 여러분의 이 같은 애국심을 의심받게 할 뿐 학생, 시민, 경찰 모두에게 피해만 주게 됩니다. 경찰은 여러분이 돌을 던지더라도 인내심을 갖고 자진 해산할 때까지 참고 기다리겠습니다."
했더니, 학생들이 얼마 있다 자진 해산했다.

대화에는 분위기가 있다. 피차 긴장하면 충돌을 야기하기 쉽고, 반대로 피차 완전 이완되면 농담이 오가다 이따금 마찰을 일으킬 소지가 생기기 쉽다. 따라서 대화 분위기는 피차 긴장을 약간 풀되, 먼저 이쪽에서 긴장을 풀어야 저쪽 역시 긴장을 푼다. 이쪽은 긴장한 채 저쪽을 향하여 긴장을 풀라고 일방적으로 요구하면 오히려 우스운 꼴이 된다. 초면이든 구면이든, 평소 상대방에게 담배와 차를, 또 자리를 권하는 우리의 관습 역시 대화 분위기 조성의 일환으로 보아야 한다.

대화만큼 분위기 영향을 민감하게 작용받는 정황도 드물다. 지금 대화 시대에 우리가 살고 있으면서 대화 분위기 조성에 필요한 고려사항을 헤아릴 수 없다면 매우 답답한 노릇이다. 피차 긴장을 약간 푸는 게 대화 분위기 조성에 일조가 된다고 했는데, 그럼 또 다른 방편은 없는가?

그것이 바로 '유머'다. 웃음은 순간 우월감을 느낄 때 터지기 마련이다. 얼마나 자연스럽게 바보를 연출하느냐에 따라 유머 농도가 결정된다. 그러므로 대부분 코미디언과 개그맨은 이에 관한 한 이의가 없는 것이다. 좀 다른 각도에서 웃음을 살피면 위트가 있다. 영어의 위트를 프랑스어로 '에스프리'라 한다. 보통 기지라 부르고 있다. 이 위트로 하여 순식간에 어려운 문제가 손쉽게 해결되고, 이 '위트'로 보기좋게 공격도 하려니와 또 위기도 모면한다.

　드골이 프랑스에서 수상직에 있을 때 일이다. 당시 프랑스 의회는 새로 건조한 호화 여객선 이름에 어떤 관사를 붙여야 하느냐로 일대 논전이 벌어지고 있었다. 논전의 '초점'은 그 배에 여성관사를 붙이느냐, 아니면 남성관사를 붙여야 하느냐는 논란이다. 프랑스어는 배가 남성이니 남성관사를 붙여 마땅하다는 측과, 프랑스는 여성이니 여성관사를 배이름에 붙여야 옳다는 주장이 서로 팽팽하게 맞선 것이다.

　더욱이 이 배는 프랑스 역사상 최고 최대의 호화 여객선이니 이름도 자연 '프랑스호'라 붙인 것이다. 문제는 이 '프랑스호'의 관사를 여성으로 하느냐, 남성으로 하느냐였다. 좀처럼 토론에 종결이 나지 않았다.

　생각다 못한 의회는 이 문제를 행정부에 일임했다. 드골이 이 문제 해결을 위임받고 우선 웃었다.

　"이 배는 프랑스에 하나밖에 없는 호화 여객선인데 관사를 안 붙인들 어떻겠나…"

하고, 순간 그 어려운 문제를 간단히 해결, 그의 기지를 번득였다.

　대화 분위기 조성을 위해 고려할 또 다른 사항은 되도록 상대방의 자존심을 세워 나가는 일이다. 앞에 든 예에서 경찰이 학생 시위의 자진 해산을 종용하는 대목을 참고하더라도 이 점을 쉽게 수긍할 수 있다. 자존심 상하고 자부심 꺾이는 때, 계속 대화에 응할 사람이 어디 있는가. 다만 이때, 우리가 한두 가지 주의할 점이 있다. 그것은 거짓이나 가식, 또는 과장을 피하는 일이다.

　진실을 바탕에 깔지 않은 것이면 곧 설득력을 상실한다. 이야기가 길어도 진실을 보이지 않을 수 있고, 비록 이야기가 짧아도 진실을 보일 수 있다. 진실보다 강한 설득력이 어디 있는가.

3. 대화의 에티켓

대화에서 화제를 빼놓고 생각할 수 없다. 어떤 화제를 선택하느냐로 우리는 종종 망설일 때가 있다. 화제 선택은 단둘만의 대화이면 되도록 상대방 중심의 화제를 택하고, 둘 이상이 모인 경우에 모인 사람 누구나 참여할 수 있는 공통의 화제를 내놓는 것이 바람직하다. 하지만 말할 때 상대가 듣고 싶어하는 화제를 말하고, 누구에게 말을 시킬 때는 그가 말하고 싶어하는 화제를 묻는 것이어야 한다.

◇ 유머는 윤활유

그의 이익, 욕구, 행동, 지식, 상식, 호기심, 만족을 채워주는 데 보탬이 되거나 도움되는 화제는 누구나 듣고자 하는 화제요, 유머도 예외일 수 없다.

그러나 유머는 화제와 화제 사이에 삽입하는 대화 촉진의 윤활유나 촉매제로 사용하는 편이 슬기롭다. 사람이 말하기 쉽고 말하고 싶어하는 화제는 그의 자랑, 경험, 이해득실, 또 그만이 알고 있는 어떤 무엇, 남의 험담 등이 있다. 남에 대한 욕설, 독설, 험담이 이따금 우리가 나누는 대화의 화제에서 상당한 부분을 차지할 때가 있다. 하지만 이것은 다같이 삼가야 할 일이다.

그렇다고 해서 공사간 어떤 정황에서 누가 늘어놓은 제3자에 대한 험담을 듣고, 즉각 "이 자리에 없는 사람 이야기는 그만둡시다" 하고 면박하는 일은 금해야 할 것이다. 그렇게 말한 사람은 사이비 군자처럼 보일지 모르나, 나머지 좌중의 형편은 뭐가 되겠는가.

사이비 군자의 사이비 문하생처럼 되기 쉬운 처지가 딱하다. 그러므로 남의 험담이 화제로 등장하면 슬며시 그 화제를 딴 것으로 바꿔 놓는 일이 오히려 현명하다.

◇ 경청이 중요

'말이 많으면 반드시 실언이 있다'고 했다. 또 말이 많은 사람을 환영하는 사람도 드물다. 그럼에도 불구하고 대화중에 말 많은 사람이 적지 않은 것을 어쩌랴. 그 때문에 자기 이야기는 줄이고, 상대방 이야기에 정성껏 귀기울이는 사람이 환영받기 마련이다.

경청은 우선 상대방에 대한 나의 성실한 관심의 표명이다. 그렇다고 무작정 상대편 이야기만 듣고 이쪽은 아무 말 없이 잠자코 있으면 안 된다. 말 없이 침묵하면 도리어 남의 오해를 사기 쉽다. 어디가 아프면 말수가 적고, 불평이나 불만이 고조되면 말을 안 하는 것이 우리네 평소 습성이므로 주변의 오해를 사기 쉽다.

말이 많으면 은연중 내가 지닌 비밀이 상대방에게 새어나간다. 또 계속 일방적으로 폭포수처럼 말을 퍼부으면 상대방은 의기를 펴지 못할 뿐 아니라, 이쪽을 못마땅하게 생각하기 쉽다. 그러나 반대로 열심히 듣는 편에 서면, 우선 상대방의 호감을 살 수 있고, 상대의 기호와 분별을 알아차리기 쉬워 대응하기 편리해진다. <손자병법>에 "상대를 알고 자신을 알면 백 번 싸워도 위태롭지 않다"고 했다.

이야기 듣기는 상대를 이해하기 위한 길이요, 말하기는 남에게 나를 이해받기 위한 수단이다. 대화를 세련되게 하는 사람이면, 듣기를 여섯, 말하기를 넷의 비율로 대화한다. 그리고 말하다 듣고 듣다 말하는, 자주 바뀌는 입장이 대화에 생동감을 넘치게 한다. 대화에 활기와 윤기를 부여하는 가장 기본적 고려가 바로 이 같은 배려이다.

사람의 얼굴에 눈이 둘이요, 귀가 둘이고 입이 하나인 것은 많이 보고 많이 듣되 조금만 말하라는 뜻이라고 새기는 영국사람의 해석은 매우 흥미롭다.

4. 고운 말 쓰기 (1)

◇ 말은 교양의 척도

고운 말 쓰기란 한마디로 언어생활의 순화를 뜻한다. 순화는 불순한 것을 제거해 이상적인 체계를 세우는 일이다. 그럼 우리 언어에서 불순한 것이란 어떤 것인가, 그리고 그것은 어디에 있는가를 먼저 생각해 본다.

첫째가 교양에 관한 것이다. 사람이 돈을 쓸 때 무척 아껴 쓰면서도 말을 할 때는 함부로 생각 내키는 대로 말해 버리는 수가 있다. 이때, 교양이 문제된다. 고루 교양을 갖추었다고 하면 자기가 말하기 앞서 한 번쯤 앞과 뒤를 잴 수 있는 여유를 갖는다.

그러나 교양이 없고 보면 자신의 감정에 눌려 이를 자제하지 못하고 항상 감정적이고 도전적인 자세로 남과 이야기하게 된다.

그러므로 언제, 어디서, 누가, 누구에게, 무엇을, 어떻게, 왜 말하는가 하는 '7하 원칙'을 조리있게 따져볼 겨를이 없을 뿐더러 자기 이야기를 듣는 상대방 마음이나 기분 또는 비위를 상하든 상하지 않든 거기에 무관한 화자가 될 터이므로 그가 말한 결과는 이따금 역효과를 거두게 될 것이다.

그리고 교양이 없다고 하면 품위 있는 말을 가려서 쓸 줄 모를 것이니 자연 '비어'가 거침없이 쏟아져나올 것이다.

적어도 교양이 있다면 자기가 하는 말을 가리고 선택해 쓸 줄 아는 능력을 지녀야 한다. 또 전달이나 표현하고자 하는 내용을 논리 있게 구성할 수 있으므로 언어 순화에 역행되는 일은 없을 것이다.

결국 말은 그 사람이기 때문에 그 사람 말을 들으면 곧 그 사람의 인격이나 그가 갖고 있는 교양, 나아가 그의 직업까지 대충 알아낼 수 있다. 여기서 주의를 환기할 것이 바로 교양에 대한 정의인데, 교양이라고 반드시 풍부한 지식이나 식견을 포함해야 한다고 보지 않는다. 다만 상식적인 안목을 갖고 매사에 당할 수 있는 정도면 족하다. 그러므로 고운 말 쓰기란 무엇보다 우리들 최소한의 교양을 토대로 이룩된다.

◇ **품격을 나타내는 말**

기본적 교양을 지녔다고 하면 어떻게 해야 남의 호감을 살 수 있는가 하는 것쯤은 곧 알 수 있을 것이다. 그것이 그의 품격이다. 품격은 교양을 바탕으로 얼마간 수양을 쌓은 결과 풍기는 것이다. 수양이 쌓인 사람이면 품격을 지닌 사람이라 이를 수 있다. 여기서 품격을 논의하기란 그리 어렵지 않다.

사람의 말씨는 곧 그 사람의 마음씨이기 때문이다. 고운 말 쓰기 역시 실은 고운 마음 쓰기와 거의 같은 맥으로 통한다. 마음 쓰임새가 고와야 고운 말이 나온다. 마음 바탕이 거치른 사람에게 어찌 고운 말씨를 기대할 수 있을 것인가.

얼핏 나타난 말씨만을 놓고 고운 말 쓰기를 강조할 수 있으나, 근본이 해결된 게 아니므로 좀처럼 실효를 거두기 어렵다. 그러므로 고운 말 쓰기에 앞서 선행해야 마땅한 것이 바로 고운 마음 쓰기이다.

고운 마음 쓰기는 좀처럼 누구에게나 어려운 일이다. 사람 마음은 물결과 같아 언제나 잔잔하기만 한 것이 아니라 때로 거센 파도처럼, 때로 깊은 여울처럼 마음결이 크게 일렁인다. 이것은 대개 어떤 자극에 기인하는 경우가 많다. 이때 자제력이 필요해진다.

사람 사는 주위 환경이 복잡하고 자극적이고 충동적인 때, 또 정화되지 못한 국면에 자주 부딪칠 때, 사람의 마음은 자주 파도를 동반하고 노호하게 된다. 여기서 헤어날 수 있는 힘, 그것을 품격이라 말하고 싶다. 어떠한 상황하에서도 자기 자신을 통제할 이지적 힘을 지닐 수 있는 품격이 교양 다음으로 문제된다.
　고운 말 쓰기가 그리 쉽지 않은 까닭도 실은 이 같은 이유 때문이다. 교양과 품격을 사람마다 고루 지닐 수 있다고 하면 모르되, 그렇지 않은 바에야 고운 말 쓰기가 쉽게 실천되기를 바랄 수 없다. 그래서 언어 순화에 순응하려면 몰교양하고 품격을 상실한 언어행위는 우선 지양해야 한다. 최소한 교양과 품격의 두 가지 면이 크게 고려되고 또 실천될 수 있으면 고운 말 쓰기는 그만큼 진일보한 형편에 놓인다.

◇ 적절한 화법

　필자는 앞에서 교양과 품격을 고운 말 쓰기의 기준으로 거론하고, 기본적 교양과 품격을 지니지 못하면 바로 이 점이 언어 순화에 역행하는 원인이 됨을 지적 강조하였다. 그러면 이제 비로소 말하는 실제 장면에 당도한다. 말하기는 나면서부터 자연학습을 통하여 능력을 키워 나가기 때문에 자칫 대수롭지 않게 여기기 쉽다.
　그러나 사실은 말하기처럼 우리들 관심을 크게 끄는 문제도 드물다.
　"침묵은 금이요, 웅변은 은이다."
　이 격언 역시 함부로 말하면 차라리 침묵하는 편만 같지 못함을 강조한 말이다. 또 "말이 많으면 반드시 실언이 있다"고 하였다. 말하기가 얼마나 조심스럽고 어려운가를 잘 나타낸 속담이다. 여기서 다른 것은 제쳐놓고 말하기, 곧 화법에서 중요한 요소만 간추려 설명하기로 한다.
　첫째, 청자를 염두에 두고 그가 알아들을 수 있는 크기의 음성으로 말한다. 이때 음성이 너무 작으면 의사 전달이 불가능하고 커뮤니케이션에 장애를 일으킨 결과가 된다. 역으로 음성이 지나치게 크면 거치른 말씨를 통하여 상대에게 불유쾌한 감정을 일으키기 쉽다.

말소리가 정도를 지나 크게 나간 때는 곱지 않은 소리로 들린다. 주어진 정황에 맞는 크기로 말하여 상대가 불쾌한 느낌으로 듣지 않게 하는 배려가 아쉽다.

말소리는 그렇거니와 상대가 이쪽 이야기를 듣고 즉각 그 뜻을 파악할 수 있게 해야 한다. 다음, 그 이야기는 청자에게 관심 있고 유익하며 지루한 느낌을 주지 않게 해야 한다. 이 같은 기준에 크게 벗어나지 않으면 고운 말 쓰기는 일단 제자리를 잡은 것이라 보아도 무방하다.

◇ 험구는 삼간다

교양, 품격, 화법을 고운 말 쓰기를 위한 기준으로 살펴보았지만, 이제부터 보다 본격적인 문제로 접어든다. 험구라고 하면 늘 남의 흠을 헐뜯기 좋아하거나 혹은 그렇게 하는 사람을 가리킨다.

단순히 험구라 하여도 그 중에 풍자, 핀잔, 야유, 비판, 충고, 배격, 냉소, 조소 등의 숨은 의도가 있어 이것이 형형색색으로 어우러지기 때문에 대뜸 나쁘다든가 불필요하다고 단정할 성질의 것이 못 된다. 그런 반면에, 수십 년 사귀어 온 친교가 일순간 덧없이 붕괴되는 경우가 있고, 극단적으로 남을 해치는 결과를 낳는 경우까지 있다. 애당초 악의를 품은 험구는 문제 밖으로 하되 호의어린 험구, 즉 무의식중에 나오는 험구에 대하여 살펴보기로 한다.

사이가 가까운 사람들끼리는 마치 사이좋은 개들이 서로 물고 덤비며 꼬리치는 것처럼 서로 험구를 나누고 싶어한다. 그러나 이 경우 상대방 결점이나 취약점은 피해야 한다. 이를테면 상대방이 들창코인 때에 그 사람의 코 문제는 다치지 않는 편이 낫다. 시라노 드 벨주락처럼 잘 알려진 천재라도 자신이 늘 신경쓰는, 지나치게 큰 코에 관하여 이야기를 들으면 매우 불쾌하게 생각한 것이다.

또 어떤 사람이 본업으로 삼는 것을 비판하는 때는 매우 조심해야 한다. 요컨대 험구는 비록 다정한 사이라도 자칫 잘못하면 상대방 감정을 터뜨리기 쉬운 것이고, 고운 말 쓰기와 동떨어진 결과를 가져오기 쉽다.

지금까지 교양, 품격, 화법, 험구 등을 장절로 나누어 고운 말 쓰기 문제를 놓고 필자의 소견을 말하였다.

5. 고운 말 쓰기 (2)

◇ 금기어

험구하고 다른 것에 금기어가 있다. 우리에게 관습상 꺼리는 말이 더러 있다. 사람 앞에서 말할 때 혹은 편지를 쓸 때 꺼리는 말을 피하는 것인데, 그 이유는 그 말이 피차간에 크게 사위스럽기 때문이다. 꺼리는 말에 대체로 두 가지가 있는데 하나는 말의 어음 자체가 불길하든가 혹은 불길을 연상케 해주는 것이다.

또 하나는 보통 때는 평범하게 쓰이면서 어느 특정장소에 불길하여 잘 쓰지 않는 말이다. 예를 들면 남녀 혼사를 말하는 장소에서 '갔다', '끊어졌다', '떨어졌다', '싫다', '깨지다', '식다', '병', '죽음' 등의 말이 사위스럽고, 새로 지은 건물의 신축을 축하하는 모임에서 '불', '타다', '넘어지다', '날다', '가다' 등의 말이 사위스럽게 느껴지는 것이다. 이 같은 것을 일종의 속신이라고 하거나, 옛날처럼 이런 데에 신경을 쓸 필요가 없다고 하면 할말이 없다.

그러나 아무리 자기 쪽에서 그렇게 생각하더라도 상대방이 그렇지 않다고 하면 어쩔 수 없는 노릇이고, 무엇이든 남이 좋아하지 않는 말을 써서 남의 감정을 해칠 필요가 없으므로 이것도 고운 말 쓰기뿐 아니라 사교상 에티켓으로 일단 염두에 두는 것이 좋다. 기어의 예는 그렇고, 금어의 예를 들어본다.

　금어도 기어와 마찬가지로 우리 언어생활 순화에 더없이 중요한 문제이다. 남이 그 말을 들으면 불쾌한 감정을 갖게 되는 것이 금어인데, 이를 달리 표현하면 남에게 불쾌감을 안겨주는 모든 방언(放言)과 실언이 그것이다.

　이 금어에도 여러 가지 경우가 있다. '올드미스', '과부', '재혼', '첩'과 같이 사람의 신분에 관계되는 것이 있고, '꺽다리', '난쟁이', '딱부리'와 같이 신체상의 장애와 특징에 관계되는 것이 있으며, 어느 특정지역에 관련지어 그 고장 사람을 꼬집는 풍자적 표현이 있다.

　그리고 영웅, 열사, 위인을 비판하거나 어느 특정종교 및 종파에 대해 말하는 것이 일정 부류의 사람에게 불쾌한 감정을 일으키고, 때로 그것이 빌미가 되어 말한 사람을 향하여 공격 행동으로 번질 우려도 없지 않다. 결국 정황에 따라 금어 역시 매우 불미스런 결과를 가져오기 쉬우니 언어순화에 어긋나는 것이다.

◇ 비속어

　정재도의 저서, <국어의 갈길> 중에서 비어와 속어에 관한 설명이 크게 참고되므로 간추려 인용한다.

　비어는 속어와 비슷한 종류인데, 속어보다 더 점잖지 못하고 천한 말이다. 비어에 '낮춤말'과 '낮은말'의 두 가지가 있다. 낮춤말은 일부러 낮추어서 하는 말로 '아비', '어미', '할미', '오라비' 등이 있다. 낮춤말과 낮은말은 점잖지 못한 점에서 비슷하지만, 낮은말이 더 천하다. '팔때기', '배때기', '대갈통' 등이 있다. 욕설은 말 자체보다 그 말을 쓰는 사람의 인격을 깎아내리니 탈이다. 필요한 경우 낮춤말은 쓴다. 하지만 낮은말은 말 자체가 천하니 삼가야 하겠고, 욕설에 가까우므로 되도록 안 쓰는 것이 바람직하다.

　속어는 일반적으로 속되게 통하는 말이다. 보통 속된 말이라 이르는데, 품위를 지닌 말은 거의 찾을 수 없다. 예컨대, '왈가닥'은 행실과 성질이 거칠고 껄렁하여 채신머리없이 구는 막된 여자를 일컫는 말이다.

◇ 은어

학생사회, 직업사회, 군대사회, 종교사회, 연예계 등 각 성원 사이에 소통되는 말이 있다. 넓은 뜻으로 이것 역시 은어이지만 좁은 뜻의 은어라면 치우쳐지고 반사회성이 강한 집단 즉 도둑, 소매치기, 도박단, 부랑자, 걸인, 창녀들 사이에 쓰이는 특수어를 말한다.

이 같은 집단에서 그 나름의 특이한 조직, 도덕, 사고 등은 일반 사회인과 전혀 별개다. 이런 일련의 특수한 집단에서 특수어가 발생 발달한다. 예를 들면, '비조리'(딸), '빠꿈이'(영리한 아이), '땅기름'(물), '날개'(신사복) 등의 말이 은어이다. 이 은어는 어느 일정 사회에 숨겨진 말이어서 그리 떳떳하지 못할 뿐더러 언어순화 정신에 벗어난다.

그런데 여기서 독자 여러분의 바른 이해를 위하여 덧붙일 것은, 이 은어와 전문용어와의 관계이다. 일정 방면의 학자나 기술자 사이에 전문적 용어가 쓰인다. 이것 역시 외부 문외한이 이해할 수 없다는 점에서 전문용어가 적어도 은어와 흡사하게 느껴진다.

그러나 동일하게 외부 사람에게 이해될 수 없는 생리를 갖는 언어와 그 성질을 근본적으로 달리하므로 전문용어는 은어와 구별해 쓴다. 그리고 전문용어와 직업어 역시 상대방과 사용빈도에 따라 고운 말 쓰기에 어긋날 경우가 있으므로 주의할 일이다. 정도에 지나친 방언 역시 고운 말 쓰기와 방향을 달리하는 일이며 유행어, 한자어가 그렇고, 외국어와 외래어 또한 예외일 수 없다.

◇ 어벽

 이번에 초점을 돌려, 어벽에 관한 것을 살핀다. 어느 사람이나 말하는 중에 그 사람 나름의 특유한 벽이 있다고 하는 것은 거의 주지되는 사실이다. 이 어벽에도 여러 가지가 있는데, 그 중에서 예를 찾으면 '저-', '마-', '그런데 말이야', '왜냐하면', '그래가지고', '즉 말하자면', '그러기 때문에', '결국', '뭐인고 하니' 등이다. 이밖에도 사람에 따라 각기 다른 여러 가지 어벽이 있다.
 이 어벽이 이야기하는 중에 때 없이 튀어나온다고 하면 청자에게 이것이 방해가 되어 말하는 내용보다 어벽이 언제 또 튀어나오는가에 신경을 곤두세우게 되므로 말하는 사람이 제아무리 열을 올려 이야기하여도 그것이 청자에게 제대로 수용되기 어렵다. 이 또한 청자 쪽에서 듣기 거북한 것이니 자연 고운 말 쓰기에 바람직스럽지 못하다.

◇ 결어

 그렇다고 하면 뭉뚱그려 말할 때, 언어순화에 동화될 수 없는 것은 떨어지는 교양, 품격, 화법이요, 어휘면에서 험구, 비어, 속어, 욕설 그리고 편벽된 은어와 지나친 방언, 전문어, 직업어, 외국어, 외래어, 한자어, 유행어 등이고, 불필요하게 남용되는 어벽을 들 수 있다.
 이 같은 것이 지양되고 한 걸음 나아가 품위 있는 겸양어, 완곡어, 고유어 등을 우리의 일상 언행에 조심스럽게 조화시켜 나가면 언어순화, 달리 말하여 '고운 말 쓰기'는 대체로 무난할 것이다.
 여기에 한 가지 덧붙일 것이 있다면, 실제의 구두 표현에서 문제되는 '국어발음'과 '음성 표현'에 관한 것이다. 구체적인 것은 피하더라도 말하기에 따른 우리 나라 속담 하나를 인용하는 것으로 독자의 슬기로운 판단에 맡기기로 한다.
  즉 "같은 말이라도 '어' 다르고 '아' 다르다"는 것이다. 지금 우리가 처한 생활환경은 시시각각으로 변모하고, 생활 주변에 숱한 어휘가 범람하고 있다. 그 중에서 가장 우리 언어생활에 음양으로 크게 영향을 미치는 것이 바로 신문, 잡지, 라디오, 텔레비전, 영화, 출판물 등이다. 그러므로 각 매스미디어에 종사하는 모든 사람이 모든 표현에 신중을 기하고 무엇인가 바람직한 방향으로 방향타를 잡아야 하고, 무엇보다 먼저 '고운 말 쓰기' 운동을 대대적으로 힘차게 벌여 나가야 한다는 주장이다.
  그러나 언어순화가 비단 매스컴 종사자에게만 맡겨질 일이 아니고 일반사회 모든 구성원의 공동책임으로 공동노력이 모아져야 한다. 너나 없이 일상생활에서 '고운 말 쓰기'에 똑같은 공동보조를 취해야 할 것으로 안다. '고운 말 쓰기'야말로 명랑직장, 명랑사회 건설에 뚜렷하고 확실한 한 가지 방법일 것이다.

6. 말하기에 앞서 듣기가 중요

  기원전 4백년 경부터 소크라테스는 대화를 통하여 철학하고 제자를 교육하고 남을 설득하였다. 대화는 때로 진부한 때가 있으나 언제나 일종의 신선미를 지니는 것이 보통이다. 그리고 어느 시대를 막론하고 대화가 커뮤니케이션의 중대한 역할을 수행해 온다. 위대한 철인, 종교인, 교육자, 정치가는 항상 대화를 통하여 그의 영향을 끼쳤다. 소크라테스를 위시해 그리스도, 석가모니, 공자, 페스탈로치가 모두 대화방식을 이용했다.
  대부분의 정치가가 대화를 잊지 않았으나, 대화를 잃은 정치가는 일반의 신망을 얻는 데 실패했다. 기계화 내지 자동화에 수반하여 기업 내 인사관리까지 자동화되고 획일화되어 생산성의 저하를 가져올 때 이를 타개한 것이 바로 인간관계 개선이다. 종업원의 기계적·획일적 관리를 지양하고 인간성에 기초를 둔 대화를 부활하는 길이 바로 인간관계론의 골자이다. 인간관계 최소의 단위는 일 대 일의 개인적 관계이고, 이것은 실제로 일 대 일의 면접으로 구체화된다.

경영에서 인간관계론의 응용은 필연적으로 기업 내 면접을 활기띠게 한다. 기업 내에서 각종 공식 또는 비공식 면접이 행해진다. 이같은 면접은 모두 대화로써 이루어진다. 면접의 본뜻은 '얼굴과 얼굴을 맞대고'의 뜻이다. 그러나 단지 얼굴만 맞대면 아무 의미가 없다. 여기 대화가 등장하는 당위성이 있다.

부탁, 교섭, 상담 역시 대화로 이루어진다. 기본적으로 일 대 일의 개별 커뮤니케이션이다. 정해진 공식석상의 공중연설은 다수의 청중이 상대가 되는 것이므로, 아무래도 연설 내용이 청중에 의해 음미, 저작, 반추되지 않을 수 없다. 매우 조심스런 상황이다. 따라서 청중과의 심리적 거리에 일정한 한계가 그어진다. 그러나 대화는 바로 눈앞에 상대방이 있다. 상대와의 심리적 거리를 좁힐 수 있고, 인간적인 접촉 속도 또한 매우 빨라진다. 대화는 피차 쌍방의 공동작업이다. 말하기와 듣기는 표리일체가 된다. 그러나 사태가 긴박한 때, 혹은 상대가 노하든가 비통해 하든가, 흥분한 때 누구나 듣는 입장을 취하는 게 상례이다.

링컨이 변호사로서 성공한 이유를 질문받고, 이렇게 대답한 적이 있다.

"나는 법정에서 변론할 때 그 준비로써 내게 주어진 시간의 삼분의 이를 상대방에 관하여, 또 그가 말할 내용에 관하여 생각한다. 그리고 나머지 삼분의 일을 나 자신과 내가 말할 내용에 대하여 생각한다."

부탁이나 교섭이나 상담은 상대를 일방적으로 누르고 굴복시키는 강력한 담판과 다르다. 무리하게 이쪽 의견을 밀고나가 승리했다 해도 그것은 일시적일 뿐, 상대는 어떤 형태로든 반드시 이쪽에 반격을 가해올 것이다. 이 같은 관점에서 보면, 대화에서 일방적으로 마구 떠들어대는 것이 얼마나 서투른 방식인가를 알게 된다. 마치 수도꼭지를 틀어놓은 것 같은 말하기의 일방통행만큼 어리석은 화법은 없다.

그러므로 가능하면 듣는 입장에서 대화하는 편이 훨씬 현명하다. 그런 뒤에 상대방에게 마음의 꽃다발을 안겨주면서 이쪽 의견을 개진해 나간다. 어떤 유형의 교섭이든 피차 쌍방의 이해득실을 사전에 면밀히 계산하고 대화의 마당에 임하는 것이다. 대립된 쌍방이 상호 이익의 일치점을 찾아나가지 않으면 이야기는 서로 평행선을 긋고 끝내 대화는 단절되고 만다.

화법의 표현기술이 아무리 훌륭해도 청법의 이해기술이 부족하거나 미숙하면 안 된다. 화법과 청법은 대화란 궤도를 달리는 수레의 두 바퀴이다. 설득의 명인 소크라테스는 아테네 청년을 설득할 때, "그대들이 먼저 무엇인가를 말해 달라. 그것에 따라 나는 판단할 것이다."
고 말한 바 있다. 키신저는 다수의 사람과 접촉 교분을 가졌고, 사회 저명인사에게 요구되는 예절과 점잖은 몸가짐을 익히려 노력했다. 예를 들면 자기 의견을 남에게 설득하고자 할 때, 자기 의견보다 먼저 상대방 의견을 그 사람 처지에서 충분히 경청하는 대화법을 익힌 것이다.

넬슨 록펠러란 여비서 이야기에 따르면, 이 같은 키신저의 대화법이 그가 협상의 대가로 명성을 얻는 데 큰 몫을 한 것 같다고 회고한 적이 있다.

많이 듣고 적게 말한다. 상대편이 이쪽보다 더 많이 말한다는 사실은 그만큼 이쪽 제안에 관심과 흥미와 열의가 있다는 증거이다.

그것 없이 상대는 말하지 않을 것이기 때문이다. 그리고 상대방 스스로 선택하고 스스로 결정한 의사라는 방식으로 대화를 끌어나간다. 가령, 이쪽 유도로 결정한 사항이라도 이쪽은 조언자 이상의 입장을 취해서는 안 된다. 강제성을 띤 의견은 상대방 자존심을 깎기 때문이다.

상대방 입장과 처지를 고려하지 않는 교섭은 언제 어느 경우도 성공할 수 없다. 말하는 입장에서 듣고, 듣는 입장에서 말해야 한다. 들을 때 듣는 태도가 중요하다. 대화중 상대방이 하는 말 한마디 한마디를 깊이 이해하는 것은 물론, 전체 이야기에서 그 말이 어떤 연관성을 갖는지 이야기 전체의 관계에서 그것을 이해해야 한다.

무엇을 말하려 하는가? 목적은 무엇인가? 모순된 점은 없는가? 말하고 싶지 않은 점은? 감춰진 의중은 없는가? 등을 순간순간 포착하며 대화에 응해 나간다. 대화는 공통의 기반 구축이 선결 조건임을 마음 깊이 새기면서….

7. 효과적 청법

자기가 옳다는 주장만 내세울 뿐, 상대방 이야기는 전혀 들으려 하지 않는다. 들을 줄 모르고 말할 줄만 아는 것, 이것이 곧 싸움을 일으키는 도화선이 된다.

자기 말만 내세우면 벌써 그것은 대화의 궤도를 이탈한 상태이다. 대화를 한다 하고 일방적 독백으로 이야기를 끝내는 장면이 우리 생활 장면에 얼마나 많은가.

대화의 유형을 나누어 보면 기실 나무의 잔가지만큼 많을 것이나 줄기만 간추려 보면 대개 셋으로 구분할 수 있다.

첫째가 대화를 가장한 독백이고, 둘째가 기계적 대화요, 셋째가 진실을 바탕에 깐 사랑의 대화이다. 참된 대화는 셋째 유형인데 이것이 그리 흔치 않으니 참된 대화가 어렵고 참된 대화를 듣기가 힘들다.

그러나 상대방 이야기를 진정 열심히 듣겠다는 성의를 갖고 대화에 임하면, 그만큼 대화의 이상형에 가까이 접근해 갈 수 있지 않은가. 그러면 효과적으로 남의 이야기를 잘 듣는 노력이 전제돼야 우리는 참된 대화를 나누게 될 것이다.

◇ 정신집중

효과적 청법으로 고려해야 할 사항이 무엇인가. 그것은 무엇보다 먼저 상대방 이야기에 정신을 집중하는 일이다. 남의 이야기를 건성으로 듣기 시늉만 하는 것이 아니고, 상대방 처지가 되어 진지한 자세로 듣는 노력을 기울이는 것이다.

그쪽 이야기에 의식을 집중한다. 인간이 동일 대상에 대해 동일 정도로 의식을 집중하는 것이 불과 3초에서 24초라 한다. 그렇다면 우리 의식은 예측할 수 없는 방향으로 부단히 흘러가고 있는 것이다. 즉 한 초점에 계속 머물지 않는 것이다.

이 생각 저 생각하며 남의 이야기를 듣는다. 좀처럼 남 이야기에 정성을 들여 귀기울이기 어렵다. 그러므로 정신집중의 효과적 청법이, 이치는 그럴듯하나 실천이 매우 어려울 수밖에 없다. 그러나 어려운 것을 실천하는 데 효과와 보람이 있지 않은가.

하기야 요령부득의 장황한 이야기쯤 되면 정신집중이 가당치 않다. 시간이 아까운 때가 많다. 이 경우 다만 상대방이 상식선에서 최소한의 에티켓을 지키는 경우로 한정한다.

◇ 아이 콘택트

 대화에서 '아이 콘택트'는 이야기 듣는 쪽의 반응이다. 물론 말하는 이 역시 동일하게 시선 배분이 중요한 의미를 갖는다. 피차 상대방을 겸허한 눈빛으로 바라보며 대화에 임하는 자세가 그때마다 아쉽다. 말하는 동안 누구나 신명나게 이야기에 열중, 상대방을 응시하게 되나, 한편 듣는 쪽 입장은 정신집중 자체가 힘드는 형편에 상대방 표정을 지켜보기란 일층 힘드는 일이다.
 효과적 청법을 설명하는 과정에서 이 항목이 빠질 수 없다. 상대방을 바라보고 있다는 사실 하나가 무엇인가 경청해 보겠다는 무언의 의사표시가 되기 때문이다. 정신을 집중하면서 상대방을 바라보는 일이 효과적임은 더 부연할 필요가 없다. 시선 방향이 상대를 떠나면 안 된다.

◇ 적절한 질문

 다음에 고려할 사항이 질문이다. 대화에서 질문은 상대방 의중을 정확히 파악하고자 하는 노력이고, 사실을 사실대로 확인 포착하려는 겸허한 자세이다. 달리 표현하면 질문은 청자로서의 적극적 경청법이요, 또 한편 상대방 화자를 성실히 이해하고자 하는 일련의 노력이다. 대화에서 듣는 입장에 설 때 질문을 적절히 구사할 수 있다면 그동안 가지고 있던 오해, 곡해, 왜곡이 안개 걷히듯 사라지고, 발전된 이해의 터전에서 허심탄회한 대화가 가능해질 것이다.
 모르는 것을 묻는 것, 불분명한 사실을 캐보는 것, 상대방 의도와 신념 그리고 입장, 계획 등을 정확히 알아보려는 것이 모두 질문이다. 때로 우리는 상세히 질문하는 대신, 추측과 억측 또는 풍문으로 사리를 따지려 하여 곤혹을 당할 경우가 많을 뿐 아니라, 감정과 도전과 흥분의 도가니에 빠져 헤어나지 못하는 경우가 왕왕 있다. 상대를 아는 길은 오직 질문밖에 없으므로 질문을 잘 활용, 적극 경청하는 자세를 취하는 것이 무엇보다 바람직하다.

◇ 응대말의 반응

질문 말고 경청법의 또 하나는 응대말이다. 남성에 비해 여성은 비교적 대화에서 응대말을 적절히 잘 구사한다. 응대말은 상대방 이야기에 반응하는 한 가지 방편이다. 듣는 쪽 반응에 여러 가지 표정을 빼놓을 수 없으나 표정보다 더 적극적인 것이 응대말이다.

대개의 경우 응대말은 부정적이기보다 긍정적이고, 반대적이기보다 동조적인 때가 많다. 따라서 말하는 쪽에서 보면 무반응의 대화자를 상대하기보다 응대말의 적절한 반응을 보이는 상대가 훨씬 호의어리게 느껴진다. 응대말 자체가 질문과 함께 적극 경청의 수단이 된다. 남의 이야기를 듣고 고개를 끄덕이든가 혹은 밝은 미소를 지어 보이면 말하는 화자는 그의 이야기에 활력을 불어넣게 된다. 더욱이 응대말이 표정과 함께 어우러지면 말하는 화자는 그의 이야기에 열을 올리고 신명나게 말할 것이다.

대화는 상대적이어서 겸허한 화자는 겸허한 청자를, 반대로 독선적인 화자는 독선적인 청자를 만든다. 대화는 말하기, 듣기를 알맞게 교환할 때 분위기를 고조시키고 성과를 올린다. 피차 상대방이 나보다 더 많이 말하게 배려할 때, 인간적인 교류가 가능해진다. 이는 대화에서 요구되는 최소한의 예의이다.

◇ 공감된 사실의 확인

효과적 청법에서 논의되는 넷째 사항은 확인이다. 두 사람이 어떤 문제에 완전 의사 일치를 보았든 아니면 의사 불일치를 보았든 공감된 사실을 확인해야 한다. 대화는 커뮤니케이션의 한 형태이므로 대화가 상호 일방적 의사 교환으로 끝나는 것이라 보기 쉬우나 대화에서 일반적으로 기대되는 것이 공감이다.

어떻게 하면 피차 공감대를 넓혀 나가는가가 꾸준히 공동노력으로 추구돼야 한다. 상호 의사 교환에서 약간의 의견 일치일망정 이것을 크게 확대해 나갈 필요가 있다. 사실상 커뮤니케이션의 어원을 따지면 공동 소유란 뜻을 내포하고 있음을 알게 된다. 폭넓고 깊이 있는 공감대 형성을 위해 쌍방은 감정이입을 효과적으로 기도해야 하며, 인내와 끈기를 갖고 상대방 이해에 절대적 노력을 경주해야 한다.

지금껏 효과적 청법을 서술했으나 효과적 청법이 효과적 화법에 선행하는 것이라 가정하면 훌륭한 청자가 곧 훌륭한 화자임을 쉽게 수긍하게 될 것이다. 진정한 인간교류, 진정한 대화를 바란다면 모름지기 우리는 효과적 청법을 이해하고 이를 즉각 실천에 옮겨야 할 것이다.

8. 마음의 문제

◇ 아집의 사람

자기 일에만 몰두하느라 조금도 상대방의 입장과 의견을 듣고자 하지 않는 태도를 아집이 세다고 한다. 아집을 갖고 말하면 상대는 반드시 대립적 반응을 보이고, 반항적 기분을 갖기 쉽다. 주장이 아무리 정당한 것이라 하더라도 자기중심으로 말하면 상대방은 그것을 바꿔놓으려는 기분이 고양되므로 결과는 자기가 말하는 것이 상대에게 수용되지 않고 동정만 살 뿐이다.

세일즈맨이 왕왕 빠지기 쉬운 함정이 바로 이 아집이다. 이 상품을 팔면 대가가 얼마 돌아온다는 이윤만 생각하고, 손님에게 상품을 판매하려 한다. 손님의 얼굴이 돈으로 보인다고 하면 손님쪽 또한 그렇게 관찰한 다음, '세일즈맨 이익을 위하여 상품을 살 수 없다' 하는 자세를 취하게 된다.

이것은 세일즈맨의 철칙인데, 세일즈맨은 어떻게 해야 손님에게 이득을 안겨줄 것인가를 생각해야 좋은 것이다. 자기 이익을 올려야 하겠다는 점만 생각해서는 안 된다. 손님에게 이익을 안겨주면 그 이익이 자기에게 돌아오는 것이므로 먼저 고객 우선을 고려할 것이고, 자기 자신을 중심으로 고려하면 안 된다.

사람은 남의 물건을 무상으로 받으려 하지 않는다. 비록 무일푼의 사람이라도 물건을 받으면 '고맙습니다' 하고 감사의 인사를 잊지 않는다.

인간에게는 철저한 빈자 근성이 없기 때문에, 남의 물건을 받으면 보답하려는 뜻이 반드시 생기게 마련이다.

그러므로 세일즈맨은 상대방 손님의 이익을 고려해 나가야 한다. 자기 중심으로 아집을 갖고 이야기한다면 상대방 저항에 의하여 이야기의 힘이 약화되고, 효과는 오르지 않을 것이다. 이야기할 때, 아집을 가지면 안 된다. 이것이 첫째이다.

◇ **사물의 표리**

둘째는 편견을 갖고 이야기하지 말자는 뜻이다. 사물에는 반드시 속과 겉이 따로 있다. 개울물에도 양쪽에 냇가가 있다. 이 사실을 잊고 표면만을 보거나 혹은 한쪽 냇가만 보고 이야기한다면 반드시 상대방은 감을 잡고 반신반의하게 된다.

선거의 경우, 입후보자는 각양각색으로 여러 사실을 주장하는데,

그것을 듣고 있으면,

"후보자가 말하는 것은 그럴지 모르나, 세계는 미국만 있는 것이 아니다."

혹은,

"소련이나 중국 이야기만 하지만, 그러면 미국은 외면해도 된다는 말인가"

하는 기분을 갖게 된다.

대체로 모두 편견으로 이야기하고 있다는 외에 달리 생각되지 않는다. 소련이야말로 세계를 혼란시키고 있다고 생각하는 미국, 미국은 인종차별의 종주국이라고 단정하는 소련, 이 양자 중에서 그들이 무엇이라 말하든 우리는 반신반의할 뿐이다.

노사문제만 하더라도 노조가 노조 입장만 염두에 두고 말하면 경영자는,

"노조가 말하는 것은 그럴지 모른다. 그렇다면 기업경영이 안 되어도 좋다는 말인가."

하게 되고, 마침내 노사 교섭은 결렬될 수밖에 없다.

우리가 사회와 세계를 정당하게 바로 보기 위하여 되도록 편견을 제거해 나가는 노력을 기울여야 한다. 그렇지 않아도 편견은 모르는 사이 우리 머릿속에 깃들이는 것이므로 편견을 갖지 않는다고 하기보다 편견을 스스로 조금씩 제거하겠다는 노력을 한다면 상대방에게 그 뜻이 분명 기분 좋게 전해질 것이다.

◇ 절대의 강조

절대를 확신하는 타입이 있다. 이야기를 하는 경우, '이것은 절대로 정당하다', '틀림없다' 등으로 청자에게 강조하는 것이다.

현재 우리가 생각하는 것은 절대가 아니고 최고도 아닌 것이다. 단지 현재 단계에서, '이렇게 생각하고', '이렇게 느끼고', '이것이 최

선이 아닌가' 하는 것뿐이다. 그리고 그것은 다시 연구를 계속해야 한다는 것이 주어진 정황이다. 절대적 입장으로 주장하는 내용이 부당한 것이어도 일부 사람은 집요하게 자기 주장을 바꾸려 하지 않는다.

남과의 토론에서 양보를 모르는 사람 가운데 '절대'를 고집하는 사람이 많다. 자기만 절대로 정당하다고 단언할 수 있을까? 그렇게 생각한다면 모든 것이 끝이다. 우리는 항상 발전의 법칙으로 생각하지 않으면 정당한 관측과 사고가 불가능하기 때문이다.

그러므로 절대적 주장이 어떤 폐해를 가져다주는가가 크게 문제된다. 그것은 상대방에게 저항의 기분을 키워줄 뿐이다.

"나의 주장은 절대 정당하다. 그쪽 주장은 절대 잘못이다."
하는 이야기를 들으면 우리는 "무슨 소리야!" 하는 식의 반발을 곧 일으킨다.

오늘 정당하다 생각되고 또 그렇게 인정하고 있는 것이 말하자면 하나의 가설에 불과한 것이다. 뉴턴의 인력설 역시 마찬가지이다. 사과가 땅에 떨어졌다. 이것은 지구가 물체를 당기는 힘이 있기 때문이라고 판단하여, 이것을 '인력의 법칙'이라 이름붙였다.

그러나 아인슈타인은 뉴턴의 인력설을 뒤집었다. 물체는 상호 맞당기고 있는 것이라 하여 상대성 원리를 발표하였다. 이렇듯 우리는 보다 정당한 것에 보다 진실한 것에 가까이 한 걸음씩 다가가는 것이므로 지금 현재가 절대적이라 판단한다면 그것은 발전의 정체를 뜻한다.

사물은 언제든 절대가 없다. 다만 상대적으로 존재한다. 그러므로 절대라 주장하고 양보 없는 사람은 반드시 남과 적대적 관계를 형성하기 쉽다. 절대적 주장을 내세우면 항상 다수인의 저항을 각오해야 한다.

◇ 그릇된 견해

세일즈 경우에 "이것만이 절대 좋다", "타사 상품은 좋지 않다"는 형태로 고객을 강제하면, 이 설득은 실패한다.

'아부하여 상대방을 속이자', '잔꾀를 써서 속이자'는 그릇된 견해를 갖고 이야기를 하면, 반드시 의심이 생겨 상대방은 '참, 아부도 잘하는데, 이상하다' 하는 의혹을 품게 된다.

상인이 적정액만 이익을 보면 될 것을 욕심을 내느라 미사여구와 교언영색을 늘어놓으면 손님은 '아무래도 이상한데…' 하는 의구심이 생기고, 결국 상품 판매는 실패한다.

누구나 아부하여 어떤 목적을 이루려는 옳지 못한 생각을 가지면 불가사의하게도 자기 이야기에 힘이 약화되는 것을 체험한다. 즉 말의 힘이 점차 감소되는 사실을 스스로 자각한다. 옳지 못한 사견을 갖지 말라는 뜻은 남을 속이는 것이 좋지 않다는 윤리 도덕을 내세우려는 것이 아니라, 다만 이야기 효과가 크게 감소된다는 사실을 주장하는 것뿐이다.

요즘 시판되는 화술 책에 보면, 미사여구를 잘 구사하여 어떻게 기교적으로 말을 잘할 수 있는가 등이 서술되어 있으나 필자는 이에 반대한다. 그같은 책은 마치 사견을 갖고 남을 속이는 듯한 가르침을 주는 인상이기 때문이다. 불쾌감마저 갖게 한다. 이야기할 때 옳지 못한 생각을 가지면 이야기 효과가 상실된다는 사실을 잊어서는 안 된다.

◇ 이것저것 모두 부정

그런 현상은 자주 볼 수 있다.
"그것은 안됩니다. 이것도 안됩니다. 저것도 안됩니다."

이런 식으로 말해보라. 청자는 '될 대로 되라지' 하게 되고, 결국 말한 사람은 고독을 면하기 어렵다.

의사 이야기를 들으면 '담배는 폐암의 원인이 되고', '니코틴은 동맥경화의 원인이 된다', '세 개비의 담배는 한 사람을 죽일 만큼의 독소가 있다. 그러므로 담배를 끊으라' 한다. 그러나 세 개비 담배를 태우고, 만약 죽지 않았다면 어떻게 될 것인가?

'어떻든 안 된다'는 식이면 안 된다는 것은 도리어 융통성 없는 형편이 되고 만다.

이상에 말한 것을 남과 이야기할 때 충분히 유념할 필요가 있다. 진정으로 남을 움직이는 이야기를 하려면, 한층 진실한 자세로 본심을 속임 없이 말하면 좋다. 어떻든 성실하게 이야기해야 한다. 성실 중에 지금 말한 5개 항목은 전혀 포함되지 않는다. 이렇게 생각하면, 말한다는 것이 단순한 '국어문제'가 아니고 오히려 마음의 문제란 사실을 누구나 깨닫게 된다.

9. 마음의 벽

'열 길 물 속은 알아도 한 길 사람 속은 모른다'고 했다. 남의 마음 속은커녕 자신의 마음조차 모를 때가 더러 있지 않은가?

그래서 "내 마음 나도 몰라" 하지 않는가? 늘 마음의 정체를 알면 벌써 그는 '견성(見性)'의 경지에 들어선 수행자일 것이다. 대관절 마음은 어떤 것이길래 파악하기 힘드는가.

사람과 사람의 교류가 마음과 마음의 교류라면 우리는 마음의 움직임을 편린이나마 알아볼 필요를 절실히 느낀다.

어느 정도 두드러진 마음의 특징을 포착할 수 있다면 그만큼 우리는 주변 사람과의 사귐에서 보다 큰 편익을 얻을 수 있을 것이다.

허심탄회하게 흉금을 터놓고 대화를 나눠보자고 해도 막상 흉금 터놓기가 그렇게 말처럼 쉬운 게 아니다. 흉금을 터놓는다는 것이 결국 가슴속의 심정을 스스럼 없이 모두 털어놓고 이야기한다는 뜻인데⋯.

허심탄회 또한 유사한 의미를 갖는다. 마음속에 아무런 거리낌 없이 솔직한 태도로, 품은 생각을 터놓고 말하는 것이다. 그러나 실제로 흉금 터놓기와 허심탄회가 가능한가? 말은 쉽지만 현실적으로 불가능한 것이 바로 이 대목인 듯하다.

나와 남과의 접촉과 교섭에서 공감 또는 공감대의 형성이 그때마다 기대되는 것이지만 공감대의 형성이 쉽지 않다. 이때 머리에 떠오르는 것이 사람 마음에 쌓이기 쉬운 벽 또는 담이다. 내 주변 사람이 그들의 마음에 모두 벽을 쌓고 나를 대한다면 나는 공동생활에서 모든 설득력을 상실하게 된다. 설득력을 상실한 채 공동생활의 적응은 상상하기 어렵다. 그러면 사람에게 쌓이기 쉬운 마음의 벽에는 어떤 유형의 것이 있는가?

첫째로 손꼽히는 것이 편견 또는 선입관이다. 상대방이 나에게 어떤 편견을 갖고 있다면, 나는 그에게 설득력을 발휘한들 효과가 나타날 리 만무하다. 나는 강연에 나서는 때, 우선 자기소개를 어느 정도 자세히 한다. 그것은 상대방이 내게 갖기 쉬운 선입관을 다소 제거하고자 하는 의도 때문이다. 일단 자기소개를 하면 청중은 내 이야기를 한번 들어보자는 방향으로 분위기가 발전한다. 이때 비로소 나는 청중을 향하여 설득력 있는 위치에 섰다고 볼 수 있다. 상대방이 갖는 편견과 선입관을 그대로 방치해 둔 채 일방적으로 설득에 임해봤자 효과는 전무하며 상대방은 계속 내게 등을 돌리게 될 뿐이다. 뚜렷이 우리 눈에 보이지는 않으나 마음의 벽은 여러모로 활발하게 작용하여 각 방면으로 영향을 미친다.

둘째로 신용을 잃은 불신감이다. 한번 신용을 잃으면 일정 집단이나 계층에서 그를 신용하지 않음은 물론, 그와는 등을 돌리기 쉽고 그의 이야기에 귀를 기울이지 않게 된다. 불신사회, 불신풍조는 입에조차 함부로 올려서 안 될, 우리 주변에서 멀리 추방해야 할 어휘들이다. 믿음의 사회, 믿음의 풍토에서만 공감대 형성의 폭이 넓혀질 뿐이다.

셋째로 마음의 벽이 될 만한 것으로써 반감, 욕구불만, 불안감, 좌절감, 심적인 압력, 자존심의 상처, 독선, 아집 등이 있다.

내 주변 사람들에게 마음의 벽이 쌓이지 않게 배려하는 때, 비로소 설득력은 빛을 발하게 될 것이다.

10. 질문과 대답

◇ 요령 좋은 질문

남에게 무엇을 질문했을 때 좀처럼 이쪽이 알고자 하는 바를 답하지 않고, 영문 모를 답을 들려주어 시간이 낭비되는 수가 있다. 어떻게 질문하면 한 번에 알고자 하는 답을 끌어낼 것인가.

질문이 적절치 못하고 대답이 적절치 못하면 커뮤니케이션이 제구실을 다하지 못하는 결과를 빚는다. 남에게 무엇을 질문할 때 다음과 같이 하면 바람직하다.

1. 묻는 목적

처음에 묻는 목적을 밝힌다. 목적을 알리고 이쪽이 어떻게 해야 하는가를 상대방에게 묻는다. 흔히 이런 질문을 들을 수 있다.

"이 버스 청량리 가요?"
"안 가요."

사실 그 손님이 하루 종일 그곳에 머물러 기다려도 그쪽에 청량리행 버스는 오지 않는다. 그와 같은 질문에 그와 같이 대답하는 것은 당연하다. 대답은 조금도 잘못이 없고 틀림이 없다.

　물론 좀더 친절하게 대답할 수 있으나 버스기사 역시 바쁘기 때문에 관심과 신경을 덜 쓰게 된다.

　어떻든지 이것으로 질문이 제구실을 다 못한 것은 사실이다. 그것은 알고자 하는 내용을 분명히 물어보지 못한 것이고, 또 무엇을 알아내야 한다는 목적의식이 매우 모호한 데서 비롯된 잘못이다.

"청량리 가는 차 여기서 타요?"

　이렇게 물어보는 것이 합리적이고 타당하다. 꼭 필요한 것을 묻는 것과 꼭 필요한 것을 묻지 않는 것은 어느 경우가 우리 생활에 보다 큰 손실을 가져다 주는가. 이 같은 질문을 받고,

"안 가요."

하고, 떠나버릴 기사는 아마 없을 것이다.

"청량리 가는 건 길 건너서 타세요."

하고 잘 일러줄 것이다. 조금만 머리를 써서 질문하면 10분, 20분 기다려도 청량리행 버스를 타지 못하는 손실을 미리 막을 수 있다.

2. 알고자 하는 것

　질문할 때 알고자 하는 내용을 분명히 말한다. 목적이 분명하면 다음은 상대방에게 무엇을 알아낼 것인가를 미리 작정하고 그 답을 얻을 수 있게 질문한다.

"이 위스키는 어디 것이지요?"

"네, 영국 것인데요."

"아니 상표가 뭐예요?"

"네, 조니 워커인데요."

　처음 것은 보람 없는 애매한 질문이다. 알고자 하는 내용을 질문, 그것을 분명히 알아내기가 쉬운 것 같지만 실은 그렇게 용이하지 않다.

3. 둘이나 셋쯤 내놓고

둘이나 셋쯤 내놓고 상대방이 선택해서 대답하게 하는 것이다. 이것은 흔히 앙케이트 등에서 선택형으로 활용된다.

"댁이 장남인가요, 아니면 차남인가요?"

와 같이 물어보면 상대방은 그 중에서 하나를 택하게 됨으로써 곧바로 답이 나올 수 있다. 만약 둘 다 아닐 경우라도

'아, 나의 형제 관계를 묻는구나…'

하는 생각이 들게 될 것이다. 그리고는 마침내 질문에 합당한 대답을 줄 수 있다.

4. 이쪽에서 어휘를

이쪽에서 어휘를 대고 그런지 아닌지를 상대방에게 물어 확인한다. 이것은 대답할 때 그 어휘가 합당한지 아닌지를 말하는 데 편리하다. 그러나 답이 다른 어휘일 때 다시 한 번 새로운 질문을 던지게 된다.

"이 시계가 '로렉스'인가요?"

"아뇨."

어느 것이라 말하는 사람이 있으나, 다만 "아뇨"라고만 말하는 사람도 있다.

"상표가 무엇인가요?"

"오메가입니다."

알고자 한 것을 분명히 알게 된다. 질문할 때 '로렉스'인지 아니면 다른 어떤 것인지를 알고 싶으면,

"이 시계 상표가 무엇인가요?"

하고 물어보는 것이 상대방에게는 불필요한 것을 생략하고 묻는 것이 되므로 매우 친절하다.

"네, '오메가'입니다."

5. 질문 종류

<의문형>

"어디 것입니까?" "무엇입니까?" "어떻게 생각하십니까?" "내일 예정은 어떠신지요?"

<네 또는 아니오형>

이쪽에서 어떤 특정 어휘를 말하고, 상대방이 "네" 또는 "아니오"를 말하게 하는 유형이다.

"자네 고향이 대구던가?"

"이 책 좀 빌려가도 괜찮은가?"

<선택형>

"부산인가, 대구인가, 아니면 대전인가?"

"이 색깔이 마음에 드나, 안 드나?"

지금까지 단순히 능률적인 면에서 질문 종류를 따져보았으나 이 질문이 상대방에게 어떤 느낌과 어떤 영향을 주느냐에 대하여 모두 사정과 형편이 다르므로 그것을 각양각색인 것으로 아는 편이 낫다. 가령, 사랑하는 연인에게

"내일 올거야 안 올거야?"

하고 물으면, 오지 않아도 좋다는 의중이구나 생각하고 의심쩍게 느낄 수 있다. 또

"내일 영화를 볼까, 산엘 갈까?"

하고 물으면, 교제 정도에 따라,

그 외에는 안 된다는 뜻인가 하는 저항이 생길 수 있으므로 주의해야 한다.

<반문형>

　여기서 한 가지 더 주의할 것이 있다. 우리 주위의 집안 사람이나, 친구 또는 연인이라도 반문 습관이 있다면 매우 곤란하다는 점이다. 즉 이쪽에서
　"내일 영화관에 가지 않을 텐가?"
하고 물으면, 반드시라 할 정도로,
　"내일이라아…"
하고 반문한다.
　"응, 내일 영화나…"
하고 말하면,
　"영화에…"
하고 또다시 되묻는다.
　이렇게 반문하는 것으로 상대가 말한 것을 먼저 간신히 이해하고, 다음에 어떻게 대답할 것인가를 스스로 정리하는 것이다. 얼핏 생각하면 아무것도 아닌 습관이다. 신중한 사람이란 정도의 인상으로 받아들일 수 있다. 그러나 실은 그가 반문하지 않으면 머리가 정리되지 않는 나쁜 습관을 몸에 붙이고 있는 장본인인 것이다.
　어릴 때부터 본인도 모르는 사이에 이 나쁜 습관이 굳어버린 사람이 적지 않다. 그러므로 이 같은 사람은 반문하지 않으면 좀 복잡하고, 긴 이야기를 제대로 수용하지 못한다. 따라서 되묻는 습관은 즉각 바로잡아 고쳐야 한다.

◇ 요령 좋은 대답

　남이 무엇을 물어올 경우, 어떻게 대답해야 좋을지 몰라 망설여질 때가 종종 있다. 어떻게 하면 요령 있는 대답을 할 수 있을 것인가. 이때의 상황은 '알기 쉽게'가 가장 알맞은 해답이다. 상대방이 요령 있는 질문을 해오지 않아도 이쪽에서 요령 있는 대답으로 응해줄

수 있다.

  우선 상대가 질문하는 목적, 기분, 분위기를 잘 살핀다. 어떤 목적으로 어떤 것을 알고 싶어 상대방이 질문했는가를 파악한다. 만약 추정해 봐도 질문 내용을 정확히 파악하지 못하면 상대방 질문에 대해 되묻는다.

"그 모임은 어떤 모임인가요?"
"댁에서도 입회하고 싶어 말씀하시는 거죠?"
"네!"

와 같은 답이 나오면, '입회하고 싶어 모임에 관한 것을 묻고 있다'고 알게 되므로, 설명으로 상세히 말하면 좋다. 그러나 똑같이,

"그 모임은 어떤 모임인가요?"

와 같은 질문이 단지 그 모임에 대한 정보를 얻고자 하는 경우가 있다. 이때 되묻기를,

"입회하시려구요?"
"아뇨, 그밖에도 많은 유사한 모임이 있기 때문에 어떤 점이 다른가 하구요…"

이처럼 질문 목적을 일단 분명히 파악한 다음, 다른 유사단체와 간단히 비교 대조하고, 그 모임의 창립연혁과 모임의 특색, 회원구성, 회장, 회비, 입회자격 등을 자세히 설명해 주면 된다.

  이처럼 질문하는 사람의 기분, 질문의 목적, 그리고 질문의 어디에 중점이 있는가를 정확히 파악하고, 거기에 초점을 맞춰 대답한다. 상대방이 질문하는 분위기를 살피고 그에 상응하게 대답하면 요령있는 대답이 되는 것이다.

  구체적 질문에 구체적 답변이 따르고, 모호한 질문에 모호한 답변이 따르는 것은 자명한 이치이다. 어떻게 질문하고 어떻게 답변해야 일상의 대화가 효과적일까? 다함께 검토할 일이다.

11. 벼이삭 같은 인품

조치훈 기성이 여전히 일본 기단에서 바둑 실력을 과시하고 있다. 조기성이 기성위 도전 때 일본의 후지사와는 대국 도중의 대화에서, 때마침 감기를 앓고 있던 조기성에게 감기가 들었다는데 지금은 형편이 어떠냐고 물은 적이 있다. 이는 후지사와가 조기성의 의기를 약간이나마 꺾으려는 의도가 아닌가 하는 의아심을 일으킨다(1983년 11월).

후일담이지만 조기성은 그때 앓던 감기가 오히려 전화위복이 된 셈이었다는 소감을 말하면서 오히려 건강이 좋았다면 꼭 대국을 승리로 이끌겠다는 집념이 크게 작용했을 것이고, 그랬다면 아마 그 대국에서 후지사와에게 패배했을지 모른다고 덧붙인 적이 있다.

최선을 다하는 신중한 대국을 벌였지만 몸이 편치 않은 관계로 지나친 욕심을 품지 않은 것이 오히려 승리의 결과를 가져온 것이라는 풀이가 가능하다. 꼭 이겨야 한다는 욕심이 생기면 이때의 욕심이 마음에 동요를 일으켜 안정을 잃게 되고, 마음의 안정을 잃으면 끝내 패배를 안기가 십상이란 뜻이다.

바둑에서처럼 대국하는 기사의 정신통일이 요청되는 경우가 드물 것인데, 행여 정신통일에 장애가 되는 마음의 동요가 일어난다면 그것은 큰 패인으로 작용될 것이 뻔한 노릇이다.

어떤 경우의 대결이든 대결에 임하는 사람은 그것이 도전이건 응전이건 최선을 다해 그가 가진 실력을 유감없이 발휘해야 하거니와, 이때 특히 중요한 것은 상대방 의기를 꺾느냐 내 의기가 상대방에 의하여 꺾이느냐의 갈림길의 극복이다. 이 고비를 슬기롭게 넘기는 의연한 자세가 누구에나 필요한 것은 물론이다.

결국 조기성은 꺾이지 않고 오히려 상대를 꺾어 당당히 기성위를 쟁취, 일본의 바둑을 석권하여 바둑으로 천하를 통일하기에 이른 것이다.
 철부지 어린 나이 여섯 살에 부모님 슬하를 떠나 현해탄을 건너 일본에 가서 '기따니' 문하에서 바둑을 수업하고 실로 19년만에 일본에서 명인위에 올랐을 때 그간에 겪은 모든 고생이 아마 감격의 눈물로 지워졌으리란 일반의 추측은 너무도 당연한 것이다. 이때 신문기자가 그에게 명인이 된 소감을 물었다. 조기성은
 "영원한 승리는 없습니다. 승리는 순간의 착각입니다."
라고 대답한 이 짤막한 소감에서 우리는 그가 도에 통한 명인이란 인상을 받게 된다. 도가 통하지 않았다면 그런 소감이 나올 리 없을 것이기 때문이다.
 또 이런 자세를 견지하고 명인위 결정전에 응전했기에 세 번씩이나 명인위를 고수했으리라 짐작한다. 비범한 기사의 단면을 엿보게 한다. 확실히 걸출한 인물임에 틀림없다.
 기성위를 차지했을 때 또 그가 소감을 말해 이르기를
 "운이 좋았다고 생각합니다…"
 여기서 우리는 그가 '벼이삭' 같다는 점을 발견하게 된다. 벼가 이삭이 많이 패이니 자연 크게 겸허해졌으리란 추측이다.
 말하기는 형식과 내용이 아울러 중요하나 좀더 비중을 둔다면 그 내용일 것이다. 그의 철학, 사상, 인품을 우리는 그의 말을 통해 헤아리게 되기 때문이다.

12. 아는 것이 많아야

 사람은 누구에게나 호기심이 있다. 대개의 경우 이웃 사람의 사생활에 대해 미리 알거나 혹은 무엇인가에 대해 다른 사람보다 미리 알고 있는 사실이 있으면 그것을 발설하고 싶어한다. 먼길을 가는

차중이라도 아는 것이 많은 사람이 단연 좌중에서 이야기를 이끌게 된다. 그리고 여러 가지 체험이 많은 사람에게서 흥미있는 이야기를 들을 수 있다. 3·1운동, 광주학생사건, 6·25동란 등을 비롯하여 큰 교통사고, 큰 나룻배 전복사고, 큰 화재, 큰 홍수 등 그때 현장을 직접 목격한 사람이면,

"참, 그때는 기가 막혔지…"

하고 다른 사람에게 그 당시의 이야기를 들려주고 싶을 것이다.

이야기 자료가 새로운 것이면 새로운 것일수록 남에게 알려주고 싶은 것이다. 더구나 비밀은 이야기의 새로운 자료가 된다. 이야기 자료가 비밀의 것일수록 다른 사람에게 빨리 전해주고 싶은 것이다.

"요건 자네만 알고 있게…"

하고 전해준 자료가 삽시간에 전체 동료에게 퍼지는 것은 모든 사람들이 자기만 알고 있는 줄 착각하고,

"요건 자네만 알고 있게…"

하는 식으로 말해 버린 때문이다. 그래서 세상엔 비밀이 없다는 속담이 생겨나게 된것이다.

결국 말하고자 하는 주된 동기는 다음 다섯 가지 항목으로 요약된다.

1. 생활상의 용건이 생긴 때
2. 어떤 사실에 강한 감정과 확신을 가진 때
3. 남보다 어떤 사실을 미리 알고 있을 때
4. 직접적인 이야기 자료를 가지고 있을 때
5. 어떤 비밀을 알고 있을 때

말하고 싶은 충동은 외부의 환경에 의한 경우보다 본인 자신에 의한 경우가 더욱 절실하다. 무엇인가를 말해야겠다는 강렬한 의욕이 불러일으켜지는 것이 말하는 이 자신의 내면적 필요이다.

이 같은 필요가 생기는 원인은 말하는 이 개개인에 의해 모두 다르고 그 이야기 내용 역시 다르다. 그러나 말하기를 기능에 의하여

나누면 이야기하기, 설명하기, 설득하기 등 셋으로 크게 나눌 수 있다. 이야기가 흥미있는 사실, 진기한 것, 그리고 마음을 울리는 일화(逸話)를 포함하는 것이면 감정이 흔들리고 정서적인 반응이 일어난다.

설명은 정보, 지식, 의견 등을 전달하는 것으로 상대방이 이해하도록 하는 것이다. 상대방을 이해시키는 것이므로 상대가 모르는 것이나 알아도 충분치 못한 것을 상대방이 충분히 알게 하는 것이다. 설득은 자기 자신의 요구, 희망, 의견 등을 상대방에게 전해서 상대방에게 납득, 승인, 찬성 등 필요한 행동을 구하는 것이다. 무엇인가를 호소 또는 어필하는 것이다.

따라서 단순히 말을 전하는 것으로 그치는 게 아니므로 의논이나 그밖에 여러 방법이 따르게 된다. 물론 실제 생활에서 단순히 무엇을 설명하는 것이 아니고, 정도는 다르나 설득과 이야기하는 요소가 서로 어울리는 것이 보통이다.

13. 화제 선택 (1)

흔히 어떻게 말할 것인가 보다 무엇을 말할 것인가에 더 비중을 두는 경향이 있다. 제아무리 말재주가 훌륭하다 하더라도 말할 화제가 없다면 의미가 없다. 상대방의 호감을 사기 위해 어떻게 말할 것인가가 아니고 무엇을 말할 것인가에 한층 역점을 둔다.

이 점을 터득하면 처음부터 우리의 말하기 능력을 충분히 발휘할 수 있다. 지금도 그것이 늦지 않다. 남이 모르는 방법을 익히면 그의 대인관계는 선망의 대상이 될 것이다. 사람은 언제나 말하고 싶은 본능을 갖고 있다. 그리고 이 본능은 풍부한 화제를 말하는 것으로 충족된다. 따라서 풍부한 화제가 인간의 커뮤니케이션 본능을 만족시키고 커뮤니케이션 기능을 충분히 발휘하게 한다.

생활의 여러 장면에서, 가령 학교에서, 직장에서 또는 파티에서, 남을 설득할 때, 판매에 나설 때, 사랑을 속삭일 때, 화해할 때, 그때마다 갖가지 화제가 피어난다. 풍부한 화제야말로 그의 인생을 크고 폭넓게 해준다. 하지만 화제를 풍부히 한다 해도 여러 제한이 따른다. 누구에나 통하는 화제를 고루 갖추기는 거의 불가능한 일이다. 그러므로 화제를 어떻게 마련하고 제공하느냐를 익히고 이를 응용, 화제를 풍부히 하는 방법을 알아두어야 한다.

일단 화제가 풍부해야 피차 대화의 폭이 넓어진다. 그런데 상대방이 무엇을 말하고 싶어하는가를 이쪽에서 확실히 알고 있으면 대화의 주도권을 장악할 수 있는 것이다. 그러므로 말하고 싶은 화제에 어떤 것이 있는가를 살펴볼 필요가 있다.

◇ 자기 신상

학자는 그의 전공분야를, 의사는 그의 전문과목을, 예술인은 그의 예술분야를 중심으로 말하고 싶은 것이다. 산행을 즐기는 등산이 취미인 사람은 자기가 다녀본 산수를 말하고 싶어하고, 낚시가 취미인 사람은 낚은 고기의 종류와 크기, 그리고 낚시터를 즐겨 말하고 싶어한다.

우리 나라 사람은 예외이나 유럽사람들은 처음 인사를 나눈 사이라도 곧 패스포트를 꺼내 자기 아내의 사진이나 가족사진을 보이며 가족소개 하기를 즐겨한다. 그리고 그가 사는 현재의 집과 그의 출생지를 말한다. 어떻든 사람은 자기 신상에 관한 것을 말하기 좋아한다. 이때 주의할 것은 직접 또는 간접의 자기 자랑이다. 자기 자랑처럼 남의 혐오를 사고 저항을 받는 화제도 없다. 자만심은 자기 신상 이야기에서 가장 크게 꺼려야 할 사항이다.

사람은 누구나 자기중심적이므로 말하고 싶은 화제 역시 자기 신상에 관한 것이 대부분이다. 자만스런 이야기를 늘어놓든가 쓸데없는 한탄을 털어놓는다. 건강 형편, 자기 경험과 경력, 직업과 사업상의 일, 취미 등 모두 자기중심적인 것이기 때문에 자기 이해에 매우 민감하다고 하겠다.

◇ 자기 이해

사람은 누구나 자기 이익에 따라 행동하기 쉽다. 그렇다고 욕심쟁이요 이기주의자라고 단정할 필요는 없다. 물론 자기 이익이 자기의 최대 흥미요 관심사이다. 그리고 그것이 이기적이고 부도덕한 것일지는 모른다.

또는 이와 반대로 고귀하고 헌신적인 경우가 있을지 모른다. 욕심이건 도덕적 신념이건 그것은 각기 다른 유형이다. 그리고 자기 이익은 자신이 속한 집단만의 이익이 될는지 모른다. 그러나 다른 한편, 어떤 사람은 언제나 남에게 이익을 주는 일에 흥미를 갖고 있다. 이기적이든 이타적이든 사람은 자기 흥미에 기초를 두고 행동한다.

14. 화제 선택 (2)

어느 직업에 종사하는 사람이라도 불평 불만은 예사로 잘한다. 남에 대한 험담과 비난 공격이 다음쯤 되고, 자기 자랑이 세 번째쯤 된다.

◇ 남의 험담

자기에 관한 한 좋은 말로 표현하고, 남에 관한 한 거북한 말로 표현하는 사실로 미루어 남의 험담은 말하기 좋아하는 화제라 짐작된다. 물론 에티켓이나 사회윤리 또는 도덕적 규범이 엄격하게 이 같은 현상을 규제한다. 같은 대상을 놓고 자기 경우와 남의 경우는 표현에서 크게 상이하다.

경제적이다(째째하다), 아끼지 않는다(헤프다), 관대하다(허약하다), 앞을 내다본다(욕심이 많다), 독립심이 강하다(완고하다), 눈치가 빠르다(사기꾼 같다), 슬기롭다(비겁하다), 노골적이다(뻔뻔스럽다).

여기서도 우리가 남의 험담하기 좋아하는 일면을 파악해 볼 수 있다. 라이온스 클럽 윤리강령에 '남을 비판하는 데 조심하고, 남을 칭찬하는 데 인색하지 말자'고 한 대목은 대조가 된다.

◇ 취미에 관한 것

스포츠, 예능, 인문분야, 자연분야 등과 같이 취미 화제 역시 여러 계통이 있다. 여성에게는 유행, 복장, 요리, 로맨스의 화제가 좋다. 말하는 쪽에서 고려하는 것이므로 취미 화제는 여행, 등산, 낚시 등 헤아릴 수 없이 많다.

그런데 취미는 그의 사상, 교양, 성품을 나타내는 방편이 된다. 취미로 골몰하는 것이 있으면 즐거이 그것을 화제로 삼고 싶은 것이 보통의 경우이다.

모로아는 <결혼의 기술>에서 서로 상대방 취미를 존중하지 않는 한 행복한 결혼생활을 기대할 수 없다고 했다. 그리고 우리는 취미를 화제로 할 때 공통점이 찾아지면 대화에 피차 열을 올리게 된다. 공감대의 구축이 인간의 교류를 한층 돈독하게 해준다.

◇ 자기만 아는 것

자기만 아는 것이 있으면 벌써 그것은 상대방에게 미지의 화제이다. 상대방이 모르고 있는 사실을 말하고 싶은 것이 또 우리들 습성의 하나이다.
"이것은 자네만 알고 있게, 남에게 절대 비밀로 해두게."
한다면 자기만 알고 있는 것으로 착각하여 그 이야기를 들은 사람은 또 다른 사람에게 다시 "자네만 알고 있게" 하여 이야기는 꼬리를 물고 모든 사람에게 퍼진다.

이에 속하는 게 바로 '가십'이다. 가십을 말하는 사람은 수준이 낮고 '가십'은 함부로 말할 것이 못 된다고 하지만 반드시 그런 것도 아니다. 가십은 분명 좋은 화제이다. 남과 더불어 사이좋게 지내는 가장 좋은 방법은 상대를 기쁘고 즐겁게 해주는 것이다.

그렇다면 가십만큼 남을 기쁘게 해주는 화제도 없다. 가십을 들려주면 이쪽에 친밀감을 느낀다. 나아가 가십은 때로 당사자를 감싸는 결과를 가져오기도 한다. 남의 좋은 일은 보통 기뻐하지 않는다. 그것을 들으면 오히려 반감이 생긴다. 반대로 가십을 들으면 시원하고 말하는 이에게 친밀감이 생긴다.

화제 선택에 따라, 또 이쪽이 듣는 입장일 때 대화가 활기를 띤다. 이쪽은 듣는 처지에 서고, 저쪽이 말하는 처지에 서게 하려면 말하고 싶은 화제만을 중심으로 질문을 던져 나간다.

15. 화제 선택 (3)

말하는 이의 인품이 훌륭하고 아무리 내용이 풍부해도 상대방이 듣고 싶은 화제를 선택할 줄 모르면 말하기 성과가 오르지 않는다. 사람이 듣고 싶어하는 화제를 알면 매우 효과적이다.

◇ 행동에 필요한 것

아침에 집을 나설 때 하늘이 잔뜩 찌푸렸다면 우산을 갖고 나갈 것인지의 여부를 결정치 않을 수 없다. 따라서 라디오 방송의 일기예보를 듣고 행동하게 된다.

혹 돈벌이에 관심이 큰 사람은 돈벌이에 대한 정보를 가장 흥미있어 할 것이다. 남편의 귀가를 기다리며 저녁 식단을 꾸미는 아내라면 요리강좌를 듣고 싶어할 것이며, 아기를 키우는 젊은 엄마라면 육아에 따른 화제에 가장 많이 관심을 쏟을 것이다.

이 같은 일은 모두 이제부터 어떻게 행동할 것인가 하는 의문을 해결하고, 자기 자신에게 이익을 가져오자는 심리에 기초를 두고 있다. 당면한 문제에 어떻게 대처해야 좋을지 갈피를 못 잡고 있는 사람에게 판단에 도움되는 이야기를 들려주면 상대는 열의를 갖고 귀 기울이게 된다.

◇ 지식·상식·호기심

어떤 행동을 위한 직접적인 동기가 되는 것이 아닌 지식욕, 호기심을 채우는 화제가 있다. 가령, 정오 방송 뉴스는 매일 꼭 듣는다든가, 또 뉴스 취재에 따른 기자들의 좌담이나 뉴스 해설자의 뉴스 해설, 외국에 오래 체재한 사람의 여행담은 호기심 있게 듣게 된다.

이런 일은 모두 지식욕이나 호기심을 자극하는 심리에서 우러나는 현상이다. 시인 변영로씨의 <명정 40년>에 나오는 '백주에 소를 타고'라는 글에서, 오상순씨 등이 성균관 뒤 사발정 약수터에서 쾌음, 호음한 끝에 몸에 실오라기 하나 걸치지 않고 비오는 중에 소를 타고 시내 큰 거리까지 나왔다는 이야기는 누구나의 관심과 호기심을 끄는 화제라 하겠다.

◇ 기지의 사실에 연결된 것

남의 이야기를 들을 때 자기가 이미 알고 있는 사항이 나오면 한층 가까이 경청하게 된다. 여섯 살 어린 나이에 부모님 슬하를 떠나 현해탄을 건너 일본에 가서 기따니 문하에서 바둑을 수업하고 19년 만에 '명인'에 이어 '본인방'을 딴 조치훈씨가
"영원한 승리는 없다. 승리는 순간의 착각이다."
라고 말한 바를 인용하면서 기도에 통한 명언으로 받아들여진다는 이야기를 대화에 삽입하면 화제가 생동감을 띤다.

◇ 만족을 주는 것

칭찬의 말을 들으면 기쁘다. 좀 으쓱해진다는 것은 모두 자아확대가 이루어진 데 따른 기쁨이다. 남의 이야기를 들을 때 이 같은 심리적 만족의 화제가 크게 호소력이 있다. 인정을 받는 것도 마찬가지다. 칭찬을 듣고 인정을 받으면 누구나 만족하게 된다.

◇ 듣기 즐거운 것

자기 취미에 관련된 화제라면 기분 좋게 관심을 보내고 또 장차의 희망적이고 이상적인 화제, 그리고 듣기 즐거운 화제는 한 발쯤 앞으로 다가가 듣고 싶어진다. 어린이가 옛날 이야기를 좋아하는 것이나, 어른이 만담이나 재담에 관심 기울여 경청하는 것이나 거의 같은 심리인 것이다.

◇ 욕구에 호소하는 것

사람은 자기의 생활, 건강, 재산, 평판, 직업, 사업에 관계 있는 사항에 반드시 주의를 집중시킨다. 그것은 이 같은 사항에 관한 한 누구나 강한 욕구를 가지고 있기 때문이다. 인간의 욕구 중에는 누구에게나 공통되는 자기 보존과 신체의 안전, 외적인 구속으로부터의 자유, 자아의 발전 등이 포함된다.

16. 화제 선택 (4)

화제는 이야기의 중핵이므로 매우 중요하다. 화제가 신통치 않으면 말할 가치가 없고 들을 가치도 없다. 연극에서 명배우가 아무리 열연을 한다 하더라도 극본이 나쁘면 관객에 대해 호소할 것이 없는 경우와 같다.

커뮤니케이션 과정에서 화제의 선택은 가장 중요한 준비의 하나이다. 그러면 좋은 화제란 어떤 것인가? 말하는 이의 아이디어가 비록 훌륭한 것이라도 그것만으로 좋은 화제라 할 수 없다. 이야기의 효과는 말하는 이와 듣는 이 그리고 장면 등 여러 조건을 포함, 전체 분위기에서 발생하기 때문이다.

좋은 화제란 요컨대 말하는 이가 목적을 달성함에 가장 적합하고, 듣는 이와 장면의 조건에 잘 조화되는 것이라 말할 수 있다.

화제의 성격을 좀더 구체화하면 다음 사항들이 있다.

◇ 친숙한 것

　친숙한 것이면 듣는 이의 관심을 크게 끌 수 있다. 듣는 이가 친근감을 느끼고 흥미를 가지며 들으려는 화제다. 개인과 개인의 상면이고 상대방을 잘 아는 경우이면 화제 선택이 매우 쉬우나 상대방이 다수일 경우 청중을 신중하게 분석하고 전체에게 공통되는 관심이 무엇인가를 현명하게 살펴보지 않으면 안 된다. 듣는 이에게 관계 없는 화제라면 이야기는 무미건조해지고 상대방 역시 거리를 두게 될 것이다.

◇ 명확한 것

　애매한 점이나 모호한 점이 없는 명확한 화제를 말한다. 간혹 무엇을 들었는지 인상이 전혀 남지 않은 이야기가 있다. 그것은 듣는 이에게 괴로움을 끼칠 뿐이다. 이야기는 글로 쓰는 문장과 달라 추상적이고 막연한 화제는 전적으로 피하는 편이 좋다.
　대화중에 흔히 '행복에 대해', '우정에 대해' 등의 화제가 나오지만 이 같은 화제는 일반론에 머물기 쉬울 뿐 아니라 듣는 이에게 호소하는 힘이 매우 미약하다.
　구체적이고 알기 쉬운 예화가 곁들여지면 문제는 달라진다. 구체적이고 알기 쉬운 것이 화제로서, 생동감을 갖는다. 이야기는 언어로 스케치하는 그림과 같은 것이다. 인상이 매우 선명하고 애매한 점이 전혀 없는 정확한 화제로 말하는 이가 듣는 이의 마음에 그림을 그려줄 뿐이다.

◇ 적절한 것

 신문이나 방송에서 뉴스가 매일 보도되는 것은 뉴스가 그만큼 가치를 지니고 있기 때문이나 뉴스의 가치는 그 친근성, 인상성, 시간성, 지역성, 필요성에 있다. 뉴스는 결국 대중의 요구에 딱 들어맞는 화제이다. 듣는 이의 지역성, 필요성에 들어맞는 조건은 뉴스나 일반 화제나 거의 동일하다.

◇ 선택 방법

 나는 이 화제에 관해 무엇을 알고 있는가, 또 앞으로 이 이상의 지식을 입수할 자신이 있는 것인가. 기실 지식이 풍부하면 할수록 화제는 명확하고 적절한 것이 뽑힐 수 있다. 또 지식이 충분하면 자신이 서고, 말할 때 역시 여유를 갖게 된다. 반대로 화제에 관심과 흥미가 가지 않으면 지식을 얻으려는 노력에 자연 태만해진다.
 또 말하고자 하는 열의가 식고 적극성이 없어진다. 나에게 흥미와 관심이 없으면 남의 흥미 역시 끌 수 없다. 듣는 이에게 흥미 있는 화제는 친숙한 것, 명확한 것, 적절한 것 중의 하나이다. 흥미가 있으면 잘 듣게 된다. 그리고 화제는 듣는 이의 지적 수준에 잘 어울려야 하고, 주어진 제한시간 안에 충분히 토론할 수 있는 것이어야 한다.

17. 뜻과 소리

 말에는 소리가 있고 뜻이 있다. 이것을 프랑스어로 각각 '시니피앙'(Signifiant), '시니피에'(Signifié)라 한다. 말하고자 하는 뜻이 상대방에게 정확히 전달되려면 양쪽이 책임을 반씩 분담해야 한다. 곧 말하는 쪽과 듣는 쪽의 책임이다. 듣는 이가 상대방 뜻을 정확히 이해하고 수용한다는 전제가 가능하면, 말하는 이의 책임을 따지게 된다.

 그것은 정확한 발음과 발성이다. 우리가 외국어를 배울 때 발음에 특히 유념하고 신경을 예민하게 쓰는 이유 역시 여기 있다. 발음이 부정확하면 상대방에게 이쪽의 의미가 통할 까닭이 없다. 아무리 표정과 동작 언어로 열의를 나타내 의미 표현을 보강하더라도 저쪽은 이쪽 뜻을 헤아리기 힘들다. 의사소통은 뜻이 통해야 한다.

 뜻이 통하지 않는 의사소통은 시간과 정력의 낭비일 뿐이다. 뜻이 통했다면 뜻이 피차 공유(共有)된다. 영어 '커뮤니케이션'은 라틴어 '커뮤니카시오'에 유래되고, 다시 '커뮤니카시오'는 '커미니스'에서 어원을 찾는다. 커미니스'는 공유(共有)의 뜻을 지니는 말이다. 뜻을 함께 소유한다는 의미를 포함한다. 이것이 바로 영어의 '커뮤니케이션'이다. 의사소통은 쌍방이 동일 의미를 공유해야 비로소 효과적이다. 그러므로 발음 문제는 외국어만 중요한 것이 아니라 국어 역시 동일하게 중요하다.

 벌(罰)과 벌(蜂)이 있고, 섬(石)과 섬(島)이 있으며 경비(經費)와 경비(警備)가 있고, 병원(兵員)과 병원(病院)이 있다. 한글 철자는 동일하나 의미는 각기 다르다. 이때 발음 문제가 대두된다. 먼저 예는 모음의 성질이 보통의 것이나 나중 것은 높고 긴 모음이다. 같은 '어'인데 어떤 경우는 높고 길게 발음해야 뜻이 산다. 뜻이 살아야 의사소통이 분명해진다.

 이 같은 현상을 '모음의 고저'라 한다. 모음의 고저라는 한 가지 현상만 놓고 봐도 표기와 발음은 별개의 양상을 띤다는 사실을 알게 된다. 그럼에도 불구하고 한글은 소리글이니 글자대로 읽어야 한다는 어리석은 소견을 펴는 이가 없지 않다. 같은 소리글인 영어는 모음 하나를 놓고 발음은 여러 갈래로 다르게 소리내고 있다. 소리 글이라도 표기와 발음은 다르다는 이치를 깨닫게 된다. 발음은 표기와 다른 것이다.

국어발음상 또 하나 중요한 현상은 '의'에 대한 발음이다. 단어의 첫 음절에 오는 '의'는 '으이'라고 발음한다. 그러나 단어의 둘째 음절 이하에 오는 '의'는 '이'로 발음하며, 또 하나 관형격으로 쓰는 '의'는 '에'로 발음한다. 예를 들어 설명하면, '역사의 의의'는 소리남이 '역사에 으이이'가 된다.

그런데 간혹 관형격 '의'의 발음을 힘들여 '으이'라 애써 소리내는 사람들을 주위에서 찾아볼 수 있다. '교양 있는 사람들이 두루 쓰는 현대 서울말'이 대체로 표준어라 정의하고 있으므로 이 관례에 따르면 관형격 '의'를 애써 '으이'라 발음해야 할 까닭이 없다. 마땅히 '에'라 발음해야 한다.

세 번째는 모음의 '장단'이다. 동일 모음이지만 보다 짧고 보다 긴 경우가 있다. 이때 장단을 구분 발음해야 의미 변별이 확실해진다. 우리 수수께끼에 "눈에 눈이 들어갔는데 눈물이냐 눈물이냐?" 하는 것이 있다. 하나는 시각기관의 눈이고, 또 하나는 겨울에 내리는 흰 눈을 가리킨다. 먼저 것은 비교적 짧고, 나중 것은 비교적 길다.

'모음의 고저', '의음', '음의 장단'은 국어발음상 매우 두드러진 현상이다. 이를 바르게 익혀 사용함으로써 피차 의사소통에 효과를 기대할 수 있다. '시니피앙'이 정확해야 '시니피에'가 바르게 통한다. 뜻이 바르게 통하도록 하기 위해 우리는 정확한 '국어발음'을 익히고 구사해야 한다.

18. 말하기 예의

◇ 자연스럽게

친구나 동료들과 이야기를 할 때, 유머나 위트로 재미있게 말하던 사람이 공적인 정황이 되면 갑자기 이야기가 틀에 박히고 생생한 맛이 가시고 어딘지 부자연스러워진다. 이것은 아무래도 인간이 갖는 방어본능이나 투쟁본능과 관계가 있는 듯하다. 결국 부끄러움을 드러내 놓고 싶지 않다, 이상한 화제를 말하여 남의 웃음을 사고 싶지 않다는 등의 감정, 남에게 뒤지고 싶지 않다는 감정에서 정신적으로 긴장한 때문이다.

적어도 감정상으로 갑옷을 입은 것이나 다름없다. 어떻든 지나친 긴장은 금물이다. 자연스런 감정, 자연스런 자세, 자연스런 호흡이 필요하다. 자연스러움을 띠지 못한 태도에서 결코 좋은 이야기가 나올 수 없다.

◇ 겸허하게

말하는 태도에서 문제되는 것이 입장의 혼동이다. 초등학교 시절의 동창회 자리에서 혹은 고등학교 동창회 자리에서 사장 직위를 내세우고 거드름을 피우면 다른 동창들에게 경원받기 쉽다. 물론 자기 회사에서 자기가 사장일지 모르나 동창회 자리에서는 사장의 신분이라기보다 서로 격의없는 동창의 입장을 지키면 좋을 것이다. 그럼에도 불구하고 사장 행세를 하든가 아니면 또 다른 사회적 지위를 들먹인다면 자기 입장을 분명 혼동하고 있는 것이다.

마찬가지로 아무리 큰 점포를 경영하고 많은 직원을 거느리는 사람이라도 남에게 대해 사장이란 태도를 취해 보여서는 안 된다. 아무리 지위가 높든, 아무리 직함이 많든 동도의 사람이 아니면 되도록 정중한 말씨를 써야 한다. 부하에게 대하는 태도, 후배에게 대하는 태도, 친구에게 대하는 태도가 있으므로 만약 이를 혼동하면 상대방에게 나쁜 인상을 주기 쉽다. 공사의 구별을 분명히 하는 것이 중요하다.

빅토리아 여왕과 알버트 공과의 부부 금실이 좋았다는 사실은 유명한 이야기이다. 그러나 어느 날 의견 충돌로 쌍방이 모두 양보하지 않게 되자 알버트 공은 분연히 자리를 차고 일어나, 자기 방으로 들어가 문을 닫았다. 여왕이 그 방 앞으로 다가가서 노크하자, "누구요?" 하고 안에서 소리가 났다. "영국 여왕"이라고 말하자 그대로 방 안에서 아무 반응이 없다. 다시 여왕이 노크하자 "누구요?" 하는 소리, "영국 여왕"이라 하자 또 아무 대꾸가 없다. 이렇게 몇 차례 되풀이하고 나서 "누구요?" 하는 소리에 맞춰, "알버트! 당신의 빅토리아예요" 하고 여왕이 대답하자 이내 곧 방문이 열리고, 좀처럼 풀리지 않던 문제가 풀려, 마침내 부부간에 완전한 애정 회복을 보게 되었다는 일화가 있다.

자신을 지나치게 내세우는 태도와 자신을 드러내놓는 태도는 결코 남의 호감을 살 수 없다. 상대방에게 호의를 베풀어 호감을 사지 못하면 어떤 내용의 이야기를 하더라도 이쪽 의사가 상대방에 잘 수용되지 않는다.

요즈음 라디오와 텔레비전 프로그램에 비전문인이 사회를 담당하는 것을 종종 시청하게 되는데, 사회자의 역할이란 주로 말을 많이 하고 아는 척을 하고, 좌중이나 시청자에게 자신을 의식 무의식간에 드러내놓아야 하는 것으로 아는 경향이 있는 것 같다. 이것은 이만저만의 자가당착이 아닌가 한다.

이래서 어느 방면이든 전문적인 기본 소양이 필요하게 되는가 보다.

◇ 유머

　언제나 무엇인가 괴로운 일이 생기면 멀리 떨어져 제3자의 입장에서 자기 자신의 모습을 바라보는 게 좋을 때가 있다. 유머 감각이 있다면 그렇게 바라보는 중에 마음에 여유가 생기고 괴로움의 농도마저 엷게 풀리게 될 것이다.
　한 예로 처칠 수상의 일화 한 토막을 소개한다. 영국인 취향에 어울리는 유머의 예로 잘 인용되는 이야기이다. 처칠이 아직 수상직에 있을 때의 일이다. 그는 매우 급한 일로 차를 달리게 했다. 네거리 교차점에서 빨간 신호를 받았다. 앞에서 횡단하는 차가 많지 않으므로 처칠은
　"상관 말고 나가자!"
하고 그의 운전기사에게 일렀다.
　신호를 무시해 달리는 순간, 교통순경이 달려왔다.
　"그 차 세우시오!"
　"급하다. 나는 처칠이다."
하자, 순경은 처칠의 얼굴을 뚫어지게 바라보더니,
　"처칠 수상이 교통신호를 위반할 까닭이 없소. 내 보기에 가짜 처칠 같소. 차를 뒤로 빼시오. 뒤로 빼요."
　처칠은 "알았소, 알았어. 나는 확실히 가짜야!"
하고 차를 뒤로 뺐다.
　후에 처칠이 경찰 간부를 통하여 이 경관을 승진시키려고 하니 그 경관은 '이 승진에 승복할 이유가 없다'고 거절했다. 처칠이 말하기를,
　"승복할 이유가 있네. 자네는 가짜 처칠을 가릴 수 있는 식별력을 갖고 있네. 그러니 범인을 찾는 데도 남다른 점이 있을 것이야. 이것은 그대의 감식력에 대한 승진이야."

덴마크의 수도 코펜하겐의 어느 택시 운전기사는 빨리 달리라는 승객을 위하여 다음 4행의 경구를 차내에 써 붙였다.

"80으로 달려 40으로 죽기보다는, 40으로 달려 80까지 살자."

유머는 사람을 단순하게 웃기는 것만이 아닐 것이다. 웃음이라는 것은 이해하는 힘일 것이다. 농담이나 재담만은 아닐 것이다. 어떻든 말하기에서 유머를 구사할 수 있고 남이 하는 유머를 즉각 이해하고 받아들일 수 있는 능력, 이것이 오늘에 와서 하나의 '에티켓'에 불과하게 된 것이다.

◇ 침이 튀지 않게

남의 어떤 습관이나 어벽을 흉내내면 그것이 그대로 유머가 되는 것은 누구나 아는 바이다. 그런데 습관이나 벽이 상식적인 것이면 문제될 것이 없다. 그런데 이것이 어벽의 경우처럼 정도가 지나치면 남에게 불쾌감을 주는 예가 바로 말할 때 침을 튀기는 경우이다.

이것은 본인이 잘 헤아리고 살펴서 반드시 고쳐야 할 습관이다. 위생상 좋지 않고, 기분상 좋지 않다. 대화에서 청자에 대한 고려가 무엇보다 중요하다는 사실을 잘 안다면 침을 튀기며 말하는 습관을 지체없이 바로잡아야 한다.

방송사에서 아나운서로 근무하면 여러 계층의 손님과 만나 대화를 나눌 때가 많다. 이때 대담자가 침을 튀기는 일은 물론 안 되지만, 상대방에게 불쾌감을 주지 않기 위해 구강에 대한 세밀한 배려를 잊지 않게 된다. 특히 식사를 막 끝낸 때라든지, 차를 든 직후 같은 때 한층 더 신경을 쓰게 된다.

개성과 습관에 따른 것이긴 하나 어떤 아나운서는 아침 저녁뿐 아니라 점심시간이 끝난 다음에도 꼭 이 닦는 습관이 몸에 밴 경우를 본다. 아나운서로서 이것은 의당 갖춰야 할 에티켓의 하나라고 생각한다.

남이 알면 때로 에티켓에 어긋날 우려가 있으므로 남이 잘 모르게 껌을 씹는 것도 자기 구강 내에서 악취가 나지 않게 하는 예방이요, 또 은단 같은 것으로 구강을 청결히 하는 것도 또 다른 예방이 될 수 있다.

이 모든 조치는 남과 더불어 살아가는 우리가 남에게 불쾌감을 주지 않고 호감을 사 언제나 설득력 있는 입장을 취하자는 의도에서 비롯되는 것이라 하겠다.

대체로 말할 때 비교적 많이 침을 튀기는 사람은 다혈질인 경우가 많다. 그리고 다혈질의 사람은 침만 많이 튀기는 것이 아니라 표정이나 제스처도 정도를 지나치는 예가 허다하다.

표정 및 제스처에 따른 문제는 나이차로 보는 시각이 있으나 지나치게 감정적이든가 품위를 상실한 표정은 일단 고려의 대상이 되어야 할 것이다. 대화와 그밖의 스피치에서 제스처가 과도하면 청자의 주의가 그쪽으로 쏠려 논점에서 관심이 떨어져 나가기 쉽다.

◇ 시선의 방향

남과 대화하는 중에 시선이 상대방을 향하지 않고 다른 곳을 향하는 사람을 이따금 본다. 이 같은 사례는 모두 대화의 에티켓에서 벗어난다. 악수를 하면서 상대방 얼굴을 정면으로 바라보지 않는 사람의 의중 또한 모를 일이다.

시선의 방향은 반드시 자기 이야기를 듣고 있는 청자 쪽을 향해야 한다. 그리고 상대방이 다수일 때도 시선배분이 한쪽으로 치우쳐서는 안 되고 고루 자연스럽게 옮겨져야 한다.

19. 대화의 조건

◇ 너와 나 그리고 화제

우선 대화는 상대적인 것이므로 너와 나의 조건을 고려하게 된다. 그리고 주어진 정황에 알맞는 화제를 말하게 되니 자연 화제가 거론되기 마련이다. 이때의 화제 선택은 말할 때 가능하면 상대가 듣고 싶은 화제를 선택할 것이고, 한편 상대방을 이야기시키려면 상대가 하고 싶은 말을 하게끔 자극해야 한다. 최소한 이 같은 배려를 염두에 두고 대화에 임해야 한다.

초면이든 구면이든 우리가 때로 잡담을 나눌 때가 있거니와 비록 그것이 잡담이라 하여도 우리가 의식할 것은 일치감(rapport)을 맛봄으로써 피차의 노력으로 애써 공감대를 형성해 나가야 한다는 점이다.

그러므로 이때 감정이입(empathy)이 미숙하면 대화에서 소기의 성과를 기대하기 어렵다. 감정이입이란 피차 상대방 처지에 서서 생각하고 말하고 듣는 일이다. 감정이입에 익숙해야 대화 분위기 조성이 가능해진다. 모름지기 대화는 분위기 조성부터 중요한 의미를 갖는다.

◇ 대화 분위기

1. 피차 긴장을 약간 푼다.
2. 유머의 감각을 슬기롭게 활용한다.
3. 상대방 자존심을 세워준다. 그러나 과장, 가식, 거짓을 적극 피한다.
4. 상대방의 현재 관심사를 화제로 말한다.

5. 동류의식을 자극해 나간다. 피차의 공통기반(sympathy) 구축이 대화에 필요하기 때문이다.
6. 감정이입을 잘해 나간다. 자칫하면 역효과를 초래하기 쉽다.

◇ 에티켓(etiquette)

중국의 현자는 가까운 사이일수록 예의를 지키라는 충고를 하고 있다. 그러므로 우리는 대화중 예의를 꼭 염두에 두고 있어야 한다. 여기 해당하는 것에 다음과 같은 것이 있다.

1. 이야기 독점은 삼가고, 특히 침묵은 더욱 삼간다.
2. 상대방이 비교적 더 많이 이야기하게 한다.
3. 자신을 함부로 뽐내거나 자랑하지 않는다.
4. 아무나 보고 자신을 한탄하지 않는다.
5. 특별한 경우를 제외하고 거짓말은 하지 않는다.
6. 농담, 야유, 핀잔은 정황에 따라 조심해 쓴다.
7. 욕설, 독설, 험담을 삼간다.
8. 자세히 알지 못하면서 매사에 아는 체하지 않는다.
9. 네·아니오와 찬성·반대는 분명하게 의사 표시를 하되 정황을 참작, 예의에 벗어나지 않게 말한다.
10. 매사를 함부로 단정하여 말하지 않고, 항상 여유를 두고 말한다.
11. 부분을 보고 전체를 속단하여 말하지 않는다. 개략적 진술을 삼간다.
12. 남을 중상하거나 모략하는 언동을 크게 삼간다.
13. 대화중 자기의 잘못을 느끼면 즉시 정정한다.

14. 잘못된 흥분, 감정에 치우치면 자칫 실수를 범하기 쉽다.
15. 도전적 언사는 가급적 피한다.
16. 자신을 개방하고 상대를 적극 이해한다.
17. 상대방 약점의 지적은 금기이므로 가급적 피한다.
18. 피차의 의견 중 약간의 일치점이라도 확대하여 공통기반을 다져 나간다.
19. 특별한 경우를 빼고 논쟁은 피한다.
20. 가능한 한 온화하게 말한다.
21. 공연히 남의 일에 참견하지 않는다.
22. 남의 뒷공론을 함부로 떠벌리지 않는다.
23. 상대방 의견을 함부로 비판하거나 반대하지 않는다.
24. 상대방 잘못을 함부로 지적하지 않되, 자신의 잘못은 분명히 밝힌다.
25. 불평, 불만을 함부로 떠벌리지 않는다.
26. 상대방 이야기를 분별없이 차단하지 않는다.
27. 독선적이고 독단적이며 경솔한 언행을 삼간다.
28. 남을 비판하는 데 조심하고, 남을 칭찬하는 데 인색하지 않는다.
29. 유머의 감각을 발휘한다.
30. 의견 대립시 "네, 그러나" 화법을 쓴다.
31. "네" 반응을 얻도록 말해 나간다.
32. 상대방에 대한 일방적 강제보다 상대방이 선택할 수 있는 기회를 제공한다.
33. 상대방 주장에 동조해 보인다.
34. 상대방 이야기를 경청한다.

35. 질문과 응대어를 적절히 구사한다.
36. 상대방에게 무엇을 가르칠 때 가르쳐 주지 않는 것처럼 가르친다.
37. 아름다운 심정에 호소한다.
38. 호의를 보이고, 호감을 산다.
39. 인정감, 우월감, 중요감, 만족감을 상대에게 주도록 노력한다.
40. 필요시 피차의 의사를 확인한다.

이상 40개 항목의 에티켓은 어디까지나 참고사항이다. 그러므로 융통성 있게 해석하기 바란다. 다만 우리의 일상 대화시 적어도 이 정도 에티켓이 고려되어야 할 것이란 관점에서 거론한 것이니만큼 지나치게 부담을 느끼지 않으면 좋겠다. '하라'와 '해선 안 된다'를 요지부동의 사실로 이해하지 않기를 바란다.

◇ 공감

공적이건 사적이건, 공식이건 비공식이건 대화에 공감이 있다. 그런데 공감에는 '의사 일치'와 '의사 불일치'의 두 유형이 존재한다. 그것은 부분에 국한될 수 있고, 혹은 또 전체를 포괄할 수 있다.

여하튼 대화 종결시 우리는 피차간에 공감 부분을 확인하게 된다. 비록 대화중에 의견 충돌이나 감정 대립이 있다 하더라도 피차 정중히 사과하고 양해를 구하여 장차 다시 만나 대화할 수 있는 여지를 남겨둔다. 그리고 대화중에 약속이 있다면 향후 언행일치로 반드시 지켜야 할 것이다.

◇ 인격의 교류

대화는 인격의 만남이요, 인격의 교류이다. 따라서 그의 화법과 청법에 인격이 반영됨은 말할 것도 없다. 인격의 도야가 대화를 뒷받침하는 큰 바탕이 됨을 알아야 한다.

한일합방 후에 월남 이상재 선생이 뜻하지 않게 서대문형무소에 수감되었다가 풀려난 일이 있다. 측근에서 그분을 마중 나갔다. 일행 중 한 젊은이가 위로의 인사말로,

"선생님, 그동안 감옥에서 얼마나 고생이 많으셨습니까?"

"그래, 난 감옥에서 고생이 많았다. 너희는 지금 감옥 밖에서 호강하고 있느냐?"

거의 동시대에 우리 2천만 동포는 이완용을 매국노, 역적이라고 매도하였다. 이 무렵 도산 안창호 선생은,

"동포여, 2천만 동포여, 어찌 매국노가 이완용 하나요? 우선 내가 매국노이고, 2천만 동포 전체가 매국노 아니겠소? 만일 우리에게 힘이 있다면 일본이 감히 우리를 침략하였겠소? 동포여 우리 힘을 기릅시다. 그리고 힘을 기른 2천만 동포가 힘을 합칩시다."

이처럼 말하기, 듣기는 인격의 발로인 것이니 평소 우리가 우리의 인격 도야에 등한히할 수 없다.

동양적 관념으로 따져볼 때 다음 4가지 덕목을 훌륭한 인격의 기준으로 볼 수 있다.

1. 신언서판(身言書判)

용모와 체격 등 외부 조건과 수양된 내면세계, 즉 형식과 실상으로 전혀 손색 없고, 나아가 언변과 문장이 뛰어나며 판단이 명석하다면 그는 신언서판이 구비되었다고 할 수 있다. 요컨대 사람이 갖

추어야 할 네 가지 조건 즉 신수, 말씨, 문필, 판단력 등을 의미한다.

2. 외유내강(外柔內剛)

이솝 우화에 나오는 해님과 겨울바람의 대화처럼 외유내강은 동서양에 통하는 삶의 지혜이다. 겉으로 부드럽고 속에 줏대를 갖는다는 점은 음미해 볼 필요가 있다. 남이 나를 어떻게 볼까? 그들의 눈에 나의 일거일동, 일거수일투족이 어떻게 비추이기를 바라는가, 이 점은 잠시도 소홀히 다룰 수 없는 대목이다. 유능제강(柔能制剛)이란 말도 있다.

3. 재덕겸비(才德兼備)

비즈니스, 스터디, 리서치에서는 탁월한 능력을 발휘, 동서남북 상하로 빈틈없는 똑똑한 점을 드러내야 하나, 다만 대인관계에서는 똑똑한 점을 감추고 잘나도 못난 체하는 덕을 쌓아 나가야 한다. 덕을 행하는 한, 사람은 결코 외롭지 않다는 논어의 말은 음미할 가치가 있다.

4. 인의예지신(仁義禮智信)

남을 불쌍히 여기는 마음이 인, 자신을 부끄럽게 생각하는 마음이 의, 양보하는 마음이 예, 옳고 그름을 판단하는 마음이 지, 남을 이롭게 하는 마음이 신이다.

20. 대화의 능력

◇ 개성의 매력

　개성의 매력에 바탕을 둔 호의어린 대인관계를 형성 유지 발전시킬 수 있다면 우선 대화의 주요 능력을 갖춘 셈이다. 구체적 예를 든다면 자기 직업에서 맡겨진 임무와 과업을 수행할 때 또는 연구활동이나 조사활동에서 동서남북 상하로 빈틈없이 똑똑하게 일을 처리해 나가되 대인관계만은 똑똑한 부분을 감추고, 잘나도 못난 체하는 겸허한 자세를 취하면 남에게 호감을 살 것이다.
　결혼식장에 친구들이 많이 오는 경우 대개 신랑은 똑똑하지 않거나 덜 똑똑한 인상을 주고, 친구가 드물게 오는 경우 눈여겨보면 신랑이 똑똑하거나 똑똑한 체하는 예를 볼 수 있다. 보통 사람은 똑똑한 친구 사귀기를 그렇게 탐탁하게 생각하지 않고, 덜 똑똑한 사람 사귀기를 좋아한다는 이치를 깨닫게 된다.
　또 남을 위하고 남을 이롭게 해주는 데 매우 적극성을 띠는 사람이 있다. 자기 자신을 이롭게 도와주는 사람에게 호감을 갖고 매력을 느끼는 일은 전혀 신기한 일이 아니다.
　평소 밝고 부드러운 표정과 온화한 말씨 그리고 정감어린 표현으로 대화에 임하는 사람이면 나이와 성별에 관계 없이 인간적 교류를 갖고 싶어서 시도하는 것이 인지상정이다.
　그리고 예의바른 처신이면 더욱 금상첨화이다. 예절을 '예의범절의 준말'이라 풀이해 놓은 국어소사전을 보고 어이없게 생각한 적이 있다. 그것을 누가 모르랴.
　예절은 친절이다. 친절은 남에게 도움을 주고 보탬을 주고 기분좋게 해주는 일이다. 평소 남의 친절을 받으면 기쁘고 즐거워 매양 친절한 대우받기를 희망하나 남에게 친절을 베푸는 데 인색한 일 또

한 간과할 수 없다. 그래서 "남에게서 받고자 하는 대로 너희도 남을 대접하라"고 이르나 보다.

똑같은 뜻이지만 "내가 원치 않는 일을 남에게 베풀지 말라"고 공자는 가르치고 있다. 동서고금에 차이가 있어도 가르치는 뜻은 한결같다.

앞에 말했듯이 겸허는 예절을 정의하는 또 하나의 뜻이 된다. 상대방을 높이고 자신을 낮추는 일이 겸허이다. 대인관계에서 언행, 태도, 동작 등으로 겸허를 보일 때 상대방에 비친 자신의 모습은 호감을 살 수밖에 없다.

그의 일거일동, 일거수 일투족이 자연스러우면 예절에 걸맞지만 부자연스러울 때는 예절에서 벗어난다. 거짓, 과장, 가식, 기교, 이런 것들을 남에게 간취당할 때 예절과는 너무나 멀어지게 된다.

자연스럽다는 사실이나 현상은 진실을 뜻한다. 진실이 위장되면 부자연성으로 인하여 빈축을 살 수밖에 없다. 진실의 호소만큼 대인관계에 효과를 올려주는 일은 없다. 인간관계상 그것이 우정이든 애정이든 순수한 인정이든 누구나 진실한 상대를 찾고, 이미 맺어온 관계 역시 진실한 인격의 교류로써 보다 더 돈독해지려고 노력한다. 말하자면 자연스럽다는 사실 자체에서 진실을 엿보게 된다.

상대방에 대한 나의 의식의 표현, 관심의 표현, 호의의 표현, 감사의 표현이 인사성이다. 이때 이쪽의 인사를 상대가 알아차리게 해야지 그렇지 못하면 인사가 제구실을 다했다 할 수 없다.

인사 표현은 다양하다. 비록 작은 것이라도 요긴하게 쓸 수 있는 정성이 담긴 선물은 더없이 좋은 인사가 되나, 남에게 부담을 주고 뇌물적 저의마저 띠게 되면 벌써 호의는 순수성을 상실하니 본래 의도한 효과적 반응은 기대하기 어려울 것이다.

순수한 감정으로 이웃간에 선물을 주고받던 과거의 미풍양속이 오늘에 와서 점차 쇠퇴해 가는 현상을 못내 아쉬워할 뿐이다.

인사성이 분명하고 인사성을 잘 차리는 일이 쉽지 않으나 오늘을 살아가는 이른바 교양인에게 빼놓을 수 없는 것이 바로 이 점이라면 지나치다 할까. 선물 외에 말로 하는 인사, 표정으로 하는 인사, 동작으로 하는 인사를 손꼽게 된다.

친절, 겸허, 자연스러움, 인사성에 이어 예절을 정의할 때 예부터 전해오는 정통적 의미 풀이를 빼놓을 수 없다. 그것이 바로 양보심이다. 사양하고, 참고, 밑지고, 수고를 더하는 처신을 말한다. 비즈니스가 아닌 평소 직장생활에서 양보심을 발휘하는 대인관계 형성은 조직 속의 나를 한층 높이 평가받게 해준다. '왜 참지?' 하는 영리하고 이악스런 생각보다, 약간 미욱하고 바보스러운 듯한 처신이 어떻게 보면 지혜롭게 느껴진다.

다음이 정성이다. 내가 할 수 있는 최선을 다하여 남과의 관계를 유지 발전시켜 나가면 예절바른 개성의 매력이 크게 돋보일 것이다. 말하기, 듣기가 그 사람 인격에 따라 나타나는 것이기 때문에 개성의 매력을 비중있게 다룬 것이다.

◇ 가치있는 정보

과거에 '능변가'라고 하면 웅변가와 같은 음성을 가진 사람을 말하고, '수사학'에 정통하며 논리적 사고와 세련된 언어 표현이 가능하며 임기응변식 선동으로 대중 조작을 마음대로 할 수 있는 사람을 일컬었다. 그러나 현대에 와서 능변가를 꼽는 조건에 다소 차이를 보이고 있다.

그것은 때로 말을 더듬는 눌변이 노정되더라도 말하는 이가 어디까지나 진실을 토대로 사실을 명쾌히 밝히되 가치있는 정보를 적절히 정황에 알맞게 구사할 수 있는 대화능력의 소유자라면 좋다는 견해이다.

그러면 이때 가치있는 정보는 어떤 것인가? 필요한 것, 최신의 것, 정확한 것, 다양한 것 등을 전제로 한다. 정보 홍수 속의 정보화

시대에 사는 우리에게 각 방면 모든 판단의 기초적 조건으로 가치 있는 정보야말로 대화능력 평가에서 매우 귀중한 기준이 된다.

◇ 화제 선택

듣고 싶은 화제는 말할 때 도움되고, 말하고 싶은 화제는 질문할 때 도움된다. 그리고 일반 화제가 빠질 수 없다. 어떻든 화제는 풍부할수록 좋다.

1. 듣고 싶은 화제

이익, 욕구, 행동, 지식, 상식, 호기심, 유머, 기지의 사실에 연결된 것, 뉴스, 정보, 만족, 유머 등과 직접 간접으로 연관을 갖는 화제가 이에 속한다. 여기 덧붙여 삶의 지혜는 인기를 끄는 화제이기도 하다.

2. 말하고 싶은 화제

자기 자랑, 이해득실, 남의 험담, 자기만 알고 있는 것 등은 누구나 말하고 싶은 화제이다. 불평불만, 문제의식, 비판의식도 마찬가지다.

화제 선택시 가능한 대로 상대방 중심의 것이나 피차 공통의 관심사를 뽑는 것이 상식으로 되어 있다.

◇ 화법의 우열

'에티켓'을 염두에 두어 할말은 하고 침묵할 말은 침묵하되, 말하고 들을 때 효과적인 방법을 능히 구사할 수 있어야 한다. 특히 말하기보다 듣기에 더 비중을 두어야 대화에서 기선을 놓치지 않을 수 있다. 이때 기본화법이 고려될 수 있다.

1. 말소리가 분명해야 한다.
2. 이야기 목적이 확실해야 한다.
3. 이야기가 듣기 쉬워야 한다.
4. 이야기가 관심과 흥미를 끌어야 한다.
5. 이야기가 유익한 것이어야 한다.
6. 내용과 표현이 단조롭지 않아야 한다.
7. 이야기가 때로 감동을 주어야 한다.
8. 이야기가 상대방과 시기에 적합한 것이어야 한다.
9. 이야기가 여운을 남겨야 한다.

◇ 설득력 유무

 남을 나의 뜻대로 움직이는 것, 남이 호감을 갖고 나에게 적극 협력하게 하는 것, 남의 신념·의지·태도·자세·행동 등에 변화를 주는 것이 설득의 대체적 정의이다. 설득력처럼 대인관계에서 각광을 받는 능력은 더 없을 것이다.
 설득력은 설득 능력이다. 설득력은 세 가지 요소를 바탕으로 배양된다. 설득자의 인격, 호의어린 대인관계, 지적인 호소력이 바로 그것이다. 이 점을 우선 순위로 꼽는다면 원만한 인간관계, 인격 그리고 지성적 호소력이 된다.

◇ 분위기 조성

 대화 분위기 조성에 얼마나 선도적 역할을 수행할 수 있는가가 끝으로 고려할 대화 능력이다. 대화 쌍방이 허심탄회하게 흉금을 터놓고 격의 없이 대화할 수 있다면 생산적 대화를 기대하기 어렵지 않을 것이다. 그러나 '열 길 물속은 알아도 한 길 사람 속은 모른다.'

허심탄회한 대화를 위하여 대화 쌍방 모두가 또는 일방이 마음의 벽을 쌓고 있거나 쌓을 염려가 있으면 안 된다.
  사실 대화에서 가장 불가사의한 부분이 이 점이다. 호의어린 대인관계를 우선 손꼽는 배경 또한 여기서 찾게 되는 것이다.

21. 대화의 10단계

반드시 다음과 같은 순서로 대화해야 한다는 필수조건은 아니다. 말하는 목적에 의해 다르고, 피차 얼마나 친한가의 친소 정도에 따라 다르나 대체로 '10단계 법'이 표준적이고 관례적인 순서이다.

제1단계, 처음의 인사말

초대면이면 통성명을 하고 명함을 교환한다. 명함을 교환하면 직위·근무처·자택·전화번호 등을 알 수 있다. 한 번 들어서 잊기 쉬운 이름도 명함이 있으므로 기억하기 편리하다. 후에 그에게 전화를 걸어 용건을 말할 때 명함은 편리하다. 초대면이 아니면,
  "언제 어느 때 어디서 뵌 일이 있는 아무갭니다."
하고 상대가 기억을 더듬을 수 있는 인사말을 하는 것이 좋다. 그러나 자주 만나는 절친한 사이라면,
  "안녕하십니까?"
  "지난번에 실례가 많았습니다."
  "오래간만입니다."
하고 말하면 좋다.
  그리고 비즈니스에 종사하는 사람이면,
  "매우 바쁘시죠." 하는 인사말이 좋다. 분주하게 일하는 사람에게

는 바쁜 것이 좋고 한가하면 곤란하다.

"어떻게 바쁜지 눈코 뜰새 없어서…" 라고 하는 말의 뜻은 바쁘기 때문에 괴롭다는 기분이 반쯤은 있으나 크게 활약하고 있다는 의미의 자랑이 섞여 있다. 때문에

"바쁘십니까?" 하는 인사말에

"네 덕분에…" 하고 대답한다. 경우에 따라 바쁘다고만 대답할 때가 있다.

어떻든 여러 가지 표현이 있으나 제1단계는 최초의 인사말이다. 이 단계에서 서로의 좌석이 정해진다. 그것은 상위자나 주인이 지정한다. 상대방 지시에 따라 권한 자리에 앉는다.

◇ 제2단계, 친숙한 분위기

처음부터 본론을 말하면 양쪽 사이의 기분이 맞지 않으므로 자리를 잡으면 잠시 기분을 맞추기 위한 대화를 나눈다. 이른바 워밍업의 단계다. 이를 위해 준비한 화제가 도움이 된다. 일기나 자연현상에 관한 이야기, 중간 소개자가 있을 때 소개자의 동정 등 상대방과의 공통 화제를 찾아 이야기를 나눈다.

그러나 제 2단계의 이야기는 긴 시간이 소요되면 안 된다. 길어지면 시간만 허비하게 되고 상대는 '이 사람이 대체 어떤 용건으로 찾아왔는가?' 하고 불안감을 갖든가 경계심을 갖게 된다. 정도를 지나면 곤란하다. 그렇다고 이 단계를 전혀 무시하고 넘어가면 냉정한 인상을 던지기 쉽다. 짧아서 30초 길어도 5분 정도가 알맞다.

◇ 제3단계, 주지를 말함

일단 양쪽의 기분이 어느 정도 가라앉으면 대화의 목적과 주지를 말한다. 남을 방문한 때 지나다 들렀다든가, 무엇을 의뢰하러 왔다

든가, 세일이 목적이라든가, 무엇을 배우러 왔다든가, 어떻든 방문 목적을 간단히 말한다. 만약 상대를 일부러 불렀다면,
"특별히 부른 것은…" 하고, 역시 목적이나 주지를 말하고 상대방에게 일단 어떤 마음가짐을 갖게 한다.
때에 따라 이 일에 대해 절대 비밀을 지켜달라든가 하여 대담의 의미를 말하면 좋다.

◇ 제4단계, 피차의 신뢰감

제3단계에서 곧 본론으로 들어가도 좋으나, 필요하다면 다시 한 번 여기서 상대를 너그럽게 만드는 단계를 거친다. 말하자면 격의 없는 분위기를 조성하기 위한 배려라 하겠다.

◇ 제5단계, 계기를 만든다

제4단계까지가 동기부여의 단계이나 여기서 본론으로 들어가려면 어떤 계기가 필요하다. 여기에 두 가지 유형이 있는데 비약형과 유선형이다.
"그런데…"
"그건 그렇다 해두고…"
"그래서…"
"이야기는 바뀌는데…"
등으로 무엇인가 적당한 말을 써서 본론으로 옮기는 계기를 삼는다. 이것이 비약형이다.
유선형이란 이같이 분명한 구분을 짓지 않고 화제 자체가 다리역할을 하게 하는 방법이다. 알게 모르게 상대방의 저항 없이 본론으로 들어간다.

◇ 제6단계, 본론에 들어간다

워밍업에서 비약형이나 유선형으로 본론에 들어가지만 본론은 목적에 따라 각각 다르다. 부탁이 목적이면 부탁, 설명이 목적이면 설명, 사과가 목적이면 사과 등 각각 본론을 말하도록 한다.

◇ 제7단계, 본격적인 대화

본론의 단계에서 상대방이 다만 응대말을 해올 때가 있고, 말끝마다 질문을 던져올 때가 있을지 모른다. 혹은 갑자기 노할지 모른다. 그러나 보통의 상대방은 대개 이쪽에서 말할 것을 다 끝낼 때까지 조용히 들어줄 것이다.

◇ 제8단계, 최종적인 조정

부탁이 목적인 이야기라면 상대가 부탁을 들어주도록, 사과가 목적이라면 용서를 하도록 조정한다. 말을 주고받는 대화의 단계에서 상대가 이쪽 의도를 받아들이지 않든가, 여러 가지 우여곡절이 있든가 하여, 각각 말하는 명분이 있기 마련이다. 그러므로 조정의 필요가 발생한다.

◇ 제9단계, 확인

이 단계에서 이야기 목적이 달성되었는지 여부를 확인하고, 의문점이 남지 않도록 한다. 설명을 목적으로 한 말이면 설명이 상대에게 잘 이해되었는지 여부를 확인한다. 오버센스로 오해하고 있을지 모르기 때문이다. 거절을 목적으로 하는 이야기이면 상대가 거절의 뜻을 분명히 알고 있는지 확인한다. 만약 이번 면담으로 결말을 못 본 경우 다음 면담을 약속하고 날짜를 정하며 그것을 확인해 둔다.

◇ 제10단계, 감사하고 끝맺음

대화가 어떤 결과를 가져오더라도 끝에 가서 감사하고 헤어지는 것이다. 가령, 돈 차용을 부탁하러 가서 차용받지 못했더라도 상대가 시간 내준 것을 감사해야 한다. 또 차용해 줄 의사는 있는데 돈이 없다고 할 때 역시 호의에 감사하지 않으면 안 된다.

이야기가 아직 다 끝나지 않은 때 어떻든 이번은 기꺼이 헤어지고 다음에 부드럽게 다시 이야기할 수 있도록 잘 길을 터놓지 않으면 안 된다.

대화가 시종 잘 진행된 경우는 물론 이쪽 의사와 반대되는 결론이 났다 해도, 언제 어느 때 그 사람과 다시 만날지 알 수 없는 것이므로 뒷말을 개운하게 하기 위해 감사하면서 대화를 끝맺는 것이다. 처음 인사에 비교되는 나중의 인사말이다.

22. 대화의 조화

"인간의 성행위에서 동물과 크게 다른 점은 두 사람의 대화이다."
성교육의 권위자이며 산부인과 의사인 마스터스 박사의 말이다. 사랑하는 남녀의 비밀스런 대화는 우리 인류에게 주어진 즐거움의 하나이다. 대화는 말이란 볼을 던지고 받는 캐치볼과 같은 것이다. 이것을 스무스하게 잘하면 양쪽 마음은 이어지고 대화는 마냥 즐거워진다.

캐치볼을 할 때 던지는 요령이 있고 받는 요령이 있다. 던진 볼이 캐처의 미트 속으로 잘 들어가게 하려면 어떻게 할까. 볼이 바운드하든가 높이 난다면 캐처는 흥미가 없다.

대화에서 캐처인 청자의 심리에 꼭 들어맞지 않으면 안 된다. 피처는 캐처의 얼굴을 바라보고 몸의 자세와 미트의 위치 등을 계산에 넣고 마음에 들어맞는 정확한 볼을 던진다. 또 캐처는 피처의 얼굴을 보고 몸의 자세와 동작을 충분히 계산하고 피처 마음에 꼭 맞는 정확한 태세를 취한다.

결국 던질 때 받는 쪽의 입장에서 던지고, 받을 때 던지는 쪽의 입장에서 받는다. 이것이 캐치볼의 간단한 요령이다. 이와 마찬가지로 대화 역시 우정 있는 말의 캐치볼이 되어야 한다.

남이 싫어하는 화자의 유형에 다음 두 유형이 있다. 즉 청자의 입장이나 감정을 전혀 이해하지 않는다. 그리고 청자가 좋아하는 방법으로 말하지 않는다. 가령, 무신경의 세일즈맨은 사람 앞에서 상대방의 불쾌감을 조장하는 발언을 대수롭지 않게 지껄인다.

"얼굴이 좀 빠지셨는데요, 건강은 괜찮으신가요?"

그러나 설득에 능한 사람은 어느 해결안을 제시할 때,

"그 문제의 가장 좋은 해결 방법을 찾아보도록 하죠, 그러기 위해 두 가지 방법이 있습니다. 각각의 방법을 잘 봐주십시오. 그리고 직접 어느 쪽이 좋은가를 결정해 주십시오."

남의 혐오를 사는 화법이 어떤 것인지를 알면 우리는 한층 대화에서 유리한 처지에 놓일 것이다. 다음 5가지 예는 남의 혐오를 사기에 족하다.

1. 오른쪽이라면 왼쪽이라는 식으로, 이렇다고 하면 저렇다는 식으로 상대와 꼭 반대되는 입장을 취한다.
2. 모든 사물을 부정적인 면에서 취하고 긍정적으로 보지 않는 화법을 쓴다.

"별고 없으시죠?" 하면 될 것을 "어디 편찮으신가 보죠? 오늘은 안색이 나쁘신 거 같은데요…"
　　"김 사장님은 크게 재미본 모양이던데요…" 하면 좋을 것을
　　"김 사장님은 우연하게 한몫 번 거죠."
3. 상대방 자존심을 의식 무의식 간에 꺾는 화법을 쓴다.
　　"아마 이 정도의 고급품을 가진 사람은 거의 없을걸요"와 같은 자만어린 이야기나
　　"그 회사는 틀렸다구요. 그곳의 상품은 결함투성이죠" 등등 타사 제품을 헐뜯는 화법의 경우이다.
4. 상대방의 페이스에 맞추지 않는 화법을 쓴다. 분별없이 유행어를 뽐내 보이고 상대방의 관심 밖 이야기를 끌어댄다.
5. 독선적이고 단정적인 화법을 쓴다. "이렇게 결정된 게 아닙니까!"라든가, "확실히 그건 그렇습니다" "그것은 절대로 틀린다구요" 따위의 독선적인 화법을 쓰는 상대방과 대화를 나누고 유쾌한 기분을 갖는 사람은 아마 없을 것이다.

23. 말의 첫마디

　먼저 남과 대면할 때 자기 자신이 자연스럽게 부드러운 분위기를 만들어야 한다. 그리고 상대를 그 분위기 속으로 끌어들인 다음, 말의 허두를 꺼내는 것이 매우 중요하다. 특히 초면의 경우 상대가 어느 정도 경계심을 갖기 때문에 이쪽이 지나치게 긴장하고 굳어진 태도로 대하거나 또 허점을 보이지 않으려고 근엄한 표정이나 우울한 표정으로 말을 걸면 상대는 한층 더 굳어지고 주눅이 들어 시원스럽게 말문을 열어주지 않는다. 그러므로 크게 실례되지 않을 정도로 탁 터놓은 태도로 자기 심중을 열어놓은 것을 상대에게 알린 다음, 부드럽고 자연스런 웃음을 머금고 말을 시작하면 아무리 딱딱하고

접근하기 힘든 상대라도 곧 그 미소에 끌려 쉼 없이 말하기 시작한다.

다만 일반적인 경우 상대가 비감에 쌓인 때, 불쾌하거나 기분이 가라앉은 때 이 방법을 쓰면 오히려 역효과를 가져올 수 있다.

다음은 허두를 장식하는 최초의 화제로, 상대가 정치인이나 연예인과 같이 모든 세간사에 익숙한 사람들이면 단도직입적으로 본론에 들어가도 즉각적인 응답을 기대할 수 있다. 그러나 일반적으로는 상대방 주변의 일로 먼저 말을 건다. 가령 상대방이 골프에 몰두한다는 사실을 알고 있다면,

"어떻습니까. 요즈음 골프는요…어느 쪽으로 나가십니까?"
와 같은 식으로 말을 걸고 들어가면 상대는 어느 정도 가볍게 응답할 수 있고, 이야기를 부드럽게 끌어 나갈 수 있다. 그러므로 대담에 앞서 여유가 있으면 상대의 인적 사항이나 이력, 취미 정도는 미리 알아두는 것이 편리하다.

또 초면의 사람이나 성격을 잘 모르는 사람과의 대화는,

"이젠 날씨가 제법 풀렸는데요…"
와 같이 날씨에 관한 인사말이나 혹은 세간사로 시작하는 것이 좋다. 지금까지 말한 것은 말의 허두를 꺼내는 서론격으로, 입이 무거운 상대방으로 하여금 먼저 말문을 열게 하고 이음쇠를 연결하는 것인데 이것이 성공하여 말문이 열리면 이야기를 잘 이끌어 본론으로 진전시켜 나가도록 한다.

다음은 본론의 화법이다. 질문은 되도록 구체적이고 세부적이어서 상대가 즉각 응답할 수 있는 것이어야 한다.

"이번 일은 어떻게 생각하십니까?" 보다는

"이번 일의 원인은 어디에 있다고 생각하십니까?" 하고 구체적으로 질문하면 상대 역시 의견을 말하기 쉬워진다.

또 "한글 전용을 어떻게 생각하십니까?" 하고 묻기보다

"댁은 한글전용을 찬성하십니까, 반대하십니까?" 하고 먼저 결론부터 물어 말문을 열게 하고, 그 다음 이유를 물어보는 편이 낫다.

다만 상대방이 되도록 답하기 쉽게 해준다는 생각에서
"한글 전용에 대해, 저는 이렇게 생각합니다만…댁은?"와 같이 먼저 자기 의견을 말하면 의지가 약한 상대방의 경우, 그의 사고를 흔들어 놓고 선입감을 주게 된다.

요컨대 말의 허두를 꺼내는 요령은 자연스럽고 온화한 태도로 상대를 향해 단순하고 구체적이며 요령 있게 정리해서 질문하는 것이다. 그러나 그 요령은 점차 경험을 통해 이치를 터득해야 한다.

남을 내 뜻대로

1. 설명 기능

◇ 설명의 기본 형식

 우리는 학교의 일반 수업에서 어떤 철학 개념에 대한 설명을 하거나 들을 때가 있고, 고장난 가스 난로에 대한 상세한 수리법에 대한 이야기를 기술자를 통해 들을 수가 있다. 또 찾기 힘든 집의 위치를 문의해서 설명받을 수 있으며, 더 나아가 어려운 수학문제나 경제이론에 대한 강의를 전문학자를 통해 들을 수 있다.
 이러한 예들은 설명을 필요로 하는 아주 비근한 사례에 지나지 않는다. 이렇듯 설명은 스피치 활동에서 뺄 수 없고, 설명은 일상생활의 정상적인 경험에 기본을 두며, 설명의 양식은 많고 다양하다. 설명은 미지의 사실이나 아직 이해되지 않고 있는 사실의 의미를 상세하고 분명히 파악하게 하는 것이다. 그러므로 설명은 일상적으로 행해지는 사람들의 언어활동 가운데 가장 기본적 형식이라 할 수 있다.
 여기에 설명이 해설이나 해석, 해명과 차이를 보이는 점이 있다. 설명한다는 것은 상대방이 아직 모르고 있거나 또는 알고 있더라도 그것이 불충분한 경우 어떤 지식이나 정보를 알린다는 목적을 갖고 있다.
 이 점에 대해 하나의 예를 들면, 가령 시행되려고 하는 어떠한 제도에 대해 아직 알지 못하는 사람들에게 제도의 목적이나 시행방법, 실시시기 등에 대해 알려주는 것이 '설명'이라 하면, 이 제도를 조직적이며 계통적으로 여러 가지 다른 사실과의 관련성을 가지고 설명하든가, 제도에 대해 다른 표현을 써서 새로운 의미를 부여하든가, 설명자의 의견이나 독자적 의견을 첨가해서 설명하는 것이 '해석'이고, 또 그 자체에 대해 아직껏 밝혀지지 않은 점이나 불분명했던 문제가 있을 때 보통 예증이나 주석, 조사 등을 가해 분명하게 밝히는 것이 '해명'이다.

보통 설명은 여러 가지 목적을 위해 사용되고 있는데 주로 어떤 용어의 의미에 대한 설명, 다른 사람이 말한 것이나 쓴 것에 대한 설명, 순서와 경과에 대한 설명, 방법에 대한 설명, 과거나 현재의 사건에 대한 설명, 사실의 중요성이나 의미에 대한 설명, 자신의 직접 및 간접 경험에 대한 설명 등이 있다. 이러한 목적 수행을 위한 설명 형식의 스피치 유형은 대단히 많으나 설명이 쓰이는 주요 스피치 유형은 강의, 강연, 여행담, 고지, 보고, 발표, 지시, 명령, 사건보고, 문제해설, 지명, 메시지, 공식 인사, 일화 등이 있다.

설명 방법은 거의 대동소이하나 학자마다 다소 의견 차이를 보인다. 베어드는 서술, 분석, 분류, 정의, 실증, 실례, 비교, 설화, 연관성 등을 들었고, 디키는 서술, 정의, 분석, 종합, 통계, 실례, 비교와 대조, 환언, 시각 보조 등을 들었다.

◇ 효과적 방법

설명을 구체적으로 행할 때 몇 가지 방법이 필요하다.
1. 정의 또는 일반적 서술을 쓴다.
이 경우 주된 형태로는 사전적 정의형, 시간 순서에 의한 형, 공간 순서에 의한 형, 논리적 순서에 의한 모든 연역적 설명, 즉 일반원칙이나 전제조건 및 명제로부터 특수 사항이나 구체적 사항으로 전개해 나가는 형, 귀납적 설명, 즉 특수사항이나 구체적 사항을 먼저 열거한 다음 일반 원칙을 밝히는 형, 문제해결의 형, 그리고 원인 결과에 의한 형이 있다.

이때 주로 논의되는 사항은 연령, 연수, 원인과 결과, 구성 자료, 성립조건, 용도, 분류, 종류, 감각, 장소, 위치, 시대, 사용방법, 유형, 계급, 형태, 대소, 현상, 기세, 출처, 취미 등이다.

2. 비교와 대조를 써서 설명한다.

비교는 상대방이 잘 알고 있는 어떤 실례나 사실에 견주어 설명하는 것이다. 즉 비교는 유사점을 주로 하고, 대조는 차이점을 주로 하는 것이다.

3. 실례나 사실 또는 모형, 실물을 제시 부분을 지적하면서 설명한다. 실연 역시 이에 포함된다. 이와 유사한 것에 사례도 있다.

4. 증명을 써서 설명한다.

필요에 따라 충분한 증거를 제시하든가, 혹은 논증을 시도하여 설명하는 것이다.

증명에 의한 설명의 주된 형태는 사실에 의한 증명, 여론에 의한 증명, 권위와 신뢰에 의한 증명, 문헌의 인용에 의한 증명이 있다.

5. 통계를 써서 설명한다.

단 통계를 쓸 때 숫자를 뽑은 출처의 신빙성이 보장됨은 물론 숫자가 정확해야 하며, 정확성을 청자에게 알려야 한다. 또 어떤 통계표를 인용하더라도 언제, 어디 통계라는 주석을 첨가해야 한다.

6. 시청각에 호소하여 설명한다.

근래에 와서 크게 연구되고 실용되는 시청각적 설명방법은 도표, 도형, 실연, 현장, 환등 장치, 사진, 녹음, 녹화, 견본, 모형, 지도, 영화 등이 있다.

7. 반복을 써서 설명한다.

반복의 효과적 사용은 다음 형식을 거치면 더욱 두드러진다.

요점이나 요약을 순서대로 반복하고 경구나 표어형식으로 고쳐서, 또는 제안, 문제의 결론, 해결안, 새로운 문제 등의 형식으로 고쳐서 반복한다.

◇ 충분한 지식과 정보

이렇게 다양하고 빈번하게 쓰이는 스피치의 기능인 설명을 되도록 정확하고 효과적으로 수행하는 것은 매우 중요한 일이며, 따라서 설명의 기교를 향상시키는 것이 본질적으로 의사 표현력을 키우는 일이므로 특별한 배려가 뒤따라야 한다.

효과적이고 정확한 설명을 하기 위해 설명할 내용에 대해 사전에 충분한 지식과 정보를 갖고 있지 않으면 안 된다.

또한 모든 경험을 풍부하게 갖고 있어야 하는데 이를 위해 부모나 스승, 친구 혹은 그 방면에 경험이 풍부한 사람을 통해 이야기를 들어야 하며, 또 전문서적, 참고서, 신문, 잡지 등에서 지식이나 정보를 얻어야 한다.

이렇게 다양한 대상을 통해 지식, 정보, 경험을 얻으려 할 때 확실한 관찰, 신중한 고려, 주의깊은 독서습관, 깊은 사고로서 논의하고, 그것을 자기 것으로 소화시키는 태도와 습관을 익히는 것이 필요하다. 이렇게 해서 진정한 자신의 것으로 소화시킨 지식, 경험, 정보만이 정확하고 효과적인 설명에 이용될 수 있는 것이다.

이러한 설명자료로서 신문 잡지 등을 이용할 때 한 가지 기사나 논설만 읽을 것이 아니라, 가능한 대로 여러 가지 다른 기사나 논설을 조사해 그 결과를 정리 메모하고 이것을 모아 놓는 것이 바람직하다.

2. 설명 방법

◇ 정의식

이것은 설명 방법으로 가장 많이 쓰인다. 그러나 이것도 청자에 따라 방법에 변화를 주지 않으면 효과가 없다. 잘못하면 똑같은 말을 반복하는 경우가 있다. 말을 바꾼다는 것과 말에 정의를 내린다는 것은 서로 다르다.

가령 '애정'을 '사랑'이라 말하는 것은 말을 쉽게 바꾼 것에 지나지 않는다. 그러므로 애정을 사랑이라 한 것을 설명이라고 할 수 없다. 이 정의식 설명에 다음과 같은 것이 있다.

1. 사랑이란 자기가 좋아하는 것에 마음이 쏠리어 이것을 갖고 싶어하는 감정과 또 그 감정으로 해서 일어나는 행동, 이처럼 사전에서 풀이해 놓은 식으로 설명하는 경우,
2. "이군과 김양이 처음 만난 것은 최선생님의 소개 때문이고 그것은 지난봄의 일입니다. 그 후 꾸준히 두 사람의 교제가 있었고, 이번 가을에 양가 부모님 허락을 받아 가까운 일가 친척 여러분을 모시고, 이 자리에서 약혼 피로연을 갖게 된 것입니다."
3. 봄에서 가을을 말하면 시간 순서에 따라 설명이 가능하고, 생물에 관한 것이면 발육의 순서로, 어떤 사건이면 시간경과에 따라 설명해 나간다.
4. 예컨대 집의 구조를 말한다면,
"저의 집은 재래식 구조입니다. 기역자 집으로 안방과 마루, 건넌방, 부엌은 안방에 붙어 있고 부엌에 찬장이 붙박이로 달려 있습니다."
이처럼 어떤 구조와 공간적 배열을 말하면 곧 설명이 된다.
5. 일반적 원칙이나 전제조건 그리고 명제에서 비롯해 특수한 사항이나 구체적인 사례로 발전시켜 나가는 방법이 있다. 모든 연역적인 설명을 가리킨다.

반대로 구체적 사례를 먼저 지적한 다음 일반원칙을 말하면 모든 귀납적 설명을 가리킨다. 그밖에 원인과 결과를 말하는 설명이 있다.

◇ 비교식

비교는 상대방이 잘 알고 있는 어떤 실례와 사실, 사물과 견주어

설명하는 것이다. "실례를 들자면…과 같은 것입니다"가 이에 해당하는 아주 적절한 예가 된다. 무엇인가를 비교하면서 설명하는 것은 흔히 쓰이는 방법이다.

이를테면 우리 나라 선거제도를 말할 때, 다른 나라 선거제도를 비교하여 같은 점과 다른 점을 설명하면 상대방에게 선거제도에 관한 사항이 한층 일목요연하게 잘 이해될 수 있다.

그리고 비교는 그 기준에 따라 같은 점을 비교할 때와 다른 점을 비교하는 두 가지 입장이 있다. 여기서 주의할 것은 유사점을 말하면 대체로 비교가 되나, 만약 차이점을 말하면 대조가 된다는 점이다.

◇ 실례식

실례와 사실을 보이고 설명한다. 실례는 청자가 화자의 아이디어를 증명하고 개개의 경우를 설명해 주기 바라는 때 가장 좋은 해답이 된다. 사실을 인용하여 말한다는 것은 보통 통계나 다른 자료와 함께 사례를 든다는 것을 의미한다. 만약 상대방이 어떤 경험 사례를 많이 들면 그만큼 이야기는 보다 훌륭하게 전개될 수 있다.

예라는 것은 실제 일어났던 혹은 존재하고 있는 무엇에 대해 말하는 것으로 어떤 사건, 사항, 사실, 사물, 상황, 인물, 장소 또는 특정 사실을 말하는 것이다. 한 개 아이디어를 발전시킬 때, 하나나 두 개의 예를 아주 상세하게 설명하면서 이용하는 것과 많은 예를 비교적 간단하고 명확하게 이용하는 것 중 어느 쪽이 더 바람직한가 하는 점은 말하는 사람이 직접 결정할 문제이다.

만약 청자가 이쪽 설명에 대해 반신반의하는 듯한 느낌이 들 때 많은 예를 포개 놓는 편이 이해시키는 데 매우 용이하다.

◇ 증언식

 필요에 따라 충분한 증거를 보이거나 또는 논증을 통해 설명하는 방법이다. 증언식은 목격자, 경험자, 상사 또는 동료, 전문가, 학자 등의 증언을 인용하여 자기 주장을 설득력 있게 뒷받침하는 형식이다.
 1. "패트릭 헨리도 자유가 아니면 죽음을 달라고 외친 일이 있습니다만 자유의 고귀함은 예나 지금이나 다를 바 없습니다."
 2. "정국이 하루빨리 안정되어야 합니다. 이것은 비단 저 개인의 생각만은 아닙니다. 모든 시민의 대체적 여론이 한결같은 정국의 안정을 바라고 있는 것이 현실정입니다."
  이처럼 여론에 의한 증명도 있다.
 3. "씨 없는 과일을 처음 생각한 분이 바로 우장춘 박사입니다. 우 박사는 육종학의 세계적 권위입니다. 직접 씨 없는 수박을 생산하는 데 개가를 올린 일이 있습니다. 그렇다면 씨 없는 사과라고 그 생산이 불가능할 리 없을 줄 압니다."

◇ 통계식

 숫자와 통계를 써서 설명하는 방법이다.
 "오늘 내 심장은 10만 3천 번 뛰었다. 내 피는 1억 6천 8백만 마일의 거리를 달렸다. 나는 2만 3천 번 숨을 쉬었다. 나는 4백 38입방피트의 공기를 마셨다. 나는 4천 8백의 단어를 말했고, 주요 근육을 7백 50번 움직였다. 나는 7백만의 뇌세포를 운동시켰다. 나는 피곤하다."
 유명한 희극 배우 밥 호프의 익살이다. 숫자와 통계는 최신의 신빙성 있는 자료에 근거를 둔 것이라야 설득력이 강하다.

◇ 시청각식

청자의 시청각에 호소, 설명하는 방법이다. 여기 쓰이는 수단은 도표, 실연, 현장, 슬라이드, 사진, 녹음, 녹화, 견본, 모형, 지도, 영화 등이다. 최근 컴퓨터 조작에 의한 OHP의 활용이 크게 늘고 있다.

◇ 반복식

반복은 주로 다음 형식에 따르면 매우 효과가 크다.
1. 요점, 요약을 차례로 반복한다.
2. 자기 이야기를 '캐치 프레이즈'로 고쳐 반복한다.
3. 제안, 문제점, 해결안, 문제의 결론, 형식으로 고쳐 반복한다.

3. 보고 기능

◇ 보고하기

하위자가 상위자에게 지시받은 사항을 보고할 때, 하위자는 최소한 다음과 같은 점에 꼭 유념해야 한다.
1. 명령자에게 보고한다.
2. 시기에 맞게 보고한다.
3. 상사가 알고자 하는 바를 요약, 정확히 보고한다.
4. 간단 명료 그리고 요령있게 보고한다.
5. 보고 순서는 언제나 결과부터 보고한다. 그리고 이유, 경위, 관계사항, 자기의견 등의 순서로 말한다.

6. 오래 걸릴 일은 애써 중간 보고를 자주 행한다.
7. 보고 시, 상사의 질문이 있으면 끝까지 듣고 정성껏 대답한다.
8. 침착하고 정중한 태도와 자세로 보고한다.

◇ **보고의 특색**

보고는 사태, 경험, 업무, 인상, 사실, 그밖에 이와 유사한 것을 관찰자, 담당 책임자, 경험자, 전문가, 실험가 입장에서 설명이나 발표를 요구받고 정리된 형식으로 정보를 제공하는 것이다. 따라서 보고는 단순한 설명과 달리 일정 형식과 내용을 요구할 때가 많다.
 구두에 의하면 보고, 문서에 의하면 보고서라 하는 게 일반적이다. 정보를 정리해서 알리는 것이 목적이다. 보고를 훌륭히 잘하려면 다음 요건을 충족시켜야 한다.

1. 보고사항을 분명히 이해하고, 그것을 정확히 전달하도록 한다.
2. 보고에 쓰일 자료선택을 신중히 한다.
3. 보고에 쓰일 자료는 다음 조건을 충족하는 것이어야 한다. 사실 또는 실제 있던 것, 예증으로 쓸 수 있는 것, 구체적인 것 등이다.
4. 보고 스피치에 다음 요건이 고려된다. 이야기에 통일성이 있어야 한다. 적절한 요점이 선택되고, 보다 합리적 순서로 배열돼야 한다. 이야기에 클라이맥스가 있게 정리한다. 문제 전체와의 관련이 분명하도록 주의한다. 정확한 어구를 구사한다.
5. 권위자의 견해 및 이론은 자기 의견과 구분한다. 정보의 출처는 전문가나 전문서인 경우가 보통이다.
6. 독단을 피한다. 보고는 정보 제공이 위주이므로 자신의 판단이나 결론을 피하고, 단지 사실과 정보를 말해서 후에 상대방이 판정을 내리게 한다.
7. 설득은 구하되, 동의나 의견의 일치는 요구하지 않는다. 보고에

서 정보 제공만으로 끝나지 않고, 어떤 설득을 목적으로 할 때가 있다. 이때 납득시키는 대신 무리하게 상대방을 자기 의견에 일치시키려 열기를 띠는 사람이 왕왕 있으나 이는 잘못이다.
8. 보고 내용을 적은 개요는 읽어줄 것이 아니라, 상대방에게 자연스럽게 말하듯 발표한다. 개요는 미리 잘 읽어두고, 발표시에 되도록 보지 않는다. 다만 구체적 숫자를 보고할 때 개요를 읽어줘야 상대방에게 정확한 느낌을 준다. 그러나 반대로 전문가나 혹은 업무 책임자로 당연히 알고 있어야 할 숫자를 개요대로 읽어주면 말하는 이의 권위를 의심받기 쉽다.
9. 쉬운 어구로 분명히 말한다. 이쪽 의도와 내용이 상대방에 정확히 전달될 수 있는 어구를 택한다.
10. 도전적인 언사는 적극 피한다. 보고는 정보 전달이 주가 되므로, 상반된 견해에 감정적 또는 도전적 언사를 구사하면 결코 안 된다.
11. 도표와 실물 혹은 슬라이드를 준비한다.
12. 추론되는 결론, 예상되는 새로운 사태와 문제에 따른 언급, 문제 해결안의 제시 등으로 보고를 끝낸다.

4. 유머 있는 대화

유머를 좋아하나 유머를 어떻게 말해야 할지 모른다. 이때 유머의 감각을 기르려면 어떻게 해야 좋은가. 하기야 세간에 유머가 통하지 않는 사람이 많다. 사람 웃기는 일이 그리 쉬운 것은 아니다. 그러나 조금씩 숙달해 나가면 부지불식간에 유머의 감각을 키울 수 있다.

넓은 의미로 유머는 기지, 풍자, 과장, 모방, 골계, 전의(轉義) 등이 포함된다. 그러나 좁은 의미로 유머는 남의 웃음을 자아내는 가장 높은 감각이다.

 사전에 따르면 일상생활에서 스며나오는 웃음, 품위 있는 재담, 일상사의 모순, 골계 등을 인간 공통의 약점으로 또 관대한 자세로 바라보고 즐기는 기분이다.

 이처럼 일상사에서 스며나오고, 품위 있으며, 약점이 노출되지만, 관대한 자세로 감싸는 것 등이 좁은 의미에서 유머의 특색이다.

 그런데 우리 나라 유머의 특색은 두 가지로, 소재가 저속하고 화제에 오르는 사람의 희생이 수반된다. 이것이 우리의 유머라면 실망을 감출 길 없다. 종전 유머의 특색이 이런 것이라면 앞으로의 특색은 보다 품위 있는 것으로 바뀌어야 한다. 유머를 아끼고 유머를 말하는 중에 다음 세 가지 요점을 염두에 둘 필요가 있다.

 1. 상대방이 유머를 즐길 줄 아는 주인공이란 점을 믿는다.
 2. 상대방 역시 이쪽이 유머를 즐길 줄 아는 주인공이란 사실을 인정하고 있음을 믿는다.
 3. 상대방이 유머를 즐기는 사람임을 이쪽이 알고 있음을, 상대가 안다는 사실을 이쪽도 믿고 있음을 얼굴 표정으로 나타내 상대에게 알리는 것이 중요하다.

 유머의 심리를 설명하기란 매우 어려운 것이나, 결론부터 말하면 모순 발견의 심리이다. 어떤 것이나 모순이면 우습다고 말할 수 없으나, 모순 가운데 어떤 점을 발견한 순간 우리는 웃음을 터뜨리는 것이다. 이 점은 일찍이 프랑스의 베르그송이 그의 저서 <웃음의 철학>에서 밝힌 유머 원리이다.

 "나 이번에 찾고 있던 이상적인 남성을 만났어…"
 "오, 그래? 그럼 곧 결혼하겠네?"
 "아니야, 그쪽 역시 이상적인 여성을 찾고 있어서…"

 이 이야기는 우습다. 왜냐하면 동일한 이상, 찾고 있다 등의 표현을 쓰고 있으나, 가리키는 내용이 전혀 엇갈리고 있다. 이 점이 우스운 것이다. 이것을 다시 부연하여,

"나는 그가 찾는 이상적인 여성상이 아니기 때문에…"
라고 말하면 조금도 우습지 않다. 약간의 차이로 웃음이 터지는 것이다.

무엇에든 폭넓게 웃음을 느끼는 민감성이 중요하다. 특히 만화는 유머를 연구하는 데 큰 도움을 준다. 그리고 신문 잡지에서 읽은 유머스런 표현이라면 꽁트는 물론 짤막한 어구라도 스크랩북에 모아 두면 많은 유머 소재를 얻게 된다. 유머를 들을 줄 알고 유머를 분간하는 능력 역시 여기서 배양된다. 그리고 점차로 자기 이야기 속에 유머를 삽입해 나가는 능력이 외부로 표출된다.

5. 남을 내 편으로

우리 주변에는 불변하는 것과 변화하는 것이 있다. 유행은 바뀌는 것이요, 시류(時流)를 탄다. 또 사람의 욕구는 바뀌지 않으나, 시대는 바뀐다. 그리고 시대와 더불어 가치관 역시 양상이 바뀐다. 행복하게 살고자 하는 사람들의 근본적 욕구는 예나 지금이나 또 앞으로도 변함이 없으나, 무엇이 행복인가에 대하여 사람마다 생각이 다르고 또 바뀌어 간다.

내 사람을 얻는 일, 사람들을 내 편으로 만들어 나가는 방법 역시 불변과 변화의 이치를 적용해 보면 곧 알 수 있다. 언제든 행복하게 살고자 염원하고 이를 목표로 하는 것이 불변하는 사람들 마음이라 할 때, 남에게 행복을 안겨주고자 하고 또 이를 실천에 옮기면 반드시 사람들은 내 편이 되어줄 것이다.

그러나 방법이 틀리면 역효과가 초래됨을 주의하지 않을 수 없다. 상대방이 그리는 행복이 무엇인지 정확하게 파악하지 못하면 모처럼 이쪽의 호의어린 배려가 실패하는 경우 또한 없지 않다. 상대방이 기뻐할 것이라고 믿고 행동한 것이 도리어 상대방을 불쾌하게 만드는 경우가 있다. 그것은 이쪽에서 행복이라 판단한 것과 저쪽에서 기대한 행복이 엇갈린 때문이다.

 이 점을 주의한다면 사람들은 자기에게 행복을 주고자 하는 사람에게 호의를 느낄 것이다. 자기가 어떻게 해야 행복할 수 있느냐에 온 정력을 기울이는 사람은 많아도, 상대방에게 행복을 주고자 노력하는 사람은 드물기 때문에 남과 더불어 사이좋게 지내지 못하는 사람이 많을 수밖에 없다. 남에게 행복을 주고자 하는 뜻이 없는 사람이면 상대방 역시 이쪽에 행복을 주고자 하는 뜻이 생기지 않는다. 당연한 일이다. 그러면 남을 내 편으로 만드는 방법에 어떤 것이 있는가.

 첫째가 봉사다. 남의 도움을 받지 않고 남을 도와주되 보수를 받지 않는다. 처음부터 보수를 염두에 두는 일은 벌써 봉사가 아니다. 보수를 바라지 않는 봉사야말로 참된 봉사라 하겠다.

 둘째는 친절이다. 사랑이라 해도 좋다. 친절한 태도와 온화한 말씨가 자연스럽게 나올 때 사람은 모두 나를 위해 마음을 쏟는다. 세간에 남에게 무관심한 사람, 몰인정한 사람이 많으므로 친절이 몸에 밴 사람에게 이끌리는 것은 당연한 일이다.

 셋째는 이익을 주는 것이다. 말을 해도, 행동을 해도 자기 이익뿐 아니라 상대방에게도 이익이 되도록 노력한다.

 넷째, 상대방 처지에서 본다. 상사는 부하의 입장에서 생각하고, 부하는 상사의 입장에서 생각한다. 부모는 자녀의 입장에서 생각하고, 자녀는 부모의 입장에서 생각한다. 본래 부하는 상사의 경험이 없고 자녀 또한 부모의 경험이 없으므로, 상사나 부모 입장을 좀처럼 알지 못하는 것이 부하나 자녀이다. 그럼에도 불구하고 상대방 입장을 알려고 노력하면 그만큼 훌륭하고, 또 그런 기분을 갖는다면 어느 정도 상대방 입장을 짐작할 수 있다.

 처음부터 노력도 않고 알 필요도 없다는 자세로는 상대를 내 편으로 만들 수 없다. 한편 상사와 부모는 일찍이 부하나 자녀의 경험을 겪었다. 따라서 상대방 입장을 헤아리기가 그리 어렵지 않다. 다만 가치관은 바뀌는 것이므로 이 점만 유의하면 양자 사이의 마찰은 일어나지 않는다. 이상 네 가지 사항을 일상생활에서 실천하면 주위 사람을 내 편으로 만들 수 있다.

6. 남을 내 뜻대로

상대방에게 어떤 사실을 인정하게 하고 긍정하게 하려면, 상대방이 공감할 수 있는 말과 내용으로 설득할 필요가 있다. 받아들이는 것이나 받아들이지 않는 것이나 모두 어떤 사실의 시비에 의존하기보다 오히려 수용자의 감정이나 의식에 좌우되는 경우가 더 많다.

이것을 심리학에서 긍정반응 또는 부정반응이라 한다. 미국의 심리학자 오버스트리트는 말하기를,

"하나의 부정반응 'No'라는 답은 가장 깨뜨리기 어려운 장애다. 사람이 일단 'No'라고 말하면 그의 전인격을 내세워 이 태도를 계속 고집하게 된다. 'No'라고 말한 것을 후에 후회할지 모르나 그에게 그가 내세우는 자기 주장이 있다. 일단 'No'라고 말한 이상 어디까지나 이 태도를 견지하려 드는 게 인지상정이다. 그러므로 우리가 남을 대할 때 먼저 상대방을 긍정적인 방향으로 출발시키는 것이 설득에 매우 긴요하다."

상대방 감정이나 의견 그리고 관심사와 교육 배경, 연령 등을 고려하고 상대방과 공통되는 일치점을 찾아나가지 않으면 의사표현의 효과를 거두기 어렵고, 나아가 상대가 갖고 있는 지식의 정도를 파악하여 그것을 초점으로 맞춰 말하지 않으면 설득에서 소기의 목적을 달성하기 힘들다.

공자가 제자의 질문을 받고, 종종 모른다고 대답하는 경우가 <논어>에 보인다. 짐작하건대, 이것은 공자가 실제 모르는 것이 아니라 가르쳐 줘도 보람 없는 일이면 가르쳐 주지 않은 때문일 것이다. 또 실제로 공자는 동일한 문제를 놓고 상대방이 누구냐에 따라 대답하는 양식을 달리하는 방법으로 사람을 교육했다.

베토벤이 제자에게,

"자네는 이 방면에 실로 훌륭한 재능을 갖고 있는데 어찌하여 완전하게 수련을 쌓으려 하지 않는가. 또 자네는 모든 미(美)와 선(善)에 그처럼 풍부한 감수성을 지니면서 어찌하여 그것을 제대로 구사하여 자네의 훌륭한 예술적 성과를 거두려 하지 않는 것인가."

하고 상대방을 꾸짖어 말한 사실이 있다.

미국 제30대 쿨리지 대통령은 평소 별로 말이 없는 사람이다. 그런데 어느 날 놀랍게도 여비서에게,

"오늘은 참 멋진 의상을 입었군. 그리고 그대는 매우 매력적인 여성이오."

그는 계속 말하기를,

"그런데, 조금만 더 문서에 주의해 준다면 정말 더할 나위가 없겠는데…"

이 같은 꾸짖음이면 누구도 감정 상하지 않고 받아들일 것이 아닌가.

"하려고 마음먹으면 할 수 있는데 어찌하여 마음을 작정하지 않는가?"라고 말하면, 비난이 부드러워지고 상대방의 성실한 반성까지 촉구하는 결과가 된다. 나아가 자신과 연결지어,

"젊어서 나 역시 큰 실수를 저질렀다네. 경험이 많지 않은 자네가 이 정도 일을 벌여놓은 것이 무리가 아니지. 그러나 이것을 거울 삼아 앞으로 주의하면 이 같은 일이 절대 되풀이되지 않을 것으로 믿네."

이렇게 주의를 주면 좀더 나아질 수 있지 않겠는가. 상대의 감정

을 상하지 않게 하고, 나의 의도를 펴나가는 설득방법은 얼마든지 찾아볼 수 있다.

7. 설득한다

말하는 목적은 어떤 것일까. 그것은 화자가 의식하든 안 하든간에 다음 네 가지 목적 가운데 하나다.
1. 행동을 일으키도록 설득한다.
2. 지식과 정보를 제공한다.
3. 감명을 주어 마음을 움직인다.
4. 즐겁게 해준다.

이것을 링컨의 경우를 따라 설명해 본다.

링컨이 좌초한 배를 끌어올리는 장치를 발명하고, 특허를 얻은 사실을 아는 사람은 그렇게 많지 않다. 그는 법률사무소 가까이에 있는 기계공장에서 손수 그 장치의 모형을 만들었다. 친구들이 사무소로 모형을 보러 오면 그는 귀찮아하지 않고 정성껏 그것을 설명했다. 이때 설명의 목적은 지식과 정보를 제공하는 것이다.

그리고 게티즈버그에서 한 불멸의 연설, 또 두 번에 걸친 대통령 취임 연설, 헨리 크레이의 서거에 즈음하여 추도사를 했을 때, 이 경우는 모두 링컨의 목적이 '감명을 주어 마음을 움직이는 것'이다. 변호사로서 배심원들을 상대로 말할 때 링컨의 목적은 유리한 판결을 얻도록 하는 것이고, 정치적 연설의 경우는 표를 얻는 것이 목적이다. 바꿔 말하면, 청중에게 행동을 일으키도록 설득하는 것이 목적이다.

대통령으로 선출되기 2년 전, 링컨은 발명을 주제로 순회 강연을 했다. 이때 목적은 사람들을 즐겁게 해주는 것이다. 최소한 그것이 그의 목표이다. 그러나 그렇게 훌륭하지 못했다. 실제로 통속적인 이야기를 하는 화자로서 링컨은 거의 실패에 가까웠다. 그러나 다른 목적의 스피치에서 링컨은 감동적 연설의 고전으로 돼 있다. 그 경우 링컨은 자기 목적을 분별하고 그것을 달성하는 방법을 알고 있었기 때문이다.

그러나 대개는 자기가 말해야 할 때 그 회합의 목적에 부합되게 자기 목적을 조정할 줄 몰라 실패하는 수가 많다. 어떻게 하면 목적에 부합되게 말할 수 있을까. 행동을 일으키는 것이 목적일 때는 새로운 방법이 필요하다.

이야기를 구성하는 새로운 방법은 첫째, 이야기 허두에 구체적 실례, 즉 청중에게 전달하고자 하는 주요 아이디어를 눈에 보이도록 선명하게 예시할 수 있는 것을 꺼낸다. 둘째, 정확한 어휘를 써서 요점을 서술, 청중에 대해 이렇게 해주었으면 하는 것을 확실하게 전하는 것이다. 그리고 셋째, 이유를 말한다.

결국 화자측에서 하라는 대로 하면 어떤 이익이 얻어지는가에 역점을 두는 것이다. 현대의 스피디한 실정에 맞는 방법이다. 지금은 장황한 허두의 말이 필요 없게 되었다.

청중은 바쁜 사람들이므로, 말하고자 하는 것이 있으면 단도직입적으로 말할 것을 희망한다. 사람들은 사실에 직접 부딪치기를 바란다. 간판·텔레비전·잡지·신문 등에 힘있는 표현으로 나타낸 광고의 문구를 늘 보지만, 한 마디 말이라도 모두 심리적으로 계산되어 있고 불필요한 말은 거의 하나도 없다.

그러므로 '해야 할 말만 하는 공식'을 쓰면 청중의 주의를 끌기 쉽고, 청중을 이야기의 요점으로 집중시킬 수 있다. "시간이 없어서 준비를 잘 하지 못했습니다"라든가, "의장께서 이 문제에 대해 이야기하도록 지명을 하셨을 때 어째 저 같은 사람을 지명하셨냐 하고 의아해 했습니다" 등의 불필요한 말로 이야기를 시작하는 것은 금물이다. 청중은 사과하는 것이나 변명이 설령 진실이든 형식이든 흥미를 느끼지 않는다.

  그들은 어떤 행동을 바라는 것이다. 해야 할 말만 하는 공식을 쓰면 곧 청중의 마음속으로 파고들 수 있다. 이 방식은 짧은 스피치에서 이상적이다. 왜냐하면 그것은 어느 정도 서스펜스를 수반하기 때문이다. 청자는 화자 이야기를 듣지만, 시간이 경과할수록 이야기의 요점이 어디 있는지 모르게 된다. 청중에게 무엇인가 요구할 경우 서스펜스를 느끼게 하는 것이 성공의 필수조건이다.

  가령, 다음과 같이 이야기를 시작했다면, 어떤 가치 있는 목적을 위한 것이라 하더라도 그 때문에 돈지갑을 열게 할 수 없다.

  "여러분, 제가 여기 온 것은 여러분 한 사람 앞에 만 원씩을 거두기 위해서입니다."

  이렇게 말하면 청중이 모두 너나 없이 문 밖으로 밀려 나갈 뿐이다.

  그러나 연사가 현장에서 목격한 것을 말하고, 도시의 큰 병원에 가서 수술을 받게 했으면 좋겠으나, 경제적 사정이 허락지 않아 못하는, 가슴을 찌르는 듯한 딱한 환자의 실례를 지적하고 기부를 건다면 청중의 지지를 받는 확률은 분명히 높아질 것이다. 연사가 희망하는 방향으로 청중을 행동시킬 수 있는 길은 실화와 실례이다.

◇ 경험을 실례로

  이것은 화자가 말하는 부분의 태반을 점한다. 이 중에서 화자는 자기에게 교훈을 준 경험을 말하는 것이다. 심리학자는 사람이 학습을 하는 방법에는 두 가지가 있다고 한다. 하나는 **반복의 법칙**이다. 비슷한 사건의 연속은 사람의 행동양식을 변화시킨다. 또 하나는 효과의 법칙이다. 한 사건의 인상이 비교적 클 때 그것만으로도 우리는 행동에 변화를 일으킨다.

  사람은 누구나 이런 경험을 맛본다. 경험은 기억의 표면 가까이

떠 있으므로 그렇게 노력하지 않더라도 곧 생각이 떠오른다. 우리의 행동은 경험에 의해 크게 좌우된다. 이런 사건을 역력히 눈에 떠오르게 재현하는 것으로 남의 행동에 영향을 주는 기초로 삼을 수 있다. 왜냐하면 사람은 실제 일어난 일에 대한 거의 비슷한 반응을 말에 나타내기 때문이다.

그러므로 화자 이야기 속의 실례에서 처음 화자에게 영향을 준 것과 거의 같은 효과를 청중에게 줄 수 있도록 화자는 경험을 재생하지 않으면 안 된다. 거기서 화자는, 그의 경험에 청중이 흥미를 느끼고 움직이지 않을 수 없도록 인상이 선명하고 강렬하며, 드라마틱한 것만 뽑아야 할 필요가 생긴다.

화자가 드는 실례의 단계에서 그것을 선명하고 의미심장한 것으로 표현하기 위한 힌트를 다음에 든다.

1. 경험을 하나로 묶는다

사실의 묘사를 주로 하는 실례는, 그것이 화자의 인생에 극적 충동을 준 유일한 사실인 경우일수록 강력하다. 혹은 그것이 불과 수 초 사이에 일어난 일인지 모르나, 짧은 시간에 화자는 결코 잊을 수 없는 교훈을 받는 것이다. 강에서 뱃놀이를 하다가 배가 뒤집히자 강기슭으로 헤엄쳐 나온 죽음 직전의 경험을 이야기했다고 하면, 이야기를 들은 사람은 한 가지 사실을 분명히 배운 것이다. 만약 같은 위험에 직면하면 이 화자의 충고에 따라 행동해야 목숨을 건질 수 있다는 결과가 된다.

결코 잊을 수 없는 교훈을 화자에게 가르쳐 준 경험이 사람을 행동하게 하는 설득력 있는 이야기의 첫 조건이다. 이 같은 기법을 쓰면 반드시 청중을 움직일 수 있을 것이다. 화자의 신상에 일어난 일이면 청자들에게도 일어나기 쉽고, 만약 그렇다면 화자의 충고에 따르는 편이 현명한 것이라고 청자들은 생각할 것이다.

2. 구체적 묘사

먼저 실례를 써서 이야기를 시작하는 이유의 하나는 청중의 주의력을 즉각 끌 수 있기 때문이다. 첫마디의 말로 주의를 끌지 못하는 화자가 있는데, 그 이유는 허두의 말이 청중에게 아무 흥미 없는 반복적 문구와 의례적이고 형식적인 어투 그리고 단편적인 변명이기 때문이다.

"저는 여러 사람 앞에서 말해본 적이 별로 없어서…"라고 시작하는 것은 청자에게 실망을 줄 뿐, 주의를 끄는 힘이 약하다.

스피치 주제를 뽑은 경위를 지루하게 늘어놓든가, 준비가 덜 됐다는 것을 청중에게 말하든가, 화제와 논점을 마치 설교하는 목사처럼 선언하든가 하는 것은 어디까지나 행동을 일으키는 짧은 스피치에서 피해야 할 일이다.

일류 잡지와 신문의 필자로부터 힌트를 얻는 것도 좋다.

즉시 실례로 이야기를 시작한다. 그러면 곧 청중의 주의를 끌 수 있을 것이다. 다음과 같은 예이다.

"지난 6월 어느 날 나는 경부 고속도로를 달리고 있었다."

"교실 문이 열리더니 별안간 학교 사환이 허겁지겁 뛰어들었다."

그리고 누가 언제 어디서 무엇을 왜의 어느 것에 대답하도록 말을 꺼내면 화자는 주의를 끄는 가장 오래된 방법을 쓰는 셈이다.

"옛날 옛날 아주 먼 옛날…" 하고 시작되는 허두는 어린이들의 상상력을 열어주는 주문이다. 이 같은 방법을 익혀 인간의 관심을 환기하는 것을 기억한다면 첫마디의 말로 청중의 마음을 포착할 수 있다.

3. 세부 묘사

세부 묘사는 그 자체만으로 흥미있는 것이 못 된다. 가구와 살림 도구로 어지러운 방은 매력적이 아니다. 필연성이 없는 세부를 잔뜩 그려놓은 그림은 그렇게 눈에 잘 띄지 않는다. 그와 마찬가지로 지나치게 많은 세부, 특히 중요하지 않은 세부는 대화와 스피치를 지루하게 한다.

요는 이야기의 요점이나 이유를 강조할 수 있는 세부만을 뽑는 것이다. 구체적이고 생생한 말로 표현된 세부는 사실을 사실대로 재현하고, 청중에게 그것이 눈에 선연하게 떠오르도록 느끼게 하는 것이 가장 좋은 방법이다. 여기서 화자의 목적은 화자가 본 것을 청중에 보이고, 들은 것을 알려주고, 느낀 것을 느끼게 하는 것이다.

이런 효과를 거두기 위한 유일한 방법은 구체적 세부사항을 풍부하게 꾸미는 것이다. 스피치 준비에 주어진 작업은 누가 언제 어디서 무엇을 왜라는 질문에 대한 답을 재편성하는 것이다. 화자는 말로써 그림을 그리는 것으로, 청중의 시각적 환상을 자극하지 않으면 안 된다.

4. 과거의 경험

생생한 세부 사실을 쓰는 것으로 화자는 자신이 말하는 경험을 다시 한번 더 체험한다. 거기서 비로소 말하는 것이 행동에 접근하게 된다. 위대한 화자는 모두 연극적인 감각을 갖고 있는데, 이것은 그렇게 특별한 재능이 아니고, 또 연사에게만 발견되는 것이 아니다.

대부분 어린이들은 모두 이 재능을 풍부하게 갖추고 있다. 우리 주위에 표정, 또는 사람 흉내, 판토마임의 감각이 매우 풍부한 사람이 많다.

이것은 적어도 어떤 사실을 극화하는 귀중한 재능의 일부가 된다. 우리는 거의 누구나 이런 재능을 얼마만큼 갖추고 있으므로 조금만 노력하고 연습하면 이 재능을 키울 수 있다. 액션과 흥분을 화자의 경험담 속에 많이 섞으면 섞을수록 청자에게 주는 인상은 보다 강해질 것이다.

제아무리 풍부하게 세부 사실이 포함되어도 화자가 열을 올려 재현하는 것이 아니면 안 된다. 경험담을 실례로 쓰는 것은 이야기를 외우기 쉽게 할 뿐 아니라, 보다 흥미있고 설득력 있으며 이해하기 쉽게 한다. 어떤 의미에서 청중은 모두 화자가 희망하는 바대로 반응을 보이도록 예정돼 있는 것이다.

◇ 청중에게 희망하는 요점을

실례를 말하는 단계에서 할당시간의 4분의 3 이상을 소비해 버렸다. 가령 주어진 할당 시간이 2분이라고 하자. 그럼 남은 시간은 약 30초다. 그 사이 화자는 이렇게 했으면 하는 바를 청중에게 희망하고, 그것으로 하여 얻어지는 이익을 청중의 마음속에 새겨넣지 않으면 안 된다.

세세한 이야기는 이제 필요 없다. 솔직하게 화자가 주장하는 바를 말할 때가 온 것이다. 이것은 신문의 테크닉과 반대다. 리드를 쓰는 대신 먼저 스토리를 말하고, 요점 즉 행동에의 호소를 리드로서 나중에 말하는 것이다. 이 단계는 세 가지 법칙에 의해 지배된다.

1. 요점은 짧게

정말 해주었으면 하는 것을 청중에게 말할 때는 엄밀하고 정확히 해야 한다. 사람은 명백히 이해되는 것 이외에 잘 해주지 않는다. 청중이 화자의 실례에 의해 행동을 취하려는 지금, 화자는 청중이 해주었으면 하는 것이 정확히 무엇인지를 한 번쯤 자문해 볼 필요가 있다.

2. 행동하기 쉽게

논쟁이 붙든 안 붙든, 어떤 종류의 문제든 그 요점이나 행동에의 요구 등을 청중이 이해하기 쉽게 표현해 주는 것이 화자의 의무이다. 그러기 위한 최선의 방법 중 하나는 이야기를 구체적으로 하는 것이다. 사람의 이름을 외우는 능력을 증진시켜 주려 할 때,
"자! 지금부터 이름을 기억하는 힘을 기르도록 합시다!" 등은 말하지 않는 것이다. 이것은 개념적이고 실천이 곤란하다. 그렇게 하는 대신,
"다음에 사람을 만나거든 만나서 5분 이내에 그 사람의 이름을 다섯 번 이상 되풀이하여 말해 봅시다"라고 한다.
요점을 긍정적으로 말할 것인가, 아니면 부정적으로 말해야 할 것인가. 각각 청중의 입장에 서서 결정할 일이다.
부정적으로 말하는 것이 반드시 효과를 감소시킨다고 볼 수 없다. 그것이 피해야 할 태도를 잘 요약한 경우에 긍정적으로 표현한 호소보다 설득력이 있다.

3. 요점을 힘있게

요점은 화자 이야기의 총정리이다. 때문에 힘있게 확신을 갖고 말하지 않으면 안 된다. 신문의 리드를 고딕체의 활자로 나타내는 것처럼, 행동에의 요구는 생생한 어조로 솔직하게 강조할 일이다. 화자는 청중에 대해 최후의 감동을 주려 하고 있는 것이다. 청중이 이렇게 행동해 주었으면 하고 화자가 호소하는 진지성을 청중이 느끼게 하는 것이다.

◇ 청중이 기대하는 이익

여기서 간결과 요약이 필요하다. 이유의 단계와 요점의 단계에서 화자가 요구한 것을 실행하면, 어떤 보수와 어떤 이익이 기대되는가를 명백히 하는 것이다.

1. 이유는 실례에 맞는 것

청중의 행동을 유발시키는 짧은 스피치의 경우, 이유의 단계에서 그 행동에 의해 생기는 이점을 두서너 마디로 강조한다. 이때 가장 중요한 것은 그 이점을 실례의 단계에서 보인 이점에 일치시키는 것이다.

2. 다만 한 가지 이유를

잡지·신문·텔레비전의 광고를 연구하고 그 내용을 분석해 보면 소비자를 설득하고 상품을 사게 하기 위해 실례·요점, 그리고 이유의 공식이 얼마나 많이 쓰이고 있는지 크게 놀랄 것이다. 그리고 그것이 광고와 상업성 전체를 하나로 묶는 리본이라는 데 유의하게 될 것이다.

실례를 드는 데는 이밖에 여러 가지 방법이 있다. 가령, 전시물을 쓰든가, 실연을 하든가, 권위자의 말을 인용하든가, 비교하든가, 통계를 이용하든가 하는 방법이 있다.

여기서는 필자의 개인적 경험을 소재로 하는 실례에 관한 공식만을 국한시켜 소개했다. 그것은 사람을 행동시키기 위한 짧은 스피치에서 그렇게 하는 편이 청자에게 알아듣기 쉽고 흥미 있으며 극적이고 설득력 있는 방법이기 때문이다.

8. 설득의 기능 (1)

◇ 설득의 목적

많은 사람은 설득을 아주 과장해서 생각하는 경향이 있다. 일반적으로 설득은 새삼스러운 특수한 상황에서 행해지는 것이라는 견해가 압도적이다. 그러나 자세히 관찰해 보면 우리 생활은 설득의 연속이라 해도 과언이 아니며, 오히려 설득 속에 생활이 있다 해도 과언이 아닐 정도이다.

　설득은 화자가 무엇인가를 호소한 결과 청자가 화자의 의도대로 행동하게 하는 것이다. 즉, 설득의 목적은 한마디로 '하게 한다'는 것이라 말할 수 있다. 다만 '알았다'는 지적 이해만이 아니고 납득이 가도록 해야 하며, 그 결과로 행동화가 시작된다. 행동화는 정신적인 것과 신체적인 것이 있다.

　어떤 사상에 공명하여 그 사상에 대한 이론을 세우는 것은 정신적 행동화라 할 수 있고, 납득함과 동시에 화자의 요구대로 움직여 주는 것은 신체적 행동화가 병행하는 것이다. 이러한 행동화가 일어나는 것, 즉 화자가 바라는 어떤 행동을 청자가 행동하도록 하는 것이 설득의 목적인데, 이때 납득은 지적인 경우보다 정적인 경우에 더 많다.

　설득은 상대편 마음에 호소하여 행동을 촉구해야 하므로 지적 이해만으로는 효과가 없으며, 대부분의 경우 상대편의 정서를 강하게 불러일으키지 않으면 안 된다. 그러므로 설득에는 주로 언어가 쓰이나 언어만으로는 미약하다.

　화자는 설득을 통해 자신이 바라던 대로 청자에게 행동을 시키며, 청자가 자신에 대해 호의를 가지도록 유도할 수 있고 자신의 의견과 행동에 찬성을 받거나 인정받을 수 있다. 또한 설득을 통해 자신과 동일한 의견이나 사고를 갖게 하고 동일한 행동을 유발시킨다. 그리고 상인이나 판매원인 경우 상품이나 서비스를 팔 수 있게 된다.

　이렇게 상대편의 의지를 화자가 희망하는 방향으로 움직이게 하기 위하여 화자는 설득을 통해 자극을 가하고, 상대방의 마음에 어떤 동기를 마련해 주어야 한다. 상대가 행동에의 확신을 갖지 못하고 있을 때 화자는 진위와 옳고 그름을 판단하는 데 필요한 증거를 설명해 보이고, 상대가 행동에 납득을 하지 못하는 경우 그 의의에 대하여 상대가 이해를 분명히 하도록 설명을 덧붙인다.

또한 인간의 행동은 지적으로 설득되는 때보다 감정에 의해 움직일 때가 많기 때문에 위에서 언급한 증거 제시와 분명한 보충 설명만으로는 부족한 설득이 된다. 그러므로 효과적 설득이 되기 위해서는 화자가 희망하는 행동을 보증할 충분한 증거가 있음을 보이고, 그 행동은 충분히 가치 있는 훌륭한 것이라는 사실을 청자의 판단에 의해 인정하도록 이끌고, 그 행동으로 청자를 몰아세울 수 있는 강력한 동기를 주어야 한다. 동시에 그 행동을 개시하려고 결심하는 바에 청자가 깊이 만족할 수 있도록 유도하여야 한다.

청자가 만족할 수 있다는 것은 납득이 되었을 경우를 말하는데, 이 납득이란 상대방에게 말의 내용이나 혹은 진리의 이해를 충족시켜 감정적으로 충분한 공감이 가야 하는 것이다.

요컨대 설득의 의미는 첫째, 남을 나의 의도대로 움직이는 것이요, 둘째, 남이 호감을 가지고 나에게 적극 협력하게 하는 것이고, 셋째, 남의 의지·신념·태도·행동 등에 어떤 변화를 가져오게 하는 것이다.

◇ 납득은 설득의 결과

이렇게 하여 상대가 납득이 되면 그 사실이나 행동에 확신을 갖게 되는데, 이처럼 납득은 주로 설득의 결과로서 상대가 도달하는 심적 상태를 일컫는다.

경우에 따라 납득은 지적 이해가 뒤따르지 못할 때가 있으며, 의논에 의해 상대를 논파할 수 있어도 상대를 납득시키기가 그리 쉽지 않다.

아리스토텔레스는 그의 저서 <수사학>에서 세 가지 설득방법에 대해 언급하였는데, 첫째는 화자의 개성에 의존하는 것이요, 둘째는 청중의 심경을 일정 방향으로 모아놓는 것이요, 셋째는 스피치에 의한 명백한 증명이라고 하였다.

또한 설득을 주로 한 스피치의 특징에 대해 올리버(Robert T. Oliver)는 주의, 시사, 증명의 3단계로 그 구조를 설명하고 있으나, 몬로(Alan H. Monroe)는 이보다 세분하여 5단계로 그 구조를 설명하고 있다.

5단계 구조는 첫째, 화자에 대해 청자가 취하고 있는 무관심한 태도나 냉담한 태도를 변화시켜 화자가 말하고자 하는 것에 청자의 강한 주의가 쏠리게 하는 것.

둘째, 청자의 특정한 필요를 명백히 밝혀준다. 즉, 청자가 현재 상태를 변화시켜야 할 것인지 여부를 청자에게 분명히 명시해 주는 것이다. 여기서 필요라는 것은 개인의 마음속에 무엇인가가 결핍돼 있음을 지적하고 이것이 구체적 형태를 취해 외부에 표출될 때 모두가 요구되는 것이다.

셋째, 청자의 필요에 대해 구체적인 제안을 하고, 이 제안이 청자의 필요를 충족시킬 수 있는 가치 있는 제안임을 설명하는 것인데 이때 청자는 만족의 단계를 거친다. 이 세 번째의 단계에서 스피치 내용은 일반적으로 구체안을 제시하는 것, 제안에 대해 설명하는 것, 제안의 근거에 관해 논증하는 것, 사실의 경험에서 실례를 보이는 것, 반대론은 근거가 없음을 비판하는 것 등의 순서를 따르게 된다.

넷째, 구체적 제안에 따른 결과에 대해 청자 자신이 구체적으로 상상할 수 있도록 한다. 즉 청자가 화자의 구체적 제안에 따른 경우 장차 어떤 바람직한 결과가 올 것인가에 대해 생생하게 상상할 수 있게 하는 것이다. 여기에는 세 가지 방법이 있는데, 화자의 제안을 실행하지 않을 경우 청자의 미래 형편을 상상시키는 소극적인 방법, 화자의 제안을 실행하였을 경우, 바람직한 청자의 미래 상태를 상상시키는 적극적인 방법, 소극적인 방법과 적극적인 방법을 모두 사용한 후 양쪽을 비교시키는 비교 방법이 그것이다.

다섯째, 행동화의 단계로서 청자가 구체적인 제안을 행동화하도록 화자가 촉구한다. 행동화는 청자가 특정 행동을 시작하도록 촉구하는 것이고, 행동의 시인을 표시하도록 단적으로 요구하는 것이다. 이 단계에서 스피치는 일반적으로 다음 단계를 거친다. 즉 열렬한 호소, 주안점의 요약, 권위자 및 권위서의 인용, 주안점의 예시, 화자 개인의 의지 표현의 단계이다.

이런 절차를 통해 목적을 수행하기 위하여, 즉 청자로 하여금 화자가 의도한 행동을 유발시키기 위해 화자는 설득력 있는 태도를 취해야 한다.

어떤 설득 방법을 쓰든지 화자가 설득 행위에 대해 열을 올리고 있다는 것은 듣는 이로 하여금 그만큼 감정을 환기할 수 있는 계기가 된다.

9. 설득의 기능 (2)

◇ 효과적 설득방법

설득력 있는 태도란 설득하려는 내용에 화자가 확신이나 자신을 갖고, 충분한 정보와 지식을 상대방에게 들려주는 것이다. 또한 태도에서 가급적 화자의 외모는 엄숙한 빛을 띠어야 하며, 적극적인 언변으로 설득에 나서야 한다. 이와 함께 음성, 얼굴표정, 눈동자 등 화자의 전반적 표현이 매우 설득력 있는 것으로 일관해야 한다.

위에 적은 설득적인 태도 중 음성에 관련한 조건은 화자의 성별, 연령별에 적응한 것이어야 하고, 적당한 공명을 동반하는 음성, 다양한 음색, 자연스러운 음성, 그리고 때에 맞는 크기이어야 한다는 것이 벤더(James F. Bender)의 주장이다.

　설득 목적이 다양한 것처럼 설득 방법 역시 다채롭다. 실제 설득 시에 화자는 목적에 맞는 적절한 방법을 신중히 선택해야 한다. 설득의 결과인 납득은 감정을 통하여 성립되는 경우가 매우 많다. 그러므로 구변에 의한 논리만으로 설득 효과는 기대하기 어렵다. 때문에 화자는 청자의 감정에 호소할 수 있는 것이면 어떤 방법이든 활용해야 한다. 그래야 비로소 설득 효과를 이룰 수 있다.

◇ 이해에 호소

　상대방이 사리를 판단함에 지적인 이해에 의존하는 경향의 사람일 경우 이해에 호소하면 크게 효과적이다. 이때 논리학에서 취급되는 추론의 방법, 즉 일반 원칙에서 특수 사례를 연역하는 논법과 개개의 실례에서 일반원칙을 유도하여 귀납하는 논법, 그리고 원인과 결과의 필연적 관계에서 추론하는 논법 등을 사용하여 이유와 근거의 정당성을 입증, 자신이 상대에게 요구하는 것이 정당하다는 이유를 밝힌다. 이때 이유를 뒷받침하고 혹은 또 강력히 긍정하는 자료를 함께 제시하면 한층 효과적이다.
　한편, 자신의 요구가 정당함을 보이며 이에 대한 반대 의견은 근거가 희박함을 명백히 밝히는 것이 중요하다. 앞의 논법이 적극적인데 비하여 이것은 비교적 소극적인 방법이다. 즉, 자신의 의견과 주장 외의 것은 모두 부정당하고 근거가 확실치 않다. 정당하고 확실한 것은 오직 나의 주장뿐이란 논법이다. 이때 반대의견이 근거 없음을 밝히는 과정에서 다음 사실을 제시해 줄 필요가 있다.
　나와 상반되는 의견과 주장은 중요하지 않다든가, 당면과제와 무관함을 증명하고, 반대론이 잘못된 사실이나 정보에 근거를 둔 판단임을 명백히 밝힌다. 혹은 반대론의 근거이유와 논법 자체가 크게 모순됨을 증명해 보일 수 있다. 이렇게 자신의 주장에 대한 정당하고 확실한 논거를 제시하고, 반대론의 성립이 결코 불가함을 강력히 논단하면 청자는 필연적으로 설득되고, 화자는 자신의 설득 목표를 달성하게 된다.

◇ 요구에 호소

첫째 방법이 화자 입장에서 일방적으로 청자를 설득하는 방법임에 대하여, 청자 요구에 호소하여 상대를 설득하는 방법이 있다. 이 방법은 일방적인 설득보다 더 설득력이 있고 효과적 결과를 가져온다.

모든 청자는 각각 자기 입장에서 절실하고 다양한 요구를 가지고 있으며, 이러한 청자 요구에 부응하는 설득은 더욱 쉽게 상대의 마음을 움직일 수 있다. 그러나 인간의 성정과 개성이 다양한 만큼 청자의 요구가 여러 갈래이고, 요구 자체 역시 정도에 차이가 있기 마련이다. 그러므로 화자는 다양한 청자 요구에서 어느 공통점을 찾아내지 않으면 안 된다.

이에 대하여 머레이(Murray)는 인간의 욕구를 심리적인 것과 생리적인 것으로 나누어 생각했으며, 인간의 사회적 욕구에서 모험과 명예는 설득 수단으로 활용할 가치가 있음을 강조하였다.

일반적으로 인간이 요구하는 바의 공통점을 살펴보면, 사회적으로 인정을 받고자 하는 것, 사업에 성공하는 것, 인기 상승, 아름다운 용모, 로맨스, 성, 모험, 안전, 여가, 명예, 자존심 등이며 이런 항목은 모두 설득력을 발휘하기에 충분하고 효과적인 요소들이다.

또 설득하려는 대상의 개인적 요구를 신속히 포착하여 이에 적응하는 방법을 선택하면 설득 효과가 한층 높아진다. 특히 이런 문제는 상품을 판매하는 영업사원 입장에서 더 한층 고려할 필요가 있다. 상품 판매기술이 그에게 있어 중요한 설득능력이기 때문이다.

이에 대하여 유명한 광고업자 쉬와브(Schwab)와 베티(Beatty)는 오랜 연구끝에 다음 일곱 가지 방법이 상품 판매수단으로 훨씬 유효하다고 발표하였다. 그것은 무엇인가를 제공하거나, 판매기간과 판매수량을 제한하는 것, 보증을 붙이거나, 정가 이상의 가치가 상품에 있음을 입증하여 보이는 것, 또는 가격을 할인하여 판매하는 특별세일기간을 설정하고, 상품을 지금 구매하지 않으면 손해라는 인상을 상대에게 심어주는 방법 등이다.

이렇게 청자의 요구에 호소, 설득하는 방법은 단순한 지적 이해만으로 호소하는 설득보다 더 빠르고 효과적으로 목표에 도달하게 하여 준다. 중요한 문제는 설득대상에게 지금 당장 절실한 요구사항이 무엇인가를 재빨리 파악해 놓는 일이다.

◇ 인격으로 설득

이 방법은 상대를 덕으로 다스릴 수 있고, 상대를 설득하기에 충분한 인격과 개성을 지닌 화자에게 적용이 가능하다.

이때 화자는 대체로 지식이 풍부하거나 무슨 일에든 공평무사한 사람이거나 정직하고 솔직한 태도를 견지하며 인간미가 있거나, 각 방면에서 신뢰받고 있는 경우 등이 대표적이다.

1. 반복 호소

동일 사실을 반복함으로써 상대를 설득하는 방법이다. 각종 광고매체에서 찾아볼 수 있다. 자녀에 대한 부모의 설득 또한 동일하다.

2. 충분한 정보

각 방면의 정보, 즉 자신이 내세우는 이유를 뒷받침해 줄 수 있는 정보뿐 아니라 주어진 문제에 관련되는 여러 가지 정보를 각 방면에서 수집하여 그것을 청자에게 제공하는 방법이다. 강제, 의뢰 설득보다는 정보 설득이 훨씬 효과적이다.

3. 구체적 실례

추상적 일반론보다 구체적 실례를 서술하여 상대를 설득한다. 다방면의 중첩되는 실례 인용이 청자 설득에 매우 유리하다.

4. 환심을 살 수 있는 자료

환심을 사가며 상대방 마음을 즐겁게 할 수 있는 자료를 써서 설득하는 방법이다. 지적인 설득보다 정적인 설득이 때로 효과가 있음을 의미한다.

5. 권위의 인용

권위를 인용 설득한다. 권위자를 인용하거나 권위서를 인용하는 방법으로 매우 호소력이 있다.

6. 경향과 여론

경향과 여론으로 호소한다. 시류를 타는 경향과 여론의 지적으로 사람을 움직일 수 있다.

7. 인간미에 호소

청자의 인정과 인간미에 호소한다. 재해 성금 갹출시와 종교단체 헌금 모금시에 자주 볼 수 있다.

10. 심층 설득 (1)

◇ **표어의 설득력**

 우리들 일상생활에서 볼 수 있는 각종 표어는 설득력을 지닌 것이 많다. 가령, '꺼진 불도 다시 보자'라는 방화(防火) 표어만 해도 그렇다. 이미 불이 꺼졌는데 그래도 다시 보자고 하니 그 이상 설득력 있는 방화 표어는 만들기 힘들 것이다.
 한편, 정서적으로 설득하는 팻말 글을 본 적이 있다. 대학 캠퍼스 잔디밭 주위에 꽂혀 있는 팻말에 잔디밭으로 함부로 들어가지 말라는 글귀가 눈에 띈다.
 '저를 사랑해 주세요. 잔디 올림.'
 애교가 듬뿍 담긴 표현이다. 사랑하진 못하나마 어찌 억센 구둣발로 잔디를 밟고 들어갈 수 있겠는가. 매우 설득력 있는 호소이다.
 덴마크의 한 택시 운전기사의 이야기이다. 택시 기사는 이른 새벽에 나와 밤늦게까지 운전대를 잡아야 하니 피로가 어떨 것인가 짐작하기 어렵지 않다. 그럼에도 불구하고 택시 타는 승객마다 한 마디씩 던지는 말이 기사의 신경을 더욱 날카롭게 건드린다.
 "빨리 좀 갑시다!"
 "열차 시각 때문에 그러니 꼭 시간 좀 대주시오!"
 "비행기 출발 시간에 늦지 않도록 빨리 갑시다."
 손님들 성화는 이 정도로 그치는 것이 아니다. 우리가 들을 때 이런 말까지 있다.
 "밟읍시다. 밟아!"
 기사는 나름대로 문제를 놓고 궁리를 했다. 어떻게 하면 손님들이 그에게 빨리 가라는 재촉을 하지 않게 할 수 있을까?
 드디어 묘안이 떠올랐다. 그것은 어떤 표어를 만들어 택시에 승차

하는 손님이 한번 읽어보게 하는 착상이다. 다음의 표어를 써서 차 내에 붙였더니 손님의 빗발치던 요구가 크게 감소되었다.

'80으로 달려 40으로 죽기보다 40으로 달려 80까지 살자!'

희화적인 표현이나, 기사가 승객을 움직인 힘, 바꿔 말하면 사람이 사람을 움직인 힘은 대단했다. 그것이 바로 설득력이다.

◇ 공감을 살 수 있다면

벌써 오래 전 이야기이다. 필자가 D방송에서 아나운서 분야의 책임을 맡고 있던 때이다.

어느 날 아침, 방송 간부회의에서 어떤 사람이 방송 캠페인을 벌일 것을 제안하면서 첫 번째 주제는 '걸어서 가자'가 좋을 것이라는 의견을 첨가하였다. 가뜩이나 기름 한 방울 안 나오는 우리 나라에서 차에만 의존하여 타고 다닐 수 있겠느냐는 데서 싹튼 발상이다. 회의 참석 간부는 누구 하나 반대하는 이 없이 모두 이 제안에 찬성하고 공명하였다.

그러면 구체적으로 '캠페인'을 어떻게 벌일 것인가가 활발히 논의되면서 캠페인송을 제작 보급하는 일이 우선 무엇보다 선행돼야 할 것이란 결론에 이르고, 캠페인송 노래말이 필자에게 맡겨졌다. 어떻게 노래말을 지어야 설득력 있고 누구나 공감할 수 있는 것이 될까 하고 고심하던 끝에 마침내 나는 다음과 같은 3절 가사를 완성하였다.

상쾌한 아침이다. 걸어서 가자.
너도 걷고 나도 걷고 걸어서 가자.
걸으면 건강하다. 걸어서 가자.
상쾌한 아침이다. 걸어서 가자.

유쾌한 기분이다. 걸어서 가자.
학교에도 일터에도 걸어서 가자.
걸으면 건강하다. 걸어서 가자.
유쾌한 기분이다. 걸어서 가자.

노을도 아름답다. 걸어서 가자.
동서남북 어디라도 걸어서 가자.
걸으면 건강하다. 걸어서 가자.
노을도 아름답다. 걸어서 가자.

만약 이 노래말이 캠페인송으로 설득력 있는 것이었다면, 바로 '걸으면 건강하다. 걸어서 가자'였을 것이다. 건강과 장수가 인간이 갖는 가장 으뜸 되는 욕구인데 여기 초점을 맞추었으니 공감을 산 것이리라.

◇ 마음의 벽

심층 설득은 어떤 것일까? 대화에서 가장 이상적인 모양은 '흉금을 터놓은 대화', '허심탄회한 대화', '격의 없는 대화'이다. 그러나 우리가 이것을 현실적으로 감각할 수 있을까. 그래서 '열 길 물속은 알아도 한 길 사람 속은 모른다' 하지 않는가. 그렇다면 허심탄회한 대화를 도저히 기대할 수 없단 말인가. 대화 쌍방에 혹은 어느 일방에 허심탄회한 대화에 장애 요소로 작용하는 심리적 요인은 없는 것인가, 만약 그것이 있다면 '마음의 벽'이라 이름지어 보자. 마음의 벽에 선입관이나 편견, 경계심, 불안감, 불신감, 욕구불만 등이 거론될 수 있다. 이미 앞에서 지적한 바가 있다.

사전에 미리 약속하고 찾아주는 손님이 있는가 하면, 아무 약속 없이 불쑥 찾아오는 손님이 있다. 직장 일로 바쁜 사람을 붙들어 놓고 이 이야기 저 이야기 불필요한 내용을 꺼낸다. 함께 이야기를 나누긴 하여도 마음 한구석에 경계심이 싹튼다. 이 사람이 찾아온 목적이 무엇일까. 주례 서달라는 것인가, 취직 부탁인가, 아니면 무엇일까? 경계심이 계속 날개를 편다.

그러나 대개 방문객은 대면하는 즉시 방문 목적을 알리는 것이 상례이다. 방문 목적을 일단 알면 평탄하게 전개되는 대화가 어느 정도 가능할 것이나 그렇지 않을 때 마음의 벽이란 장애 때문에 허심탄회한 대화가 불가능해진다.

그러므로 마음의 벽이 쌓이지 않아야 한다. 이것은 대화에 큰 장애요인임에 틀림없다.

남의 요구나 요청을 도저히 들어줄 수 없을 때 '제3의 길'을 권하는 일 또한 심층 설득의 한 가지 방편이 된다.

사무실 방문을 열고 들어온 낯선 사람이 내게 다가와 인사를 청하고 하는 말이,

"아무개 아시죠?"

"내 아우입니다."

"저하고 군대생활을 함께 했습니다. 지금 뭘 하고 있습니까?"

"지금 뭘 하고 있습니다."

"제대하고 나와서 당장 할 일이 없어 우선 이렇게 책을 가지고 다닙니다."

"미안하지만 잠깐 복도에 나가 계시오. 내가 곧 나갈테니…"

나는 점심값 약간을 봉투에 넣어 가지고 나가 그에게,

"점심시간이라 함께 점심을 해야 할텐데 내게 약속이 있어 같이 못 가니 이거 얼마 안 되지만 점심이나 사 자시오."

"그런 뜻으로 온 것이 아닌데요…"

"물론 알죠. 얼마 안 되지만 받으시오."

"그럼 받겠습니다. 감사합니다."

연락 전화번호를 그에게 알려줬기 때문에 아우와 곧 연락이 닿은

모양이다. 그런 일이 있은 뒤 며칠 뒤 아우가 내게 전화를 걸어왔다.
"형님, 제 친구가 찾아갔었지요?"
"그래!"
"점심을 사주셨다면서요?"
"아니, 직접 사주진 못하고 얼마 안 되지만 점심값을 줬지."
"그 친구가 형님한테 미안하다고 그래요."
"뭐 미안할 것 없다고 그래라."
"네, 알겠습니다."

◇ 진지한 경청

남의 요구나 요청을 받고 즉각 거절해 버리는 수가 있으나, 그렇지 못한 정황에 처하여 '제3의 길'을 권하는 것이 한 가지 설득이 된다고 하면 바로 이것이 심층 설득이다.

심층 설득은 그밖에 여러 가지 내용이 있다. 즉 상대방의 불만을 스스로 털어놓도록 하고, 한편 그 불만을 성의껏 듣기만 하여도 훌륭한 협력이 된다는 사실이다. 사람이 불평불만을 가지면 이것을 곧 남에게 털어놓고 싶어지는 것이다.

이때 찾게 되는 상대는 가깝게 느껴지는 사람이다. 평소 사이가 먼 사람에게 속사정을 털어놓을 수 없다. 비록 실질적 도움을 줄 수 없더라도 그의 불평 불만을 진지하게 경청하며 듣는 일 자체가 호감을 사는 결과가 된다.

불평 불만을 원천적으로 봉쇄하여 듣는 일조차 거부해 버리면, 그와의 관계 단절은 불을 보듯 명확해질 것이다. 듣는 사람은 말하는 사람의 카타르시스를 도와주는 셈인데, 그것을 거부할 때 두 사람 관계가 단절될 것은 뻔한 이치이다.

11. 심층 설득 (2)

◇ **불평 불만**

　불평 불만을 겉으로 드러내지 않고 속으로 새기려 하면 언젠가 크게 불어나 마침내 터질 염려가 있다. 따라서 호미로 막을 것을 자칫 가래로 막는 곤란을 겪게 될지 모른다. 그러므로 이따금 상대방으로 하여금 불평 불만을 털어놓게 길을 터줄 필요가 있다. 카타르시스 작용의 효과를 가져올 것이기 때문이다.

　당사자 입장에서 보더라도 못마땅한 것을 한번 마구 떠들어 놓으면 속이 후련하고 체증이 뚫리는 느낌을 갖게 된다.

　그러나 불평 불만이 습관처럼 몸에 밴 사람도 없지 않다. 매사를 어둡게 보고 부정적인 시각으로 바라보게 되면 그 사람 스스로가 부정적인 함정에서 헤어나지 못하고 불행을 자초하게 된다. 밝고 긍정적인 시각으로 매사를 해결해 나가는 슬기가 그때마다 필요하다.

　어떻든 정상적인 형편에서 불평 불만이 토로될 수 있게 배출구가 열려야 한다. 불평 불만이 습관처럼 몸에 밴 것이 아닌 한 외부로 분출할 수 있게 오히려 도와줄 필요가 있다. 불만을 토로하고 나면 오히려 상대방을 좀더 이해하려는 자세로 바뀔 가능성마저 보일 것이다. 의도적, 강제적으로 불평 불만의 배출구를 터주는 아량을 갖는 것이 바람직하다. 언로(言路)를 터주는 직장 내 대화 분위기를 생각해 보자는 이야기이다.

◇ **참된 설득**

　벤자민 프랭클린이 청중을 설득할 때,
　"이렇게 합시다. 저렇게 합시다" 하니까 대부분의 반응이

"그거 안될걸. 그렇게 안될걸…" 하는 것이었다.
그러자 자신을 돌이켜 반성한 프랭클린이
"이렇게 하는 게 어떻겠습니까?" 혹은
"저렇게 하는 게 어떻겠습니까?" 하니까
"뭘 어떻게 하나, 그 길밖에 없지 뭐" 하는 반응을 보였다.

여기서 우리는 새로운 사실을 깨닫게 된다. 그것은 즉 '의문형의 설득'이 유도형이나 명령, 지시형의 설득보다 더 한층 효과적이란 사실이다. 설득내용을 의문형으로 말하는 형식은 상대방에 대한 일방적 강요나 강제가 아니기 때문에 호의어린 반응을 얻게 되고 동시에 소기의 설득목적을 달성하게 된다.

비록 형식이 비설득적 방법에 의존한 것 같아도 실제 설득효과를 거둘 수 있다면 바로 그것이 참된 설득일 것이다. 설득에 인간성이 작용한다는 것 역시 이 때문이다. 평소 겸허한 인간성을 지니고 사는 사람이면 남에게 호감을 사고 대인관계의 폭도 넓으며 깊이 또한 정도를 더할 것이다. 유능제강(柔能制剛)의 의미를 새삼 긍정하게 된다. 자기 자신 개인의 의사로 상대를 강제하기보다 남의 의사를 존중하고, 나아가 집약된 전체 의사에 따른다는 자세와 입장을 취하는 편이 훨씬 현명하다. '인심이 천심이요, 천심이 인심이다'라는 표현 또한 같은 맥락에서 이해할 수 있다.

◇ 심층 설득의 방식

집단 내 의사결정을 집단 토의과정을 거치지 않고 상사만의 개인 의사로 좌우하거나 집단 토의과정을 형식에만 그치고 상사 의도대로 현안을 처리하게 되면 부하의 참된 협력을 얻기 힘들 뿐 아니라 설득력을 상실하고 리더십을 의심받기 쉽다. 매사 현안을 집단 토의로 해결해 나가는 자세, 바로 이 점이 심층 설득의 한 방식이다.

대규모 회의이든, 사적인 인간관계이든 상대가 감정적으로 경직

돼 있다면 일단 감정의 냉각기를 두는 편이 피차 유익하다. 격앙된 감정이 충돌하는 분위기 속의 대화는 아무런 성과를 거둘 수 없기 때문이다. 감정을 식혀 가라앉히고 냉정을 되찾아 이성으로 대화에 임해야 바람직하고 생산적인 결과를 가져올 수 있다.

다른 한편, 자존심이 강한 상대는 상당 기간 침묵으로 대하는 것이 설득력을 갖는다. 금실 좋은 부부 사이라도 이따금 감정상의 틈이 생기면 침묵으로 일관할 때가 없지 않다. 이런 때 잠시 헤어져 있을 필요가 있다. 헤어져 있다 보면 그립고 아쉽고 공연히 감정만 내세웠다는 후회가 남기 때문이다. 사람은 대체로 인간관계상 감정으로 움직일 때가 많다. 손상된 감정의 원상회복을 위하여 상호간에 무성의 대화 즉, 침묵이 필요한데, 일정 기간의 침묵 역시 효과적 심층 설득의 한 가지 방식이다.

친한 벗과 마주 앉아 나누는 우정의 대화에서 두 사람 사이를 더욱 돈독한 관계로 유지하려면 피차 래포(Rapport)를 찾아야 한다. 유사점 혹은 일치점이 나와야 한다는 것이다. 인간관계에서 공통되는 호적수가 화제로 등장하면 둘 사이는 더욱 가까워지고 상대방에 대하여 설득력 있는 위치에 놓인다. 그러므로 평소에 우리는 대화에서 약간의 일치점이라도 크게 확대하려는 의도적 노력을 경주하게 되는 것이다. 동류의식으로 설명되는 혈연, 지연, 학연 등도 역시 동일선상에서 그 의미를 이해할 수 있다.

이와 좀 다른 차원에서 심층 설득의 방식을 찾아본다면 인간적인 진실로 인간적인 측면에서 목표인물에 접근하는 방식을 들 수 있다.

"우리 서로 비즈니스를 떠나 인간적인 교류로 친해 봅시다."

"동감입니다. 자주 만납시다."

온전히 비즈니스를 떠나 서로의 취미와 기호 등으로 공통점을 찾고 우정적인 교류를 꾀하면 인간적인 접근이 가능해지고, 여기서 다져진 우호적 관계가 심층 설득을 유리하게 해준다.

◇ 인격적인 설득

　일시적 기교나 기법으로 심층 설득 방식이 실천 적용되기보다 어디까지나 진실을 바탕으로 사실을 명백히 밝혀 나가되, 이따금 가치 있는 정보를 적절히 구사할 수 있는 화자에 의하여 주어진 정황에 알맞게 활용될 때 비로소 심층 설득은 소기의 목적을 달성하게 된다. 일시적 방편이나 기교 또는 술수로 이용된다면 이미 그것은 설득기능을 상실할 뿐 아니라 오히려 역효과를 초래하게 된다.
　인격에 의한 설득을 최고로 꼽게 되는 까닭이 이런 데 연유한다. 설득은 평소 호의어린 대인관계의 폭과 깊이에 연유하기도 하고, 또 지성적 호소력이 있느냐의 여부에 따라 좌우되기도 한다. 글이 그 사람의 인격인 것처럼, 말 또한 그 사람의 인격인 것이다. 생각나는 대로, 감정 솟구치는 대로 아무 거리낌 없이 함부로 시끄럽게 떠들어대는 사람이 있다. 과연 그에게서 인격을, 호의어린 인간관계를, 지성적인 호소력을 찾아볼 수 있을까.
　입에 발린 말만 가지고, 형식에 치우친 기교만 가지고 남을 설득하던 시대는 이미 지났다. 형식보다 실질을, 가식보다 진실을, 일방적 설득보다 협력적인 토의를, 독선보다 폭넓은 중지를 모아 나가는 실질적 토론을 전개해 나갈 때, 비로소 대화는 설득력을 발휘하게 된다.

◇ 집단 규범의 중요성

　자주 만나고 대화하며 상호이해를 도모할 때 양보와 타협이 이루어지고 반목과 대립이 와해된다. 기업이나 조직에서 관계 스탭들이 자주 회식하는 자리를 갖고 현안을 협의하는 일은 매우 능률적이다. 일체감 조성 역시 반목과 대립을 불식하고 화합의 장을 열어 나가는 노력의 일환이기 때문이다.
　여러 사람이 모여 회합을 하면 자기 혼자 미치지 못한 지혜가 싹트게 된다. 결국 집단 사고는 개인 사고 이상의 효과가 있다. 그러나 최근 논의되는 창조성이란 점에서 보면 역으로 집단이 마이너스적 압력으로 작용할 수 있다. 요컨대 집단은 본질상 멤버의 이탈을 억제하는 기능을 갖고 오직 집단과의 협력을 강조한다.
　이런 관점에서 보면 집단의 힘은 개인적 사고와 동시에 독창성을 가로막는 모순에 빠진다. 이때 거론되는 것이 집단의 성격이다. 집단은 일정한 규범을 갖는다. 이 규범이 창조적 활동을 지향하는 것이면 개인의 사고도 한결 독창성이나 다양성을 살리는 쪽으로 자극을 받으며, 집단의 사고활동도 능률적이고 생산적으로 전개될 수 있는 것이다.

12. 정보 제공

　우리는 하루에 몇 번이고 지식이나 정보를 제공하는 말을 한다. 지시를 내리고, 설명하고, 보고하는 것이 바로 그것이다. 우리가 늘 하는 말 가운데 알리고 가르치는 것을 목적으로 하는 스피치가 설득하고 행동시키는 것을 목적으로 하는 스피치보다 쓰이는 빈도가 더 잦다. 분명하고 명백히 말할 수 있는 능력은 사람들을 감동시켜 행동을 일으키게 하는 능력에 선행하기 때문이다.

◇ 화제

　많은 스피치가 실패하는 큰 이유 중 하나는 화자가 주어진 시간 내에 그가 뽑은 화제를 모두 다룰 수 없다는 사실에 있다. 청중과 정황을 고려한 뒤, 목적에 부합되는 핵심적 화제를 시간내에 소화할 수 있도록 스피치를 구성하는 능력이 필요하다.

◇ 아이디어

거의 대부분의 주제는 시간, 공간, 특수한 화제에 입각해 논리적 서술로 발전시킬 수 있다. 가령, 시간적 순서이면 주제를 과거·현재·미래의 세 카테고리로 구분, 어느 날을 기점으로 하여 당시로 거슬러 올라가든지, 아니면 앞으로 나아갈 수 있다. 예를 들어 무엇을 만드는 제조 공정에 관한 이야기라면 재료의 단계에서 시작, 여러 가지 가공의 공정을 거쳐 완성품이 되는 과정을 말한다.

얼마나 자세히 설명할 수 있느냐의 여부는 화자에게 주어진 시간에 달려 있다. 공간의 상관관계에 있어 어디엔가에 중심점을 정하고 그것을 기준으로 정리한다. 그리고 중심점에서 외부로 나가든지 동서남북의 방위에 따르든지 하여 화제를 포괄한다.

서울특별시를 묘사한다면, 청중을 남산으로 안내, 각각의 방각에 위치한 흥미있는 곳을 지적한다. 또 가령 제트 엔진이나 자동차를 묘사할 경우, 분해하여 구조부분을 설명하는 것이 최선의 방법이다. 주제 가운데 움직일 수 없는 순서가 있다.

정부의 기구를 설명할 때는 고유의 조직 법규에 따라 입법·행정·사법의 각 기관으로 구분해 논하는 것이 상식이다.

◇ 요점

청중 마음속에 화자의 이야기를 정리하게 할 수 있는 간단한 방법의 하나는 최초의 요점에서 다음 요점으로 옮길 때 그것을 분명히 말하는 것이다. 즉

"첫째 요점은 이렇습니다…"

정도로 밝힐 필요가 있다. 한 가지 요점을 다 말하고 나면 두 번째 요점으로 옮긴다는 것을 명백히 말한다. 끝까지 이런 방법으로 진행한다. 요점 추이가 분명해야 청자의 이해에 속도가 붙는다.

◇ 기지의 사실

화자 자신은 잘 알고 있는 것이나, 그것을 청중에게 화자와 마찬가지로 명백히 이해시키려면 자세한 해설이 필요하다. 이때 말하려는 것을 청중에게 잘 알려진 것과 견주어 비유해서 말한다. 즉, 잘 알지 못하는 것은 "여러분이 잘 알고 계신 그것과 같은 것입니다"라고 설명한다.

가령 오늘날 산업에 큰 공헌을 한 화학현상의 하나인 촉매에 대해 설명할 때 촉매는 그 자체가 변화하지 않고 다른 물질에 변화를 일으키는 물질이라고 말할 수 있을 것이다. 그러나 다음과 같이 설명하는 편이 한층 알기 쉽지 않을까.

"촉매는 학교 교정에서 다른 아이들을 밀치고 끌어다니되, 본인은 아무에게도 맞는 일이 없는 어린이와 같은 것"이라고.

◇ 사실을 그림으로

달까지 얼마나 멀까, 태양까지는, 가장 가까운 별까지는? 이런 질문에 대해 과학자들은 숫자를 써서 우주여행의 문제에 답하기 쉽다. 그러나 숫자는 일반 청중에게 사실을 분명히 밝히는 것이 못 된다는 점을 과학 해설자와 작가들은 잘 알고 있다. 그래서 그들은 숫자를 그림으로 나타내는 방법을 택한다.

저명한 과학자 제임스 존스는 우주를 개발하려는 인류의 열망에 남달리 흥미를 갖고 있었다. 과학자인 그는 우주에 관한 수학에 정통했지만, 우주에 대해 쓰고 말할 때 그 숫자를 책의 여기저기에 소개하는 것이 대단히 효과적이라고 알고 있었다.

그의 저서 <우리를 둘러싸고 있는 우주>에서, 태양과 우리를 둘러싼 혹성이 매우 가깝기 때문에 우주를 회전하고 있는 다른 별이 얼마나 멀리 있는가를 우리가 자각하지 못하는 것이라고 지적하면서, '가장 가까운 별이라도 25조 마일은 떨어져 있다'고 하였고, 이 숫자를 좀더 분명히 하기 위해 광속으로 출발하더라도 프로그시마겐다우지에 도달하는 데 4년 3개월쯤 걸린다고 설명했다.

◇ 전문용어

만약 화자가 변호사, 의사, 기사, 그밖에 고도로 전문화된 직업에 종사한다면, 직업과 관계 없는 사람들에게 말할 때 쉬운 말로 자기를 표현하고, 필요한 것을 되도록 상세하게 덧붙이며 여러 면에서 상대방에 주의를 기울여야 한다. 그리고 무엇을 설명하더라도 간단한 것에서 복잡한 것으로 옮겨가는 것이 최상의 방법이다. 아리스토텔레스는
"생각은 어질게 하고, 말은 쉽게 하라"고 했다.

어쩔 수 없이 전문용어를 쓸 필요가 있을 때 용어의 의미를 청자 누구나가 납득할 수 있게 설명해야 한다.

◇ 시각적 보조

눈에서 뇌로 통하는 신경은 귀에서 뇌로 통하는 신경보다 몇 배나 더 강하다고 한다. 눈을 통한 자극이 귀를 통한 자극보다 몇 배나 강하다는 것이다. 그리고 이것은 과학적으로 증명되고 있다. '백문이 불여일견'이라는 말처럼 명쾌한 이야기를 하고 싶다면 요점이 눈에 보이도록 묘사하고, 생각을 시각적으로 나타내도록 한다.

화자가 자기 자신을 상대방에게 이해시키고 청자의 주의를 끌려

면 말하는 것만 가지고 안 된다. 극적인 뒷받침이 필요한 것이다. 어느 쪽이 옳고 그르다는 사실을 설명할 경우, 되도록 그것을 나타내는 그림이나 사진으로 설명을 뒷받침하는 것이 현명하다. 도표는 말만의 설명보다 설득력이 있고, 그림이나 사진은 도표보다 한층 설득력이 있다. 어떤 것을 설명하는 이상적인 방법은 주요대목을 사진이나 그림으로 보이고, 말은 단지 그것을 이어주기만 하면 되는 것이다.

도표를 사용할 때 그것이 충분히 보일 수 있는 크기이어야 하고, 지나치게 많은 여러 개의 도표를 계속 보이면 사람은 쉽게 싫증을 느낀다. 말하면서 그림을 그릴 때 화이트 보드나 백지에 손쉽게 그리도록 한다. 청중은 무슨 위대한 작품을 보려고 생각하진 않는다.

그림을 그리면서 말을 계속하되, 되도록 청중이 앉은 쪽을 향하여 말한다. 그리고 만약 전시물을 쓸 때는 다음 지적 사항에 따르도록 한다. 그러면 청중은 더욱 화자의 이야기에 귀를 기울일 것이다.

1. 전시물은 사용하기 전까지는 보이지 않는 곳에 둔다.
2. 맨 뒤쪽에서 볼 수 있도록 큰 것을 사용한다. 보이지 않는다면 그 전시물을 통해 청중은 아무것도 배우지 못하게 되기 때문이다.
3. 말하고 있는 동안 그 전시물을 청중 가운데로 돌려선 안 된다. 경쟁을 시키면서 보일 필요는 없기 때문이다.
4. 전시물을 보일 때 전체가 볼 수 있도록 높이 걸어둔다.
5. 움직이는 전시물 하나는 움직이지 않는 전시물 열 개에 해당하는 효과가 있다. 실제 사용할 수 있는 것이면 현장에서 실제로 실연해 본다.
6. 말하고 있는 동안 너무 오래도록 그것을 쳐다볼 필요는 없다. 화자가 의사를 소통시키려는 상대방은 청중이지, 전시물이 아니기 때문이다.
7. 전시물에 대한 설명이 일단 끝나면 되도록 보이지 않는 곳에

내려놓는다.
8. 사용하려는 전시물이 비교하는 것이라면, 옆의 테이블 위에 놓고 씌우개로 덮어둔다. 말하는 도중 그것에 관해 호기심을 자극하는 듯한 말은 하되, 그 정체를 밝히면 안 된다. 씌우개를 벗길 때까지 청중은 호기심과 서스펜스와 강한 관심을 쏟고 있을 것이다.

시각적인 자료는 스피치의 보조 수단으로 흔히 쓰인다. 화자가 전달하고자 하는 것을 청중에게 이해시키는 데 있어서 화자 심중에 있는 것을 귀로 들려주는 동시에 눈으로 보여주는 만큼 확실한 방법은 또 없다.

가는 말 오는 말

1. 상대의 지위와 나의 입장

◇ 부하에 대하여

임무나 과업을 부하에게 줄 때 "누가 할까?" 보다 "자네에게 부탁하네!" 하는 화법이 효과적이다. 상대방을 성실하게 인정해 주는 것이 힘을 실어주는 말이기 때문이다. 일상 대화에서 이처럼 힘을 주는 말이 있는가 하면, 오히려 힘을 빼는 말이 있다.

"이건, 뭐 누구나 할 수 있는 일이지만, 자네가 해보지!"

구체적인 방법을 일러줘야 구체적인 결과를 가져온다. 상사가 부하에게 업무를 지시할 때, 흔히 갈피를 잡을 수 없게 밑도 끝도 없이 말하는 수가 있다. 대강 방법을 일러주고,

"알겠지?"

"네, 대강 알겠습니다."

대강 알려주고 대강 알았으니 역시 최선을 다했다 해도, 결과는 대강된 결과밖에 나오지 않을 것이다. 매사 구체성이 결여되면 결과는 기대할 것이 못 된다.

사람은 누구나 인정받고 싶은 욕구를 갖고 있다. 인정받으면 그와의 관계를 보통으로 유지하나, 인정받지 못하면 형편이 크게 바뀐다. 칭찬받는 일 역시 동일하다. 책임질 줄 아는 상사는 모든 명예를 부하에게 돌린다. 상사의 칭찬을 받은 부하는 의욕적으로 신명나게 임무를 수행할 수 있게 된다. 상사의 적극적이고 구체적인 칭찬이 부하로 하여금 무한한 가능성에의 도전 또한 어렵지 않게 해주는 것이다.

"자네니까 부탁하지, 딴 사람이면 엄두도 못 낼 일이야."

이와 반대로 부하 처지에서 받는 상사의 비판이나 책망은 피차 괴로운 일이다. 게다가 본인은 매우 열심히 일하였으나 결과가 여의

치 않은 경우 또한 허다하다. 그리고 당자가 자신의 실수와 과실을 잘 알고 있을 때가 많다.

이때 상사가 유념할 것은 때와 장소를 가리는 일과 부하와의 대화를 통하여 사실을 포착하고, 이 사실을 부하가 스스로 인정하게 하는 일, 감정으로 꾸짖지 않는 일, 친근감 있게 한번 실수를 일회 비판으로 끝내는 일, 당자 행위를 비판하되 당자 인격을 비판하지 않는 일, 남 앞에서 질책하지 않을 뿐 아니라, 가능하면 가벼운 칭찬의 말을 먼저 들려주는 일 등이다.

◇ 동료에 대하여

어느 경우든 그렇지만 특히 동료와의 대화에서 감정이입을 잘해야 한다. 이것은 상대방 처지에 서서 생각하고 말하는 것으로, 피차 상대방 처지를 상세히 살피고 말할 때 설득력 있는 위치를 확보하게 되기 때문이다.

또한 수평 커뮤니케이션에서 가장 크게 문제시되는 것은 이견에 대한 조정이다. 즉 견해 차이나 관점의 차이를 어떻게 메워 나가느냐는 점이다.

'네, 그러나'의 화법이 문제해결에 실마리를 제공할 수 있다. 상대방 의사를 존중하여 들어주고, 동시에 이쪽 의견을 경청하여 귀기울여 달라는 방식이다.

이성을 상실하지 않는 한 상식선에서 쉽게 곧 이견을 좁혀 나갈 수 있다. 이때 관건이 되는 것은 두 사람 중에 누가 더 가치있는 정보를 적절히 구사할 수 있느냐이다. 여기에 승부가 걸린다. 가치있는 정보란 필요한 것, 최신의 것, 정확한 것, 다양한 것의 조건을 구비한 것이다.

이에 덧붙여 제3자가 공감할 수 있게 사실을 사실대로 밝혀 나가는 자기 주장에 대한 입증능력과 아울러, 진실을 토대로 하는 평소 대인관계의 양성적 측면이 크게 영향을 미친다.

'재승덕박(才勝德薄)'이란 말처럼 재기가 넘치는 사람에게 덕망을 찾기 힘든 법이다. 그래서 논쟁에 지더라도 친구를 잃지 말라는 교훈이 빛을 더하는 것이다. 지적인 호소력을 견지하되, 결코 인간적으로 남의 호감을 사지 못하는 옹졸함은 털어버려야 한다.

◇ 상사에 대하여

상사와의 대화시 부하는 첫째, 예의바른 자세를 지켜야 한다. 경어를 잊지 않는다. 겸손한 태도를 보인다. 그리고 7 대 3 또는 6 대 4의 비율로 상사가 보다 더 많이 말하게 한다. 부하는 명령, 지시를 받고 다시 결과를 보고하는 처지에 놓일 때가 많다. 그러므로 수명(受命)과 보고 화법에 특히 유념해야 한다.

상사의 지시 내용을 정확히 파악하기 위하여 메모를 꼭 하는 한편, 정신을 집중하여 끝까지 선의를 갖고 이야기를 경청한다. 이것이 올바른 수명태도이다. 필요하면 구체적으로 메시지를 수용하려는 노력의 일환으로 질문을 정중히 하고, 그때마다 요령있게 명령내용 중 요점을 하나씩 복창한다. 확인은 커뮤니케이션에서 불가분의 요소이다.

상사와의 관계가 아무리 어려운 정황이라도 이야기 듣는 도중 이따금 수명내용을 간추려 말하고, 개인적 의견이 있을 때 솔직하게 그것을 털어놓는 것이 좋다. 그러나 이때 상대방 발언을 차단하는 일은 없도록 한다.

전개되는 화제 역시 함부로 바꾸는 일이 없어야 한다. 오히려 상대방 이야기를 알맞게 받아나가는 것이 적절하다.

상사의 업무지시 내용이 이행 불가능한 것이면 사유를 대고, 차선책을 강구케 하는 일 또한 부하 된 입장에서 상사를 보좌하는 도리이다.

보고 화법에서 주의할 일은 반드시 명령자에게 보고하되, 시기에 맞게 보고한다는 점이다. 특히 상사가 궁금히 여기는 대목을 요약, 정확히 보고한다. 중간 보고는 애써 행하고, 모든 임무가 다 끝난 다음 지체없이 종합 보고할 것을 잊지 않는다. 보고는 결과부터 말하고, 이유와 경위 등은 후에 말하는 것이 요령이다.

상사를 대하여 말할 때 주제넘거나, 거역의 느낌을 주거나, 건방지거나, 덤벙대는 인상을 주지 않도록 각별히 신경쓰도록 한다.

2. 가르칠 때, 꾸짖을 때

영국의 시인 포프는
"사람에게 무엇을 가르칠 때 가르치는 듯한 인상을 남겨서는 안 된다. 그가 모르는 것이라도 잊은 것이라 말해 주어야 한다."
라고 했다. 모르는 것을 가르치는데 어찌 가르치는 듯한 태도를 보이면 안 된다는 말인가. 누구나 사람은 모르는 것이 많아도 자기 스스로 그렇게 생각하기를 싫어한다는 뜻이다. 그런데 필자는 이런 점을 모른 탓으로 어느 선배의 마음을 상하게 한 적이 있다.

아나운서 초년생 시절, 대학 국문과 학생인 신분으로 필자는 마이크로 폰 앞에 섰다. 지금은 상당수의 사람이 한글 전용으로 기울고 있으나, 당시만 하여도 국한혼용의 글쓰기가 예사였다. 방송에 쓰는 모든 원고도 예외가 아니었다. 선배 한 분이 뉴스 원고를 사전 검토하며 숙독하는 중 어떤 한자음을 필자에게 물었다. 조금도 지체하지 않고 즉시 그 답을 말했다. 지금 생각하면, 그분의 심정이 아마 고맙기는커녕 오히려 아니꼬와 하는 심정으로 바뀌었을 것으로 짐작한다.

그럴 수밖에 없을 것이다. 그것은 앞뒤 생각 없는 필자의 태도 때문이다. 적어도 내게 조금만 앞을 내다보는 여유가 있었던들 그와 같이 하지는 않았을 것이니 말이다. 그분 역시 그런 일이 있은 뒤부터 모르는 한자가 나와도 통 물어보려 하지 않고 애써 옥편을 찾는 것을 보면, 그분이 나를 탐탁히 여기지 않는 눈치이다. 그리고 얼마 후 이 같은 일이 있은 것조차 까맣게 잊고 있던 때, 그분이 내게 또 한자 숙어의 음을 물어왔다. 바로 이때라 판단한 나는 조심스레 말했다.

"저도 잘 모르는데, 아마 무슨 자 같아요. 틀릴지 모르겠네요."
하고 어느 정도 자신이 서지 않는 태도로 말을 꺼내니,
"아냐, 그게 맞을 거야."
이때 나는 귀중한 교훈을 스스로 체험한 것이다.
법정에서 언도 공판할 때 법관이 흔히 쓰는 어구 중에 이런 말이 있다.
"피고는 인간이 나빠서가 아니라 저지른 죄질이 나빠…"
교도관 이야기를 들으면,
"수인(囚人)의 대부분은 결코 자기가 죄인이라 생각하지 않습니다. 그들은 모두 부득이한 사정으로 죄를 지었고, 따라서 자기 변명을 어느 만큼 상당한 근거가 있는 거라고 그들 자신이 믿고 있습니다."

그런데 하물며 죄인이 아닌 보통 인격 있는 사람을 설득함에 자기를 믿는 상대방 마음을 무시할 수 있는가. 그러므로 이 같은 사실을 바탕에 깔고, 이야기를 진전시키지 않으면 설득의 효과가 오르지 않는다.

"그것은 이런 것이오"라고 해도 안 되려니와,
"자네는 이런 걸 모르나"라고 하면, 한층 더 바람직하지 못하다.
"자네 역시 그렇게 생각할 테지", "상식 있는 사람이면 이 일에 반대는 안 하겠지" 등과 같이 상대방 인격을 세워주며 이야기해야 한다. 이것으로 설득력이 모자랄 경우,

"자네 역시 그렇게 생각하지 않을 수 없을 거야."

"상식 있는 사람이면 이렇게 생각지 않으면 안 될 거야", "정당한 사람으로 이 일에 반대는 할 수 없지 않겠느냐 말이야" 등으로 한층 강조하는 뜻을 덧붙이면 좋을 것이다. 일단 상대방에게 거부나 부정의 태도를 굳혀주면, 아무리 설득이 훌륭해도 뜻을 관철하기가 좀처럼 어려울 것이다.

상대방이 어떤 사실을 인정하고 긍정하게 하려면, 상대가 공감할 수 있는 내용으로 설득할 필요가 있다. 이때의 설득 여부는 오직 상대방 감정과 의식의 문제일 따름이다.

3. 의기를 높이는 말

◇ 인간관계와 커뮤니케이션

새로운 인간관계를 잘 맺기 위해 꼭 필요한 것은 기업내의 원활한 커뮤니케이션이다. 간부의 의사결정이 신속히 말단 사원에게까지 전달되어야 하고, 말단의 실정이나 불평불만이 또 신속히 상부로 올라가야 한다. 그리고 동료간의 수평 커뮤니케이션도 충분히 행해져야 한다. 이것이 현대 경영의 원칙이다. 이 같은 커뮤니케이션이 부드럽게 행해지지 않는 곳에 좋은 인간관계가 성립될 까닭이 없다.

좋은 인간관계는 관계를 이루는 사람과 사람 사이의 상호이해에 의해 성립된다. 더욱이 이와 같은 이해는 서로의 원만한 의사소통에 의해 가능하다. 좋은 인간관계의 수립은 효과적 커뮤니케이션을 전제로 한다. 그것도 일방통행의 커뮤니케이션에서는 새로운 인간관계가 형성되지 않는다. 위에서 아래로 명령하달이나 지시, 그리고 경영 정보의 주지만으로는 부족하다.

모든 하향 커뮤니케이션에서는 상호이해가 거의 미흡하다. 그리고 하의상달의 커뮤니케이션 역시 비교적 행해지기 어렵다. 물이 위에서 아래로 흐르기 쉬우나 거슬러 올라가기 어려운 것과 같은 이치다. 가령, 밑에서 위로 향한 커뮤니케이션이 잘 되었다 해도 이것이 일방통행의 커뮤니케이션이면 상호이해에 아무 영향을 못 미친다. 하향 커뮤니케이션과 상향 커뮤니케이션이 우물의 도르래처럼 단지 상호간의 커뮤니케이션으로 평행을 유지해도 아무 소용 없다. 이것은 일방통행의 평행선이지 상호소통이라고는 할 수 없다.

상향과 하향의 커뮤니케이션이 서로 이가 맞물리고, 여기서 상호교섭이 행해질 때 비로소 상호 커뮤니케이션이 성립된다. 이 같은 커뮤니케이션이 상호이해에 작용하고 동시에 좋은 인간관계를 만드는 데 큰 구실을 하게 되는 것이다.

◇ 협력을 의뢰

협력은 시키는 것이 아니라 구하는 것이다. 그러면 직장의 협력은 어떻게 해야 구할 수 있는가.
미국의 심리학자 라테나는 다음 8개 항목을 제시한다.
1. 논쟁을 피한다.
2. 솔직히 자기 잘못을 인정한다.
3. 어떤 결정사항을 실행하고 싶을 때, 그룹 전체가 생각해 낸 결론인 것 같은 체제로 정리하여 그들이 자진해서 일을 맡아 할 기분을 갖게 해준다.
4. 부정반응이 나올 때 동정적으로 말하는 방법을 배운다.
5. 남을 이해시키기 위해 아이디어나 제안을 각색한다.
6. 열의를 갖게 하기 위해 주위를 자극하도록 한다.
7. 이쪽이 기대하는 만큼 노력시키려면 미리 칭찬한다.
8. 협력은 요구하는 것이 아니고 의뢰하는 것이다.

위에서 특히 논쟁을 피한다는 것은 중요하다. 때로 과감한 이론투쟁을 하지 않으면 안 될 경우가 있으나 대부분 논쟁을 피하고 어디까지나 상대를 납득시키는 방법이 상책이다.

가령, 이론으로 상대를 굴복시켜도 상대에게 감정적인 응어리를 남겨놓으면 참된 협력을 얻을 수 없기 때문이다. 자기 잘못을 솔직히 인정한다는 점도 설득력 있는 사람으로서의 중요한 자격이다.

누구라도 잘못이 절대 없으리라는 법은 없다. 그 잘못을 지적해 주는 자가 없다면 잘못은 걷잡을 수 없게 되고, 점차 더 중대한 결과를 가져오게 된다. 잘못을 지적받으면 감사할 일이다. 상사가 부하로부터 잘못을 지적받는다면 그것은 매우 기뻐할 일이다. 언제나 부하에게 근엄한 상사는 좀처럼 부하가 잘못을 지적해 주지 않는다. 부하가 솔직히 충고할 수 있도록 직장 분위기를 만드는 상사가 훌륭한 상사이다.

직장의 인간관계를 잘하면 직장은 명랑하게 되고, 외부로부터의 평가도 높아진다. 또 내부에 적용되는 원칙은 외부와의 대인 절충에도 응용할 수 있으므로 외부의 협력도 이것으로 획득이 가능하다.

◇ 잘못의 지적

부하에 대한 화법은 매우 어렵다. 직장의 인간관계를 잘하기 위해 예전과 같은 명령으로 일관하면 안 되고, 부하에게 협력을 의뢰한다는 관계로 전환하지 않으면 안 된다. 일상적 인간관계를 잘하고 직장에 항상 밝은 협력관계를 유지해 두기 위해 상사의 훌륭한 화법이 절실하다.

가령, 직장에서 논쟁을 하면 나쁜 결과를 가져오는 것이 분명하다. 그러나 무의식중에 논쟁할 수 있다. 연구회·토론회 등에서 논쟁이 빚어지는 것은 당연하다. 그렇다고 감정적으로 확대하지 않게 말꼬리 하나에도 신경을 쓴다. 본질적인 문제로 논쟁을 하는 것은 좋으나 상대방의 말꼬리를 잡아 논쟁하는 것은 크게 삼갈 일이다.
 더구나 회의석상이 아닌 일상의 업무수행 시에 논쟁을 하는 것은 전혀 가치 없는 일이다. 논쟁에 패하면 분하고, 논쟁에 이겼다 해도 상대방은 논파당했다는 불쾌한 기분을 언제까지 간직하게 된다. 솔직하게 자기 잘못을 인정하는 편이 인간관계를 잘하기 위해 중요한 점이다. 특히 부하로부터 잘못을 지적받을 때 상사 되는 자는 솔직히 그 점을 인정하는 것이 현명하다. 그는 동시에 부하로부터 지적을 받을 수 있는 자격을 갖춘 상사이다. 언제나 부하들에게 군림하는 상사는 잘못이 있어도 좀처럼 부하가 그 점을 지적해 주지 않는다.
 "과장님, 이것은 잘못된 게 아닙니까?" 하고 부하로부터 솔직히 잘못을 지적받을 수 있는 상사는 평소에 민주적인 직장 분위기를 만들어 왔다는 입증이 되고, 이 같은 직장이면 언제나 사양함이 없이 의견을 말할 수 있다.
 상사와 부하라는 관계를 제쳐놓고라도 잘못을 지적해 줄 수 있는 사이라면 선의의 인간관계가 형성되었다고 말할 수 있다. 그러나 잘못을 지적하는 쪽이 틀린 경우가 있다. 때문에 지나치게 단정적으로 말할 것이 아니라
 "잘못된 게 아닐까요?" 정도로 완곡하게 말하는 것이 좋다. 그래야 지적받는 쪽도 감사한다.
 "친절한 충고에 감사합니다. 조속히 확인해 보겠습니다."

◇ 의기를 높이는 말

 이미 결정된 사항을 집단 전체의 아이디어인 것처럼 이끌고 나간다는 것에 약간 이론이 없지 않다. 지나치게 기교적이란 위험이 따르기 때문이다. 되도록 의사결정에 앞서 집단이 그같은 아이디어를 창출하도록 사전에 충분히 상의하는 편이 좋다.

부하에게 말을 잘할 수 있는 능력이 작업능률의 향상에 큰 몫을 한다. 설득도 잘하지 못하고 작업에 따른 협력도 얻지 못하며, 부하의 의기도 올릴 수 없는 화법이면, 상사로서의 자격이 의심된다. 그러면 어떻게 해야 간부사원으로서 능숙한 화법을 구사할 수 있을까.

먼저 다음에 드는 결점을 살펴본다.

1. 훈시적이고 교훈적이다.
2. 거만하게 뽐낸다.
3. 딱딱하다.
4. 상사·동료·부하의 험담을 잘한다.
5. 강제적이고 명령적이다.
6. 부하에게 수치심을 갖게 한다.
7. 빈정대거나 핀잔을 잘 준다.
8. 남 앞에서 꾸짖는다.
9. 상대의 결점을 파헤친다.
10. 날카롭고 융통성 없게 말한다.
11. 논쟁한다.
12. 말로 발뺌한다.
13. 불평을 투덜댄다.
14. 자기가 젊었을 때 그렇지 않았다고 자만한다.
15. 자기를 변명한다.
16. 쓸데없이 길고 지루하게 말한다.

위에 든 항목의 경우가 많이 포함될수록 그 화법은 환영받기 힘들다.

그러면 다음 항목은 어떤가?

1. 의논적이다.
2. 부탁하는 식이다.
3. 전후 좌우를 헤아리는 식이다.

4. 친숙하다.
5. 상대의 장점을 찾는다.
6. 상대의 실패에 동정적이다.
7. 적절하게 칭찬한다.
8. 상대방 입장이 되어 말한다.
9. 자기의 잘못을 솔직히 인정한다.
10. 침착하고 여유있게 말한다.
11. 상대를 기분좋게 해준다.
12. 온화하게 말한다.
13. 잘 정리된 정확한 화법이다.
14. 상대가 하는 말을 잘 듣는다.

4. 가는 말 오는 말

　직장 분위기와 종업원의 협력관계는 여러 가지 요인으로 좌우되나 직장 내 커뮤니케이션이 잘되고 있느냐의 여부가 종업원의 의기와 태도에 큰 영향을 미친다.
　현대사회는 생산을 하부구조로 하고 있으나, 생산기능이 우리 인간의 언어활동으로 이루어진다는 점에 누구도 이의를 제기할 사람은 없을 것이다. 대부분 생산설비가 자동화되어 가고 있는 현대에 와서 생산분야 언어소통의 중요성은 조금도 감소되지 않고 있다.
　특히 작업에 임하는 종업원의 생산성은 임금이나 물리적 환경조건보다 인간관계 여하에 크게 의존할 때가 많다. 그리고 인간관계 형성의 능·불능은 주로 직장 내 상사와 부하의 화법 및 동료 상호간의 협력에 크게 좌우된다.
　어느 직장이건 기쁘고 즐거운 분위기의 직장을 만드는 것이 최우선의 선결 문제이다. 누구에게나 어둡고 불유쾌한 상태로 직장을 방치하면 일하는 능률이 오르지 않을 뿐더러 모처럼 방문해 준 외부 고객에 대해 웃는 낯으로 응대할 수 없게 된다.

과장이 계장에게 불쾌하게 말하면, 계장은 불쾌한 감정을 계원에게 쏟게 된다. 이처럼 인간의 감정은 순환적으로 전염되는 성질이 있고, 특히 상위자로부터 하위자에게 전파되는 힘이 한층 강하다. 나아가 감정에 동일성의 법칙이 있어 한 가지 불쾌한 일이 생기면 다른 아무것도 아닌 일에조차 불쾌감을 느낀다.

이와 같은 이유와 원인으로 담당 계원이 매우 불유쾌한 기분에 쌓여 있을 때, 외부 고객이 찾아왔다면 이 손님은 당연히 냉담한 응대를 받게 될 것이다. 때문에 보다 주의를 기울이는 상사의 화법이 필요한 것이다.

가령 같은 방 안에 있는 여비서에게,

"이걸 컴퓨터 좀 쳐줘요" 하고 급한 편지를 부탁했다고 하자. 완성된 서류에 한 자 틀린 것이 있다. 매우 급한 상태이므로 큰 소리로,

"한 자가 잘못됐어, 고쳐!" 하고 말했다. 이때 음성 표현이 약간 퉁명스럽고 거칠었다고 하면 여비서 역시 자기가 말하고 싶은 것을 끝내 말하고야 만다.

"그런데 글씨를 알아보기가 어려워요" 하고 가볍게 응수한다. '가는 말이 고와야 오는 말이 곱다'고 상사 역시 가만 있을 리가 만무하다.

"이 정도 글씨는 알아봐야 비서가 아니야!"

이쯤 되면 인간관계가 공허해진다. 평소 같으면 1분 정도로 수정할 수 있는 컴퓨터가 2분 정도나 걸린다. 급한 것이면 처음부터 차분하게 부탁하는 편이 더 낫다. 그리고 컴퓨터 친 서류에 잘못된 글자가 발견되면,

"내 원고 글씨를 알아보기 힘들었을 거야. 여기 한 자가 틀렸군. 좀 고쳐줘야겠는데…"

하고 말하면 격이 다르다. 그러면 대개 여비서는
"그래요? 미안합니다" 하고 1분내에 정정해 줄 것이다. 이 같은 예를 보아도 직장 내 화법이 얼마나 중요한가를 알게 된다. 여기서 지적되는 사항은 첫째 말하기의 책임이 항상 상사 쪽에 있다는 것과, 말하기 조정은 처음이 쉽다는 사실이다. 만약
"그런데, 글씨를 알아보기 어려워요" 하고 여비서가 말해 온다면 한 번 더 조정할 기회가 있다. 이때,
"그렇지, 내 글씨 보기가 어려울걸, 앞으로 좀 쉽게 쓸게."
하고 말하면, 여기서 인간관계 조성이 가능해진다.

5. 의뢰와 명령

◇ 의뢰는 정중히

의뢰를 목적으로 하는 말하기는 설득을 목적으로 하는 말하기와 유사하다. 의뢰하는 것을 상대방이 들어주도록 하기 위한 요소가 들어갈 때 이것은 설득의 단계가 된다.

의뢰할 때 약간 가벼운 느낌이 간다. 가령, 우편물을 우체통에 넣어 달라는 매우 가벼운 의뢰로부터, 큰 것으로 취직을 의뢰하는 일까지 있다. 이것도 어떻든 채용을 의뢰하는 것이므로 설득의 부류가 된다.

가령, 간단한 의뢰라도 상대에게 폐를 끼치는 것이므로 정중한 말씨로 의뢰하지 않으면 안 된다. 설득이 아니고 의뢰이므로 상대가 못한다고 거절하면 깨끗이 물러나야 할 성질의 것이다. 그러나 기왕 의뢰할 바에야 되도록 거절당하지 않도록 하는 화법이 필요하다.

엽서 한 장 부쳐줄 것을 의뢰해도 일단 사정을 분명히 말할 필요

가 있다. 물론 친하고 친하지 않음에 따라 다르겠으나 가까운 사이라면,

"이봐 좀 부탁해, 응" 하고 끝내면 되나, 그렇게 가깝지 않은 사람에게 의뢰할 때는,

"미안합니다. 제가 좀 바빠서 그런데요. 부탁드립니다."

하는 정도의 말을 하지 않으면 안 된다. 단지 일반적으로 의뢰하면, '뭐야, 그 정도면 자기가 하면 될 게 아냐?' 하는 기분을 상대방에게 준다.

거절당하지 않음은 물론, 상대가 기분좋게 응해 주도록 말하지 않으면 안 된다. 그러므로

"지금 좀 바빠서…"라는 사정을 말하는 것이 좋다.

좀더 중요한 것을 의뢰할 때는 사정을 다시 더 상세히 설명하지 않으면 안 된다. 이때는 설명을 목적으로 하는 말하기가 선행한다. 그리고 정중하게 의뢰한다. 취직의 의뢰가 바로 이 경우이다. 이쪽의 사정·희망·특기 등을 잘 설명하고 성실로써 의뢰하지 않으면 안 된다.

◇ 무리한 의뢰

무엇을 남에게 의뢰할 때 무엇보다 먼저 가능성을 생각하지 않으면 실패한다. 취직을 의뢰할 경우, 상대가 사정을 잘 이해하고 꼭 알선해 주려고 마음먹어도 상대에게 힘이 없다면 아무 소용 없다. 상대가 곤란해 하고 상대를 무리하게 하는 의뢰는 좀 서투른 것이다.

기부를 의뢰할 때 역시 동일하다. 기부가 어떻게 사회를 위해 도움이 되는가를 충분히 설명한다. 그러나 상대가 그만한 기부능력이 없다면 상대를 난처하게 만들 뿐이다. 그러므로 기부금액도 상대의 형편에 맞게 의뢰하지 않으면 안 된다. 여기서도 상대방에 대한 연구가 필요해진다.

또 의뢰는 양자택일형이 있다. 이것인가 저것인가, 이것이 안 되면 저것을 하는 식으로 의뢰하는 방식이다.

"이 회사에 채용되면 더 바랄 것이 없겠습니다만 그렇게 되기 어렵다고 생각하시면 어디 다른 데라도 소개해 주십사 해서 찾아왔습니다."

이것은 소위 제1희망과 제2희망을 제시하여 상대방 선택에 맡겨 버리는 의뢰방식이다. 이렇게 되면 무턱대고 거절하지 못할 것이다.

물건을 빌리는 것도 일종의 의뢰이다. 우산을 빌리는 정도면 누구라도 잘 들어주지만 중요한 책들을 빌리든가 의상 또는 돈을 빌리는 일쯤 되면 상당한 설명이 필요하다. 용처를 분명히 밝히고, 되돌려주는 시기, 방법에 대해 명료하게 설명하고, 상대가 안심하도록 말하지 않으면 안 된다. 의뢰를 들어주면 충분히 감사하는 말을 잊어서 안 된다.

설득이나 의뢰도 설복하고 부탁하는 것이다. 상대를 이쪽이 생각하는 방향으로 움직이게 하는 것이다. 그러나 같은 사람을 움직여도 이쪽이 고자세로 상대를 지도하고 명령하는 화법이 있다. 상대를 움직이는 화법이지만 상대를 지도하려면 리더십이 없으면 안 된다.

◇ 신뢰를 얻어야

이에 대해 명령은 권력의 배경이 없으면 안 된다. 정부라는 권력, 법률이라는 힘, 상사라는 직장의 권위, 이 같은 것이 없으면 명령이 이루어지지 않는다. 그러나 지도는 권력과 달리 상대로부터 신뢰를 얻음으로써 이쪽의 말에 따르게 된다.

"횡단보도를 통해 길을 건너시오"는 명령이지만, 지도가 되면
"횡단보도를 통해 길을 건넙시다."
"횡단보도로 건너주시오" 하면 의뢰가 된다.

결과적으로 동일하게 횡단보도를 걷게 하는 것이지만 실례로 보

인 바와 같이 화법이 다르다.

　명령은 원래 강제→복종의 강제수단이나, 지도 화법이 되면 매우 부드러운 말하기가 된다. 그러나 지도로 말하기가 지나치면 상대에게 강제성의 인상을 주게 된다.

◇ 어린 자녀에게

　"공부해라!" 하고 명령하는 것은 부모의 입장에서 강제하려는 것이나, 오늘과 같이 부모의 힘이 통하지 않으면 그것은 공허한 명령이 되고, 이에 복종이 따르지 않으므로 상대를 움직일 수가 없다. 결국 물리적 힘을 가하면 어린이는 이것이 싫어서 그저 공부하는 척하게 된다는 것이다.

　학교 선생님의 화법은 바로 지도이다. 명령으로 가르치는 것은 예전 방식이요, 그것은 현대적 의미로 볼 때 교육이 아니다. 선생님의 화법이 명령과 같이 호령으로 일관되지는 않으나, 긴 시간에 걸쳐 학생을 이끌어 나가는 것이다. 여기에는 설명의 화법을 적용하여 상대에게 어떠한 사실을 이해시키는 것이 필요하다.

◇ 명령을 질문으로

　명령은 강제이지만 권력자가 지나치게 권력을 이용해 명령만 연발하면 정작 명령이 필요할 때 명령의 위력이 발휘되지 않는다. 되도록 평소에 설명→납득의 형태로 부하를 움직이도록 하고, 부득이한 때만 과감한 판단을 내려 단호하게 명령을 내려야 그 명령의 참된 위력이 발휘된다.

　미국의 심리학자 레어드는 '명령은 곧 질문'이라고 말하고 있다. 그 의미는 명령하는 대신 질문하라는 뜻이다. 명령이란 어떤 사태를 어떻게 처리하느냐에 대한 방법을 지시하는 것이다. 상사는 부하에

게 처리방법을 명령하기 전에 충분히 사태를 설명하고,
"이러한 경우 어떻게 처리하면 좋겠나?" 하고 질문한다. 부하가,
"이렇게 하면 좋겠죠" 하고 대답한다. 그것이 명령하려고 생각한 처리법과 일치하지 않을 때는
"그렇지, 그것도 좋은 생각이야. 그런데 좀더 좋은 생각이 없을까?" 하고 다시 두 번째 질문을 계속한다.

사람의 두뇌에 그렇게 큰 차이가 없다. 또 어떤 상황을 처리하는 방법도 그렇게 많은 것이 아니다. 결국 두세 번 질문하는 중에 자기가 명령하려는 것과 동일한 대답이 나오게 되는 것이다. 이때,
"그거 좋은 생각이야, 그렇게 좀 해주게나" 하고 나가면, 부하는 자기 아이디어가 채택되고 자기 계획에 의해 업무를 수행하는 것으로 생각하여 보다 분발해서 기분 좋게 업무에 임한다는 것이다.

◇ 대화 성립

이것이 바로 레어드의 '명령→질문'이라는 말하기 공식이다.

그러나 화법은 나와 너의 인간관계이므로 상호간의 신뢰감을 무시하고 다만 테크닉에만 의존, 테크닉을 응용하는 것으로 그치면 그것은 바람직하지 못한 상태다. 상사에게 어떤 성의가 보이지 않는다면 부하는 기계적인 움직임밖에 더 나타내 보이지 않을 것이다.

역시 자기가 명령하려고 생각하고 있는 것보다 부하가 더 훌륭한 아이디어를 갖고 있다면 그것을 채택해 준다는 부하에 대한 신뢰와 성의가 없으면 테크닉은 오히려 해가 될지 모른다.

모든 명령이 질문으로만 행해지는 것은 아니다. 그렇게 번거롭게 할 틈이 없는 화급한 경우가 있다. 그러나 평상시에 명령이라 해도 사정을 잘 설명하는 것으로 대치한다. 이렇게 되면 명령이 의뢰 화법에 가까워진다.

6. 비판할 때의 말

어느 것이 좋고 나쁘고, 어느 것이 옳고 그르고 한 것은 모두 사람의 주관에 따라 다를 수 있다. 꾸짖는 사람의 주관과 상식적 사회 통념으로 정당하다 하여도 꾸짖음을 받는 쪽은 그 반대가 옳다고 믿고 있을 때가 많다.

이때 꾸짖는 사람은 상대방의 생각이 틀린 것을 잘 설명하고 납득시키지 않으면 안 된다. 그러나 처음부터 크게 꾸짖으면 안 되고 좋은 점을 칭찬하면서 상대의 잘못을 가르쳐 주어야 한다.

◇ **자연스런 타이름**

가령, 여사원 한 사람이 짙은 화장을 했다고 하자. 그러나 회사 사풍이 검소한 것이라면 곤란하다. 또 시대풍조라 하여도 직업적 호스테스가 아닌 한 낮 시간의 직장에서 짙은 화장을 하고 있는 것은 건전한 직장 분위기에 어울리는 것이 아니라고 가정하자.

그러나 여사원 자신은 주관적으로 매우 아름다운 화장이고 그것이 정당하다고 믿고 있다. 그런데 소속 과장이 해당 여사원에게 짙은 화장을 삼가라고 말할 때 어떤 화법을 쓰면 좋을 것인가.

여성에게 화장법에 관한 불만을 말하기처럼 어려운 일이 없다.

"이것 봐, 그렇게 짙은 화장은 본사 사풍에 어울리지 않아. 눈 밑을 검게 칠하니, 실례지만 너구리 모양 같아."

하고 말하면 어떨까. 이때 여사원은 눈썹을 치켜뜨며 노할 것이다.

"과장님, 너무하세요. 개인 화장은 간섭받고 싶지 않습니다. 어떤 화장을 하든 개인의 자유니까요. 지나친 참견은 삼가주세요."

하고 차가운 반발을 보일 것이다.

이것으로 질책이 될 수 없을 것이다. 역시 여사원의 심리를 이해하고 그녀의 입장에 서서 함께 진지하게 생각해 주는 자세가 아니면 안 된다. 더욱이 어느 쪽이 아름답고 어느 쪽이 아름답지 않다는 것은 시대에 따라, 나라와 겨레에 따라 척도가 모두 다르기 때문이다.

십중팔구는 상대방의 강한 반발을 사고 질책과 교정의 기본 의도는 이루지 못하게 될 것이다. 역시 한층 효과적 화법을 연구하지 않으면 안 된다. 따라서 해당 여사원의 성격이나 기호 또는 화법의 어투를 미리 잘 살펴둬야 한다.

성격에 따라 먼저 든 예와 같이 솔직하게 직접 말하는 편이 좋을 경우가 있다. 혹은 조용히 아무도 없는 곳에서 타이르는 편이 좋을 수 있고, 여러 사람이 보는 앞에서 타이르는 것이 효과적일 때가 있다. 혹은 또 퇴근길에 가까운 커피숍에 함께 가서 주의를 주는 방법도 있다.

어느 방편이 좋을 것인지 부하 여직원의 성격과 자신의 성격에 비쳐 결정할 일이다.

"잠깐 과장실로 와줘요."

이쯤 되면 조금 지나치게 모가 난다. 동료의 다른 여직원들은,

"아무개가 과장님의 꾸중을 듣나 보다."

"무엇을 어떻게 꾸짖을까?"

"화장이 비교적 야하다고 말 들을지 모르지."

등으로 추측할지 모른다. 그렇다면 매우 유감스럽다. 여기까지 심사숙고 배려하는 것이 화자의 당연한 자세이다.

그러므로 회사 퇴근시간에 문제의 여직원과 동료여직원 등 모든 과원에게 과장이 자연스럽게,

"오래간만에 우리 과원끼리 밖에서 차나 한잔 할까?"

하고 넌지시 제의한다.

"미스 문, 오늘 머리는 매우 멋진데…"

"그래요? 어제 했어요. 고맙습니다."

"그렇군, 미스 김 블라우스는 새로 산 거지?"

"과장님은 여러모로 관찰하시는군요."

"그야, 과장은 과원의 여러 가지 사정에 대해 신경을 써야지. 그러나 오늘처럼 여러 미인들과 데이트할 수 있는 것도 과장 자리에 앉아 있는 덕분이겠지."

"과장님은 매사를 여러모로 폭넓게 아시는 것 같아요."

"아냐, 정말이야. 미스 리의 목걸이도 매우 예뻐 보여…그리고 눈 언저리 화장은 아이섀도우라든가?"

"네, 그래요."

"나는 유행에 둔해서 잘 모르지만, 그건 밤의 파티나 무대에 나설 때만 하는 화장인 줄 알았지, 딴 사람은 어떤가?"

"글쎄요…"

"과장이 남성 입장에서 말해 본다면 미스 리의 미모라면 오히려 연한 화장이 지금보다 훨씬 더 나을 것 같은데…모르지, 내가 뭘 아나."

이것으로 과장의 의도는 충분히 여직원 미스 리에게 전달된 것이다.

◇ 장점 칭찬 후

어디까지나 정면으로 그녀의 마음을 상하게 하지 않게 하고도, 이쪽 의사가 완곡하고 확실하게 표현된 것이다. 그녀가 이튿날 아이섀도우를 바르지 않았으면 정식으로 꾸짖지 않아도 효과적 질책이나 교정의 화법을 쓴 결과가 된다.

위에 든 예에서 알 수 있듯이, 질책을 하더라도 갑자기 꾸짖는 게 아니고, 먼저 어떠한 장점을 찾아 진실하게 칭찬하고, 이에 덧붙여 "이 점을 바르게 고치면 더욱 더 좋을 것"이란 식으로 상담하여 주는 것이 비판 화법의 정석이다. 사람의 결점을 고쳐주든가, 비평하는 일은 매우 어렵다.
　비평하는 화법에 대하여 미국 심리학자 레어드는,
　"현명하지 못한 사람만이 적나라하게 남을 노골적으로 비평한다. 현명하지 못한 사람만이 비평할 필요가 있는 사람에 대해 비평하기를 기피한다."
라고 말하고 남을 비평하는 화법의 요령으로서 다음 6개 항목을 제시하고 있다.
　1. 남이 없는 데서 당자만 조용히 비평한다.
　2. 마음에서 우러나온 미소와 함께 친절이 넘치는 태도로 비평한다.
　3. 처음에 먼저 칭찬해 주고, 상대방을 되도록 자극하지 않도록 주의한다.
　4. 상대가 흥미와 관심을 갖도록 접근한다. 상대가 거리낌없이 느끼게 혹은 마음 상하지 않게 접근한다.
　5. 건설적으로 비평한다. 방법이나 대안을 성실하게 제시한다. 결점을 주의 주는 것만으로 그쳐서는 안 된다. 비평할 줄 모르면 차라리 침묵하는 편이 낫다.
　6. 비평한 다음 다시 한 번 칭찬해 주고 등이라도 가벼이 몇 번 두드려 준다.
　비평한다는 것이 질책 및 교정과 조금 다르나, 질책이나 교정을 비평의 형식으로 말할 수 있다. 비평 역시 결점을 고쳐주는 확실한 한 가지 방법이기 때문이다.
　앞에 든 과장의 화법 역시 대체로 레어드 6개 원칙에 따르고 있다. 다만 남이 보는 앞이 아닌 데서 조용히 타이른다는 점과 전혀 반대로 일부러 여직원 동료들을 밖으로 불러낸다는 방법을 썼으나, 이 경우 성공한 예라고 보고 싶다.
　말하기는 누구에 대해서나 동일 방법으로 해야 한다는 것은 아니다. 상대방의 성격이나 주어진 장면의 분위기에 따라 여러모로 바꿔 나갈 수 있으므로 이 점이 바로 말하기의 두드러진 특징의 하나라 할 수 있다.

　성의와 친절이 넘치는 태도로써 처음에 먼저 칭찬해 주고, 상대방이 흥미를 느끼도록 접근, 효과적으로 교정의 목적을 달성한 화법이다. 꾸짖는 화법의 요체는 일반적으로 남이 보는 앞에서 꾸짖지 않는 편이 훨씬 좋다고 모두가 입을 모으고 있다. 남이 보는 앞에서 공공연히 꾸짖는 경우와 한 사람 당자만을 불러 조용히 말하는 경우와는 효과면에서 상당한 차이가 생긴다.

7. 충고할 때와 받을 때

　베르나르 타피는 40대의 프랑스 기업인으로서 50억 프랑을 갖고 44개 기업군을 거느리고 있으니, 그를 가리켜 '돈을 만드는 사람'이라 별명을 붙여준 프랑스인들이 하등 이상할 것이 없다.

　그는 도산 기업을 인수하여 흑자 기업으로 전환시키는 데 비상한 수완이 있다고 한다. 테스루트 회사를 단돈 1프랑으로 인수한 그가 당시 1천 5백만 프랑의 부채를 지니고 있던 적자회사를 얼마 가지 않아 흑자로 원상복귀해 놓았다. 그는 물론 도산기업이라 하여 아무 것이나 인수하는 것은 아니고, 두 가지 조건을 가지고 있어야 인수 대상에 넣었다.

　첫째, 이름이 널리 알려진 기업일 것이고, 둘째, 기술이 축적돼 있어 기술 잠재력이 있는 기업이어야 했다. 그러나 어떻든 적자를 흑자로 돌려놓은 일이 결코 쉬운 일이 아닌데도 그 일을 능소능대하게 잘 해냈다고 하면 일단 그를 능력있는 사업가로 평가하지 않을 수 없다.

◇ 설득력 있는 화법

프랑스의 경기가 자꾸 후퇴하면 미테랑 대통령이 취할 수 있는 최선의 방책은 프랑스를 타피에게 1프랑을 받고 팔아넘기는 일이라고 유머를 좋아하는 프랑스인들이 말했다.

1977년부터 계속 성장 추세를 보이고 있는 기업이 괄목한 발전을 거듭할 뿐 아니라 프랑스인에게 그의 이야기가 널리 회자되고 있음은 일단 세인의 관심을 끌기에 충분하다.

물론 그 나름대로 독특한 사업 수완을 발휘했으리라 짐작되나, 구체적 사업신장 내용은 차치하고라도 우선 그의 사람됨을 알아보면 정곡을 찌르는 재치있는 화법이 두드러지게 거론되고 있다. 다시 말하면 그의 설득력 있는 화법이 개인적으로 자신은 물론 기업군마저 크게 성장 발전시키고 있는 요소라 하겠다. 이 이야기는 '대화시대'를 사는 오늘의 우리에게 시사하는 바가 크다.

대인관계에서 대화만큼 중요한 것은 없다. 관계를 돈독히 맺어주는 것, 관계를 형편없이 단절하는 것이 모두 대화로 좌우된다. 이렇듯 대화가 중요한 의미를 갖는다. 대화가 우리들 대인관계에 큰 영향을 미친다고 할 때 결코 이 점 가볍게 넘겨버릴 성질의 것이 못된다.

◇ 양보와 관용, 이해와 인내

대화를 통해 협력하고 대화를 통해 이해의 공감대를 넓히고 대화를 통해 참된 친교를 도모해 나갈 수 있다. 그렇다면 대화방편만큼 우리의 팀웍을 위해 더없이 소중한 수단은 없을 것이다.

그런데 충고처럼 하기 어렵고 받기 어려운 대화내용이 없다. 자칫하면 상대방의 자존심을 상하기 쉽고 인격 훼손마저 야기하기 쉽다.

나아가 첨예한 감정 대립으로까지 번질 염려가 있다. 그럼에도 불구하고 충고의 이야기를 대수롭지 않게 말함으로써 이따금 대인관계에 이롭지 못한 결과를 자초하는 경우가 비일비재하다.

모름지기 대화는 너와 나의 원만한 관계 형성을 위한 다리 구실을 하는 것이라고 간주하면 대화를 통해 관계개선은 못할망정 관계를 악화시킬 것까지야 없지 않겠는가. 그러나 이따금 독단과 독선과 아집의 사람이 없지 않은 터라 대화의 길을 안이하게만 내다볼 수 없다.

대화하자 해놓고 자기 주장의 관철만 내세우면 대화는 성립되지 않는다. 양보와 관용, 이해와 인내 없이 피차 대화를 통해 의견의 일치를 구하기가 쉽지 않다. 하지만 대화는 단절보다 반복에서 성과를 기대해 볼 수 있다. 그런데 충고를 주고받는 대화에서 누가 기꺼이 받아들이고, 누가 또 감히 충고를 거리낌없이 할 수 있는가.

그리스 중앙부 코린트 만이 깊숙이 들어앉은 구석진 북편에 키르라는 항구가 있다. 거기서 북쪽 언덕을 오르면 높이 솟은 파르나수스 영봉 기슭에 아폴론의 신역으로서 이름 높은 델포이에 도착한다.

옛날 그리스 전국에서 이곳에 바치러 오는 헌납물이 끊일 사이 없었으며, 신전에 이르는 도로 양측에 여러 국가에서 헌납해 온 물품을 쌓아둔 창고가 즐비했다는 곳이다.

"너 자신을 알라."

파우사니아스의 <그리스 주유기>에 의하면 신전 입구에 일곱 현인으로 불리운 사람들의 인생에 대한 금언이 새겨져 있다. 그들은 기원전 7세기에서 6세기에 살던 사람들이다. 그들 금언 가운데 하나는 "너 자신을 알라"요, 다른 하나는 "무엇이고 도를 넘지 말라"이다.

고대 전기인 <탈레스>전에 의하면 "무엇이 가장 어려운 것인가?"하고 물어본즉,

"자신을 아는 것이 가장 어렵다"라고 탈레스는 말했다. 하늘의 무

수한 별을 바라보며 걷다가 그만 개울에 빠져버린 일화로 잘 알려진 철인이 바로 탈레스이다.

"가장 쉬운 것은?" 하고 재차 물었을 때,
"남에게 충고하는 것이다" 라고 대답했으며,
"가장 기쁜 일은?" 이 질문에,
"목적을 달했을 때"라고 명언을 남기고 있다.

우리가 남에게 충고할 때, 식은 죽 먹듯 하기 쉽고, 또 충고를 간단히 생각하기 쉬우나 받는 쪽을 한 번쯤 '감정이입'해 보면 충고처럼 어려운 것이 또 없다.

친구나 아는 사람, 일가 친척 등 가까운 사람이 어떤 잘못을 저질렀거나 혹은 잘못을 저지르려 할 경우, 잘못을 타일러 말리고 훈계하여 바른 길로 이끄는 것이든가, 또 불리한 쪽을 피하고 이로운 쪽을 택하게 할 때 충고가 필요해지는데 이때 충고만큼 어려운 것이 없다.

본래 인간은 누구나 자아의 관념이 크고 강하기 때문이다. 가령, 자기 자신의 결점이나 잘못을 잘 알고 있어도 일단 이 점을 다른 사람으로부터 지적받으면 결코 기분좋은 일이 아니므로, 이쪽에서 모처럼 보낸 친절의 충고가 반대로 원망으로 돌아올 때가 많다. 당연 감사해야 할 충고가 없지 않으나 이처럼 역으로 감정이 상할 때가 종종 있다.

충고는 상대방 과실이나 실책을 지적하는 것이지 몹시 힐난하는 것도 아니고 또 남에게 폭로하는 것도 아니다. 충고의 목적은 과실이나 실책을 또 다시 되풀이하지 않도록 상대를 깨우쳐 주고 잘 이끌어 타일러 주는 것이다. 그러나 자칫하면 질책하고 폭로하는 언동을 할 때가 있으니, 이런 때 흔히 상대방 감정을 해치든가 원망을 사게 된다.

때문에 상대방의 과실을 지적해 말하더라도 따뜻하게 감싸가며 상대를 편안하게 해주지 않으면 안 된다. 되도록 상대방 사고와 행위를 선의로 해석하고 자존심에 호소하도록 노력한다. 이것이 충고의 본보기이다.

8. 의견을 내세울 때

◇ 요점은 짧고 명확히

사회생활을 하고 있는 사람들은 의견을 말할 때가 많다. 회의가 자주 열린다.

"의견을 말씀해 보시오" 하고 자주 발언을 요청받는다.

휴식시간에는 잡담으로 정치에 관한 것이나 사회 사건이 화제에 오른다.

"이에 대하여 어떻게 생각하십니까?" 하고 질문을 받았을 때 의견이 없다면 사회적으로 생활하지 않고 있다는 결과가 된다. 즉 의견이 없다고 하면 자신이 사회적 존재임을 부정하는 셈이 된다. 이렇게 되면 곤란하므로 항상 주어진 화제를 말할 수 있는 평소의 준비가 필요하다. 의견 준비만으로 부족하고 의견 표명의 기술적 방법을 몸에 붙이고 있어야 할 것이다.

우선 의견을 말할 때 장황하게 끌면 안 된다. 왜냐하면 대개는 자기 의견만 마음에 쏠려 남의 의견에 크게 신경써 들어주지 않기 때문이다. 내용을 알맞게 취사선택해 짤막하게 말하지 않으면 회의 분위기가 이완되고 대화의 흥이 깨지며 자기 의견이 깊이있는 사고의 소산이 아님을 드러내 놓는 결과가 된다.

자세한 부분은 설명을 요구받은 때 구체적으로 말하면서 요점을 명확히 하고 단적으로 말할 일이다. 의견을 말할 때 정확한 표현이 무엇보다 중요하고, 정확지 못한 의견은 의견이 아니라 말해도 무방하다.

예일대학 슈르만 교수는 포드 자동차회사와 노동조합과의 사이에 야기된 분쟁에 대하여 의견을 말할 기회가 있었다.

기능공 한 사람이 채용된 지 7개월만에 작업 능률이 부진하다는 이유 때문에 회사에서 면직되었다. 조합측은 기능공의 작업이 부진한 사실은 인정했으나 그것을 알아내기까지 회사가 7개월이나 시간을 소모한 배경을 문제로 삼았다. 이에 대하여 슈르만 교수의 의견이 필요해진 것이다.

"회사 판단이 오래 걸리기는 했어도 그렇다고 하여 기능공에게 작업 능률이 부진하여도 좋다는 권리가 있다고 생각되지 않는다"고 하는 내용이 그의 의견이었다. 조합은 이에 복종하였다.

또 부품 부족으로 포드 회사는 5만 명의 기능공을 정직시키지 않으면 안 될 정황이 발생하였다. 이들 기능공의 대부분은 모두 유급휴가를 받게 돼 있기 때문에 회사는 정직의 처음 2주간은 휴가로 하기를 제의하였다. 이렇게 하면 원상으로 돌아가 작업을 다시 시작할 때 휴가갈 사람이 안 생기고, 또 실업보상금의 책정면에서 회사가 2백만 달러 이상의 예산절약이 가능해지는 것이다.

그러나 조합측은 이에 반대하고, 휴가를 희망하는 시기에 대하여 적절히 고려할 권리가 종업원에게 있음을 주장하였다. 그래서 또 슈르만 교수의 의견이 필요해졌다. 쌍방 의견을 잘 검토해 본 뒤 그는 다음과 같이 의견을 말했다.

"휴가는 조업과 조업 사이 휴식의 기간이지만, 정직은 조업과 조업 사이에 감내키 어려운 고통의 기간이다. 따라서 무기한 정직의 일부를 휴가로 간주할 수 없다."

의문의 여지 없는 이 명백한 의견에 회사측 역시 따르지 않을 수 없었다. 의견을 말할 때 이처럼 명확한 입장을 밝혀야 하나, 상대에게 그것을 너무 지나치게 강제하면 안 된다. 왜냐하면 의견 같은 것이 전혀 없는 사람이면 몰라도 어떤 의견이 분명히 서 있는 사람에게 이유 없이 무조건 거부하는 경우가 있기 때문이다. 특히 정도가 강한 의견이면 감정적으로 반감을 불러일으키기 쉽다.

◇ 의사 일치 부분

의견을 말한 이상 그것이 주위나 상대편에 의하여 받아들여지지 않으면 아무 소용 없으므로 반드시 상대가 마음의 문을 활짝 열고 들어주도록 하는 의사 표현방법의 연구가 절실히 필요해진다.

정면으로 상대와 맞서 논쟁할 각오가 서 있다면 몰라도 보통 상대가 자기 의견과 다를 때 대립되는 화제나 의견은 말하지 않는 편이 상책이다. 상대방 입장이나 성품을 미리 헤아린다면 의사가 일치되는 부분부터 이야기를 시작한다.

어느 부분에 대하여 자기 역시 의견이 동일함을 강조하고 다음에 틀린 부분을 말하면 상대 또한 감정적 입장을 피하고 대개 이쪽 이야기를 들어주게 되는 것이다.

교회 앞뜰에 전쟁 참화를 잊지 않기 위한 기념물을 설치하고 싶은 목사가 계획을 교회 집회 석상에서 제안하였다. 사람은 누구나 남의 의견에 반대하고 싶어한다는 점을 잘 아는 그가 자기 의견을 개진하는 데 이 점을 계산에 넣고,

"어떤 제안이 있는데, 이제 와서 이런 것을 한다면 의미가 없다고 생각하는데요…" 하고 이야기를 꺼냈다. 그랬더니 한 사람이 일어나 목사를 향하여,

"의미가 없다고 하는 점에 신경을 못 쓴 것은 우리의 잘못입니다."고 말했다. 목사는 양보하는 듯한 어조로 이렇게 물었다.

"그러면 교회 안에 작은 기념물이라도 설치할까요?"

"교회 안에다요?" 하고, 또 다른 사람이 이에 덧붙인다.

"교회 안에 만들어 놓으면 교구 사람의 반도 볼 수가 없죠. 교회 밖의 가장 잘 눈에 띄는 곳에 세워야죠."

"그렇다면 나도 좋습니다" 하고 목사가 반응을 보였다.
"그러면 목재가 좋겠죠?"
"목재면 금방 파손되어 기념이 될 수 없죠."
상대는 힘주어 주장하기를
"영구적인 것이 아니면 안 됩니다."
목사는 여러 사람의 표정을 살피며 말했다.
"물론 십자가는 아닐 테죠?" 하니 목사의 이번 의견 역시 깨끗이 묵살되었다.
"십자가 아니면 무얼로 하겠습니까? 희생과 평화를 상징하는 데 십자가만큼 적당한 것이 달리 있겠습니까?"
하고 말한다.
"알았습니다."
목사는 자기 의견을 포기한 것처럼 상대방 주장을 받아들인다. 그날 밤 그가 건축 설계사에게 보낸 편지에 다음과 같은 내용이 적혀 있었다.
"기념물에 대해 몇 차례 말한 대로 작업을 진행시켜 주시오."
정면으로 말하면 통하지 않는 의견도 상대방 의견인 것처럼 끌고 나가면 아주 쉽게 통하는 것이다.
"부장님은 대체로 이렇게 생각하시는 것으로 압니다만…"
하고 의향을 타진하여 그 의견에 자기 역시 반대하지 않는다는 식으로 이야기를 진전시키면 그것이 상식선인 한 반대에 봉착할 이유가 없다.

◇ 확신 없는 것처럼

위대한 상식인으로 통하는 벤자민 프랭클린도 젊은 시절에 결코 온전한 인간이란 평을 받지 못하였다. 정당한 것은 정당한 것이나 자기 의견을 말할 때 상대를 제압하는 듯한 불손한 태도를 보여 거만하다는 비난을 면치 못하였다.

　사회에 알려지기까지 이 정도의 일은 있을 수 있다. 그러나 사회에 알려진 인물로서 목적 있게 사회활동을 전개함에 그는 형편을 달리할 수밖에 없었다. 이 점에 주의가 쏠리자, 그는 지금껏 '확실히', '의심할 바 없이', '이렇게 해야 한다' 등 단정적 발언 대신,

"나는 이렇지 않은가 생각합니다."
"나는 아무래도 이렇다고 생각합니다."
"나는 이렇게 알고 있습니다."
"이런 이유로 그렇게 생각하지 않습니다."
"대체로 그렇지 않나 생각됩니다."
"이러면 어떻겠습니까?"

　이처럼 화법을 바꾸어 말하게 되었다. 효과는 즉각 나타났다. 이 일을 그는 〈자서전〉에 말하되,

　"겸손한 태도로 자기 의견을 말하므로 남에게 쉽게 받아들여지고, 반대에 직면하는 일이 드물게 되었다. 자기 의견이 틀린 경우라도 그렇게 창피하지 않았고, 자기가 정당한 경우 한층 쉽게 남을 설복, 자기 주장에 동의시킬 수 있었다."

　자기 존재를 명백히 드러내 보일 필요가 있을 때, 상대에게 자기를 강하게 인상지어 주기 위해 의견을 강하게 표현하는 것이 첫째 목적이라도 반드시 강한 화법이 사람 귀에 잘 들린다고 한정할 수 없다.

　영국 시인 포프는
"확실한 것은 확신이 없는 것처럼 말하라"고 했다.

9. 임기응변의 화법

성실은 처신에서 기본 자세이다. 말이라고 예외일 수 없으나, 그렇다고 하여 너무 노골적으로 말할 필요는 없다. 때와 경우에 따라 말하기에 재치와 임기응변의 솜씨가 뒤따라야 한다.

미국의 루이스 전 상원의원은 언변과 태도가 우아할 뿐 아니라 동시에 빈틈없는 사람이다. 이 사람이 선거운동 중에 어느 정도 이름이 알려진 지방 정치인을 만났다. 그러나 그 사람 이름을 루이스는 전혀 잊고 있었다.

'이름을 잊어서…'라고 말하면 상대를 무시한 결과가 되고 결례를 크게 범하는 소행이 된다. 난처한 처지에 놓인 루이스는 아무렇지 않은 듯이 이야기를 나눈 다음 임기응변으로,

"아무리 해도 이름이 생각나지 않아서…"라고 말했다. 상대는 약간 언짢은 듯한 얼굴 표정으로,

"존스라고 부릅니다. 잊고 있다니 매우 섭섭합니다"고 응대한다.

이 말을 다시 받아 루이스는

"아니, 아니, 성이 아니라, 성이 존스인 것은 잘 압니다. 제가 잊은 것은 존스씨의 이름입니다."

이렇게 말하면서 상대가 존스란 사실을 생각해 내고, 결국 성을 잊은 것이 아니라는 결과로 판명, 상대를 불유쾌하게 만드는 일을 피할 수 있었다. 이때 그 지방 정치인이 '빌'이라는 이름을 대줘도 당황할 필요 없이 주어진 장면에 잘 대처할 수 있는 임기응변의 재치가 기대되는 것이다.

"이름을 잊은 것이 아니고 내가 기억하지 못하는 것은 바로 성입니다"고 말하면 좋을 것이다.

이 정도의 재치가 발휘되지 않는다면 평소 대인관계에 큰 손실의 발생을 막을 길이 없다.

누구나 연애를 하면 상대방 여성을 실제보다 더 좋게 보려고 노력한다. 이에 관해 몰리에르의 희극에 다음과 같은 표현이 나온다.

"창백한 얼굴의 여인이면 마치 치자꽃 같다고 말하고, 소름이 오싹 끼칠 만큼 검숭한 여인이면 밀빛이어서 건강미가 있어 보인다고 말한다. 또 여윈 사람이면 우아한 모습으로 보고, 비대하면 자세가 무게 있는 것으로 본다. 아름답지 않은 여인은 자연미가 있다 하고, 보통 이상으로 큰 체격이면 마치 여신과 같다고 우러러보고, 몸이 작으면 신의 묘기를 축소시켜 보는 듯하다고 말한다. 거만한 인상의 여인은 여왕의 관이라도 씌워주고 싶다 하고, 꾀를 피우며 돌아오면 재색이 되고, 저능은 붙임성 있는 좋은 사람이고, 말이 많으면 두름성 있는 사람이 되며, 말 없는 내성적 타입은 순진한 여인이 된다."

사실 사랑에 빠진 연인이면 응당 그렇게 생각할 것이다. 매사는 말하기에 따라 크게 좌우된다. 같은 내용이라도 언어표현 하나가 상대를 기쁘게 하고 만족하게 하는 데 큰 구실을 한다. 그러나 무엇이든 느낀 그대로를 정직하게 말하면 본의 아니게 상대를 불쾌하게 하는 경우가 많다. 글씨가 서툰 사람에게,

"글씨가 좀 서투르군요"라고 말하면, 아무리 정직한 지적이라도 듣는 쪽은 감사해 하지 않는다. 비록 절친한 친구 사이라도 좋은 낯은 결코 짓지 않을 것이다. 그러므로 이 경우에,

"글씨에 어떤 독특한 취향을 가진 게 아닙니까?"라고 말하면 글씨가 서툴면서도,

"아녜요, 글씨가 잘 안돼서 그래요" 하고 즉각 웃는 낯을 지어 보일 것이다.

언제든 상대의 기분을 고려하면서 국어 표현에 주의를 기울여야 한다. 주의와 함께 재치와 임기응변이 가능하다면 대화는 더욱 보람을 만끽하게 될 것이다.

10. 아름다운 표현

표현 자체가 아름다운 어감을 주는 것이면 들어서 유쾌하다. 또 듣는 이의 기분을 존중해 주고, 부드러운 분위기를 유지하는 말하기도 들으면 유쾌하다.

◇ 아름다운 표현

아름다운 표현을 위해 미적이고 감화적 내포를 갖는 어휘를 택해야 한다. 개인에 따라 다르긴 하지만 사회적으로 대개 일정의 기준이 있다.

첫째, 대상 자체에서 오는 어감이다. 어휘로 표현되는 대상 자체에 미적 가치가 있다고 보이는 것은 모두가 좋아한다. 우리는 먼저 자연 풍물에서 미를 느낀다. 봄비, 눈, 낙엽 등 어휘가 미적인 것은 뭇사람의 애호를 받는다. 그러므로 이런 어휘가 주로 인기 있는 가요의 노래 속에 자주 오르내린다.

둘째, 어휘가 갖는 음절의 울림에서도 표현상 미적인 가치를 찾을 수 있다. 우리 국어에서 유성자음 ㄴ·ㅁ·ㅇ·ㄹ과 모든 모음이 이에 해당한다. 그대신 무성음은 미적 가치를 인정할 수 없다.

셋째, 사회관례에서 오는 어감이 있다. 어휘 자체는 소리나 뜻 모두 나쁜 어감을 갖는 원인이 없는데 그 말이 쓰임에 좋지 않은 평가가 내리는 때가 있다. 가령, 방언에서 보면 방언 자체는 미적 가치를 손상시키는 하등의 원인이 되지 않으나 보다 일반적으로 표준어가 세련되고 조정된 표현이란 관념이 형성된다. 때문에 극단적 방언은 세련되지 못한 느낌을 줄 수 있다.

어느 저명인사 한 분이 경기 출신인데 연설을 현하지변으로 이끌어 가다가 중간에 방언이 튀어나와 '그래설라무네…'가 이따금 들렸다. 어떻게 들으면 향토색 짙은 구수한 친근감을 못 느끼는 바 아니나, 한편으로 연설의 격이 이상하게 처지는 느낌이 드는 것을 감출 수 없다.

속어 역시 미적 가치를 찾기 힘들다. 문화 배경, 다시 말하면 교양 배경을 갖지 못하는 탓이다. 또 유행어도 품위의 관점에서 빈축을 사기 쉽다. 표현을 세련되게 하고, 품격을 유지하려면 대체로 사회 관습에 신경쓸 필요가 있다.

◇ 기분 좋은 표현

상대방의 기분을 해치지 않고 좌석의 분위기를 깨뜨리지 않으며 기분좋게 들려줄 수 있는 표현에 어떤 것이 있을까.

첫째, 상대방을 존경하는 표현이다. 상대방 이름을 틀리게 말한다든가, 상대방의 주소, 경력, 직업 등의 정보가 부정확하여, 요컨대 상대방에 따른 관심이 결여된 사실을 드러내 놓는 일은 피차 유쾌한 일이 못 된다. 그리고 덧붙일 것은 경어 쓰기를 잊으면 안 된다는 점이다. 대화에 경어가 빠지면, 특별한 사이가 아닌 때 상대방에게 불유쾌한 느낌을 주는 것이 보통이다.

둘째, 좋은 평가를 반영한 어구를 말한다. 사물에 대해 우리가 좋다 나쁘다는 평가를 내릴 때, 그것이 어구상으로 즉각 반영된다. 각기 평가에 상응하는 감화적 내포가 생기기 때문이다. 한편, 똑같은 사실을 표현해도 나쁘게, 또는 좋게 느껴지는 경우가 있다. 차이는 어구의 평가 반영성에 기초를 둔다. 상대방을 좋게 평가 반영한 어구는 상대방에 의해 좋게 받아들여지나, 반대로 나쁜 평가를 반영한 어구는 상대방 기분을 상하게 한다. 되도록 상대방 기분을 상하지 않게 말한다.

어느 길거리에서, 한 노신사가 횡단보도 아닌 데서 길을 건넜다. 이 사실을 목격한 교통순경이 노신사에게 다가가서 "선생님 같은 분께서…" 하고 주의를 주면 노신사의 기분이 나쁠 리 없다.

11. 대화의 의미

◇ 전화 에티켓

전화를 걸 때, 주로 어느 점에 주의를 기울여야 할 것인가. 전화 거는 법은 상식으로 아는 것이므로 다만 중요한 것만 추려 말하기로 한다.

공중전화에서 기다리고 있는 사람이 있는데 언제까지고 전화기에 매달리는 사람이 있다. 또 공중전화가 아닌 일반 전화에서 앞뒤 생각 없이 오래도록 전화를 거는 사람이 많다. 전화는 되도록 짧게, 요령 있게 걸어야 한다. 그리고 흔히 만나서 말할 때는 그렇지 않으나 전화에서는 갑자기 딱딱한 음성 상태로 바뀌는 수가 있다.

언제든 웃는 낯과 부드러운 마음가짐으로 전화를 걸어야 한다. 또 알았으면 "네"만이 아니라 "알겠습니다"를 덧붙여야 한다. 상대가 눈앞에 있다면 "네"만으로 통하지만, 전화는 아직 피차 얼굴이 보이지 않으므로 단지 "네"만으로는 잘 알겠다는 "네"인지 알 수 없다. 그러므로 알았으면 "네, 알겠습니다" 하고 분명히 의사를 말해야 한다.

전화 걸기에 앞서 용건을 정리하고 용건의 가짓수를 먼저 말한다. 좀처럼 용건이 나오지 않는 전화, '그래서', '그런데' 하고 끝에 가서야 용건이 나오는 전화는 모두 시대감각에 맞지 않는다.

"용건이 셋입니다. 하나는…" 하고 용건의 가짓수를 먼저 말하고 하나씩 말해 나간다.

무엇인가 써놓아야 할 것이 있다면,

"잠깐 기다려 주십시오" 하고, 종이와 볼펜을 갑자기 찾는 사람이 있다. 메모 용지와 볼펜은 항상 전화기 곁에 준비해 놔야 한다.

결코 타박의 말을 해서는 안 된다. 말만으로 의사를 전달하는 것이므로 대개 의사소통이 원활하지 못할 때가 있다. 친절하게 상대방의 이야기를 들어준다. 만약 상대방 이야기의 요점을 파악하기 곤란하면,

"그러니까 내일 사장님이 돌아오시면 잘 상의해 보겠다는 말씀이죠?"

하고, 상대가 "네" 또는 "아니오"로 대답할 수 있는 질문으로 되물으면, 이야기를 잘못하는 사람과의 전화 대화라도 상대방이 말하고자 하는 요점을 쉽게 파악할 수 있다.

"그쪽에서 말씀하는 내용을 조금도 모르겠는데요…"

하고 면박을 주면 전화에서 의외로 한층 강하게 반발한다. 따라서 반드시 겸손하고 친절한 자세를 첫째로 삼을 일이다.

전화로 상대를 불러놓고 기다리게 하는 것처럼 무례한 일이 없다. 가장 비위 상하는 일이다. 전화벨이 울려 전화기를 들었는데, 전화 건 사람은 사무직이나 비서로서 "잠깐 기다려 주십시오." 하고 조금 있다가 본인이 전화를 받는다.

이만큼 시간 손실되고, 불쾌한 정황이 또 있을까. 전화가 통화되기 바로 직전에 본인이 수화기를 받아 상대방 나올 때를 미리 기다려야 할 일이다.

또 이건 어떤가?

"감사합니다. 무슨 회사 어떤 부입니다."

"부장님 좀 바꿔 주십시오."

"어디십니까?"

"어디입니다."

"누구십니까?"

"아무개입니다."

"안 계십니다."

◇ 자존심

과실이 있을 경우는 별도라 하여도 성격상 그 일에 맞지 않든가, 능력으로 보아 적재가 아닌 사람을 해직하는 경우,
"자네는 필요 없으니 그만두게"와 같이 말하면 사람을 물건 다루듯 하는 인상을 주고, 뿐만 아니라 그 사람을 경멸하는 셈이 된다. 어느 회사의 영업부장은 회사의 영업방침을 지나치게 어긴 사원에게 다음과 같이 해직 사실을 말하였다.
"자네의 재능이 충분히 발휘될 수 있는 다른 활동무대를 찾아보도록 하게. 자네 같은 사람이 이 회사에 있기가 아깝네."
하고 말하면 당사자는 혐오감 없이 새로운 세계를 찾게 된다. 어깨라도 두드리며,
"자네는 이런 데 있을 사람이 아니야"라고 부드럽게 말하면, 상대방 마음을 덜 상하게 한다.

◇ 에필로그

대화는 인격의 만남이요, 인격의 교류이다. 대화시대에 사는 우리가 자칫 대화에 소홀하면 그만큼 불이익을 자초하게 된다. 나의 인격 도야에 힘쓰고, 남의 인격 존중에 세심한 배려를 아끼지 말아야 한다.
맡겨진 임무와 과업이 대화를 통하여 이루어지고, 하루의 삶이 대화로 시작, 대화로 끝난다.
회사의 팀웍은 대화로 다져지고 회사의 발전은 대화를 통하여 이룩된다. 대화로 피차의 오해가 풀리고, 대화로 마음의 벽이 헐리며 대화로 보다 나은 의견 창출이 이루어진다. 대화의 장면은 사내 또

는 국내로 한정될 것이 아니라, 오대양 육대주로 뻗어나가야 한다.

12. 전화 응대 요령

　낯선 사람과의 대화에서 원만한 의사소통을 하기가 그리 쉬운 일이 아니다. 그러나 이때 다음과 같은 점을 고려, 상대방 처지가 되어 대화를 시작하면 조금은 두 사람 사이가 더 좁혀질 것이다.
　첫째, 이쪽에서 말하는 성의만큼 상대방 역시 성의를 갖고 말하고 있다는 사실을 잊지 않는다. 기쁜 마음으로 메시지를 전달할 때 상대방 역시 이에 화를 낼 수 없는 것이다.
　둘째, 모든 사람은 각기 마음 한 구석에 개인주의적 경향을 띠고 있다. 항상 자신에게 이익 되는 방향으로 모든 메시지를 해석하는 것이 인간의 속성임을 이해하면 피차 오해하는 일이 줄어들 것이다.
　셋째, 전화기는 양쪽 기분을 그대로 상대방에 전달한다는 사실을 잊지 말아야 한다. 자신도 모르는 사이, 본인이 느끼는 권태감이 그대로 상대방에게 전해진다. 일상화법에서 슬플 때 우리는 괴로운 표정으로 고개를 숙인다.
　이처럼 직접 면담시는 얼굴 표정과 몸 동작이 상대방에게 인정을 느끼게 하고 마음의 교류를 꾀하게 하지만 전화로는 이것이 불가능하다. 이런 이유로 음성표현은 화법에서 매우 중요한 의미를 갖는다.
　따라서 주어진 역을 음성표현으로 창출하는 성우의 화법을 전화 장면에 응용해 볼 필요가 있다. 그리고 전화화법에서 요령부득의 지루한 이야기, 불명료한 조음이나 발음, 알아듣기 어려운 말, 일반화되지 않은 한자숙어, 외래어, 외국어는 의사 소통상 의미혼란만 가중시킨다.
　그러므로 간명하면서 알기 쉽게 이야기 요점을 말하도록 유념해야 한다. 특히 숫자와 고유명사를 말할 때 세심한 주의가 필요하다. 나아가 마음에서 마음으로 이어지는 인간교류의 바탕이 되는 대화의 에티켓은 늘 마음에 새겨놓고 있어야 할 것이다.

◇ 전화 걸기와 받기

1. 걸 때

상대방 번호를 잘 찾고 확인한다.
말할 내용을 미리 머릿속에 정리한다.
상대를 확인한다.
자기 처소와 이름을 댄다.
용건을 말한다.
지위 높은 인사에게 거는 전화는 비서를 통한다.

2. 받을 때

처소와 이름을 댄다.
상대를 확인한다.
찾는 사람에게 알린다.
용건을 듣는다.
메모를 잊지 않는다.
송화 중 옆사람과 말할 땐 송화기를 한쪽 손으로 가린다.
반성을 일상화한다.

◇ 호감 사는 화법

말할 때 듣는 입장에서 말하고, 들을 때 말하는 입장에서 듣는다.
상대의 호의를 파악, 호감을 사는 대화로 잇는다.

상대방의 자존심을 중시한다.
독선 또는 단정적 화법을 피한다.
적극적인 열의를 보인다.
생기 있는 말로 응대한다.
상대방 이야기를 성의있게 경청한다.
저쪽이 흥분해도 이쪽은 흥분하지 않는다.
기쁜 마음으로 응대한다(특별한 경우를 빼고).
소근대거나 소리치는 것은 모두 금물이다.

13. 좌담회 사회

서너 사람으로 시작하는 좌담이라도 좌담의 주도권을 잡는 사람이 반드시 있어야 한다. 좌담이므로 이야기 갈래가 둘로 나뉘면 흥미가 깨지니 좌담의 중심인 사회가 필요해진다. 사회가 없으면 좌담이 중단되기 쉽고, 이야기 진전이 일정 방향으로 나가지 않게 된다.

그러므로 좌담에 사회자가 있기 마련이다. 3, 4명에서 5, 6명 정도의 모임이면 사회자 없이 줄기를 갖춘 좌담을 진행할 수 없다. 좌담회는 우선 출석자의 인선에 주의하지 않으면 안 된다. 특히 참석예정자 중에 남에게 악의를 품고 있는 사람이 있을지 모르므로 신중히 배려한다. 어떤 저의를 가진 이가 출석하면 주의를 살펴볼 겨를 없이 혼자 이야기를 독점하기 쉽고, 남의 이야기마저 가로채고, 거침없이 떠들어댈 염려가 있다.

그러므로 좌담 사회자는 다음과 같은 마음가짐이 필요하다.
1. 출석자 인선. 미리 참석자를 인선할 때 반드시 사회자 또한 이 작업에 참여할 필요가 있다.
2. 성격이나 주장이 극단적인 사람의 초대를 피한다. 좌담회는 토

론회가 아니므로 이런 사람이 모일 때 좌담회가 깨질 우려가 있으니 가능한 한 사전에 피하는 것이 바람직하다.
3. 결론이 필요한지 여부를 파악한다. 좌담회는 어떤 목적을 갖는 대화의 장이므로 처음에 따로 결론을 마련할 필요가 없는 경우가 있고, 또 결론이 아무리 심사숙고해도 나올 것 같지 않은 문제가 중심화제가 되는 경우가 있다. 이때 별문제가 아니나 어떤 결론을 꼭 내야 하는 좌담이면 사회자는 정해진 방향으로 좌담을 이끌어 나가야 한다.
4. 시간의 적절한 배분. 좌담은 보통 한두 시간이 소요된다. 그리고 약 15명이 참석한 경우 1사람당 발언이 2분이 걸린다면 그것만으로 30분이 걸리므로 미리 시간 배분을 잘해 놓지 않으면 나중에 유익한 좌담이란 평을 듣기 힘들다.
5. 여담이라 전제하면서 이야기가 궤도를 벗어나 직접 본론과 무관한 내용의 화제를 장황하게 늘어놓는 사람이 있는데 이 때문에 좌담의 본줄기가 엉뚱한 곳으로 비화, 탈선하는 일이 종종 있다. 이때 사회자는 상대방에게 주의를 환기, 그의 발언을 중단시키고 화제를 다시 본궤도에 올려놓는 작업을 서둘러야 한다.
6. 참석자 모두에게 발언 기회를 준다. 참석자는 누구나 모두 발언할 수 있어야 한다. 물론 사람에 따라 약 30초 발언으로 그치는가 하면 5분 이상 발언하는 경우가 있을 것이다. 사회자는 참석자 수에 가장 알맞는 평균 발언시간을 미리 정해 놓을 필요가 있는데 여기서 가장 곤란한 것은 아무리 영향을 주는 작용을 해도 끄떡 않는 과묵자가 있다는 사실이다. 잘 떠드는 사람 이야기에 제동을 걸기보다 더 어려운 것은 과묵형에게 말문을 열게 하는 일이다. 이때 사회 솜씨가 나타나기 마련이다.
7. 예정시간 3분의 2가 경과하면, 되도록 주제 범위를 좁히고 마침내 결론을 내리는 방향으로 좌담을 이끌어 나가야 한다.

이상, 사회자의 마음가짐으로 7개 항목을 설명했으나 여기서 알 수 있듯이 사회는 매우 힘들고 어려운 일이다.

사회는 교향악단의 지휘자처럼 모두의 발언이 결론을 추출해 내는 데 기여할 수 있게 조화롭게 이끌고 마음의 꽃다발을 전체 참석자가 받을 수 있도록 각별히 신경을 쓴다.

14. 회의를 줄이자

조직이 분업화되고 분야가 세분화된 현대의 기업과 직장에서 주어진 과업을 통합 조정하기 위한 회의가 필요하다. 중지(衆智)를 결집하고 다수인의 아이디어를 경영 관리의 시책 속에 함께 포함시킬 필요가 있다. 회합과 회의는 인간관계를 보다 향상시키는 데 매우 필요한 것이다. 회합으로 사람들의 연대 책임감이 높아지고 팀웍을 강화하게 되며 개인이 갖는 자기 주장의 관철 욕구, 인정받고 싶고 참여하고 싶은 욕구를 충족할 수 있다.

경영자와 관리자가 오늘날 고려해야 할 첫째 과업은 어떻게 하면 생산성을 향상시킬 것인가의 문제와 함께 어떻게 하면 기업내 대화와 인간관계를 잘할 수 있는가이다. 회의와 회합은 바로 인화(人和)를 이루는 가장 좋은 방법이다. '백지장도 맞들면 낫다'고 몇이 모여 회합을 하면 혼자 미치지 못한 지혜가 새롭게 싹트게 된다.

집단사고는 결국 개인사고를 훨씬 능가할 뿐 아니라 크게 효과적이다. 그러나 최근 시끄럽게 논의되는 창조성이란 점에서 보면 집단 압력이 역으로 마이너스 기능을 한다는 주장이 있다. 요컨대 집단은 본질상 멤버의 이탈을 방지하고 상호간 협조를 강조한다. 이 점에서 도리어 독창적인 창조성의 길이 막히기 쉽다.

이렇게 보면 집단의 힘은 개인적 사고를 막고 다른 한편 독창성의 길을 막는다는 모순에 빠진다. 이 모순을 어떻게 해석해야 하나. 여기서 문제되는 점이 집단의 성격이다. 집단은 일정한 규범성을 갖는다. 이 규범이 창조적 활동으로 향하게 되면 개인적 사고는 한결같이 독자성이나 다양성을 살리는 쪽으로 영향을 미치고 창조적 사고활동이 활발하게 진전된다.

집단사고는 가장 훌륭한 구성원의 개인사고를 크게 웃돈다. 집단사고는 잘못된 개인의 일방적 사고의 오류를 미리 방지할 수 있다. 집단사고는 사고 활동의 다양성을 증대하고 다양성의 창조에 공헌한다. 다수의견이든 소수의견이든 그 나름의 가치를 갖는 것이다.

그러므로 집단활동을 통해 이를 조용히 인지하는 것이 창조에 공헌한다. 구성원의 사회적 공감성이 높아지고 구성원 상호의 커뮤니케이션이 완벽한 집단사고는 창조에 공헌한다. 반대 의견이나 반대 제안이 자주 거론되는 집단사고는 창조에 공헌한다. 상호 자발적이고 자유스런 집단사고 활동에 참여하는 일이 개인의 창조성을 높인다.

집단 사고가 개인 사고의 한계를 넘어 참된 실리를 얻기 위해 집단 분위기가 좋아야 하고, 집단내 구성원 상호간에 좋은 인간관계가 성립되어야 한다. 훌륭한 집단은 구성원 각자의 개성을 최대한 발휘시키고 나아가 상호보완한다.

그러나 잠깐 반성해 본다. 일주일에 몇 시간이나 회의에 소모하는가, 가령 어느 회사에서 주당 3회 정도 회의가 있고 10명이 참석, 매회 2시간씩 소모한다면 일주일에 연 60시간이 된다. 또 회의에 드는 비용, 인건비, 출장여비까지 계산하면 놀라운 숫자가 된다.

그러므로 회의가 어떤 경우에 필요한가, 회의 진행은 어떻게 하면 좋은가를 좀더 자세히 살펴볼 필요가 있다. 회의 횟수를 줄여, 자를 것은 자르고 필요한 것은 최소한도로 조정하되 그대신 필요한 회의는 농도를 보다 짙게 하는 것이 기업의 경영자와 관리자가 풀어야 할 앞으로의 과제가 될 것이다.

15. 회의 분위기

　대화의 분위기가 긴장으로 고조돼 있다면 대화는 형식에 흐를 염려가 있다. 대화는 피차 허심탄회한 가운데 전개돼야 비로소 실질을 도모할 수 있다. 그럼에도 불구하고 직장, 조직, 단체 등 간부회의의 분위기가 긴장의 연속이라면 문제가 남는다. 더욱이 회의 참석자가 죄를 짓지 않은 죄인 같은 심정을 갖는다면 회의의 대화 분위기는 수준 이하에 머물 수밖에 없다. 각급 조직의 회의 분위기는 한 번쯤 진지한 반성을 거쳐 쇄신할 필요가 있지 않은가.
　회의는 생산적인 것이어야 하고 능률적인 것이어야 하며, 참석자 전원에게 어떤 형태로든 유익하고 유쾌하며 진지한 토의 토론의 장이 돼야 한다. 한층 명랑한 분위기에 화기마저 감돈다면 금상첨화라 하겠다. 참석자라면 누구나 자유분방하게 자기의 뜻과 느낌 또는 의견을 여러 사람 앞에 자유자재로 개진할 수 있어야 한다. 그렇긴 하나 공동사회를 사는 조직의 일원으로 에티켓의 기초는 꼭 염두에 둬야 할 것이다.
　상호 인격이 존중되고 피차 자존심 상하는 언사는 가급적 피해야 할 것이나, 조직의 앞날을 위한 이슈를 토론하는 장면에서 때로 신랄한 이론적 공방이 있을 수 있을 것이다. 새로 알게 된 사실을 토대로 자기 주장에 수정을 가할 수 있고 잘못이 드러나면 자기 주장을 철회하는 멋이 이따금 회의장면에서 연출돼야 할 것이다. 고집불통보다 융통성 있는 양보, 부정적 의견제시보다 긍정적 의견제시, 반대를 위한 반대보다 논리정연한 이견, 찬성을 위한 찬성보다 냉철한 문제분석, 자신을 지나치게 과신하기보다 남의 의견을 다시 한번 진지하게 경청하는 포용력, 흥분된 감정으로 일주하기보다 억제와 자제로 감정을 제어한다면 그만큼 전체 회의 분위기에 화기를 불어넣고 화합과 전진을 꾀할 수 있지 않을까.

공동사회에서는 이해보다 오해가, 이성보다 감성이, 신념보다 의혹이, 선의보다 악의가 더 앞서가기 마련이다. 나와 남이 만나 우리를 이루니 우리는 언제든 선의에 기반을 두고 허심탄회한 분위기에서 대화를 통해 모든 문제를 합리적으로 해결 처리해 나가야 할 것이다.

대화는 결과적으로 의사 일치이든 의사 불일치이든 공감을 얻기 위한 생활수단이요, 이 의견 저 의견을 토대로 새로운 의견을 창출하는 과정이다. 이 같은 대화를 합목적으로 이끌기 위해 우선 우리는 대화 분위기 조성부터 세심한 배려를 아끼지 말아야 한다. 긴장을 풀어주는 일, 상대방에게 우월감을 주는 일, 공통분모를 찾아 공통 기반을 다지는 일, 격의 없는 분위기가 감돌게 하는 일, 각 구성원에게 유머와 위트가 깔리고, 서로를 너그럽게 감싸는 일 등이 대화 분위기를 고조시키지 않을까.

16. 회의와 집회

회의 또는 회합을 소집하는 사람이 모임 성과에 따른 제1차적 책임을 진다. 사회자는 먼저 다음 사항의 실천 여부를 그때마다 확인한다.

◇ 확인사항

1. 회의 목적 결정
2. 의사 일정, 협의사항 결정
3. 참석자에의 통고(일시, 장소 등)
4. 비품 준비와 장비 설치

5. 화이트 보드, 도표, 보조자료 준비
6. 좌석배정과 참석자의 명패, 명찰 준비
7. 회의, 토의 토론, 프로그램 사회

　회의, 집회의 목적과 의사 일정은 모임 시작 훨씬 전에 결정을 봐야 한다. 목적은 회의 소집 이유이고 달성해야 할 소기의 성과이다. 의사 일정은 진행사항, 의사, 프로그램, 연사의 발언 순서이다. 물론 의사 일정은 회의 목적 달성을 위해 짜여진 계획이다.
　여기서 마땅히 고려해야 할 주요 사항이 회의에 소요되는 시간, 연사 섭외 유무, 슬라이드·영화 상영 여부, 정찬 유무, 그밖에 특수 행사 유무이다. 짧은 시간이 소요되는 회의 또는 회합에서 장시간 토의를 요하는 의사 일정을 계획함은 무리다. 예견되는 모든 상황을 염두에 두고 치밀하고 구체적인 세부계획을 미리 짜놔야 한다.
　보통의 경영자 회의는 상호 정보를 교환하고 정책 결정이나 문제 해결안을 토의하기 위해 회의 탁자에 모여 진행하는 한 시간 남짓 걸리는 회합이다. 이때, 회의 리더는 토의 목적과 토의 진행 순서를 명백히 밝혀 참석자 전원이 분명히 이해하게 한다. 준비는 먼저 회의가 열리는 회의장소이고 회의에 필요한 비품과 보조 용구 등이다. 회의장 선택시 고려사항은 참석자 규모에 따른 회의 탁자, 의자, 조명 장치, 방음 관계 등이다.
　회의 사회자로서는 경험이 풍부하고 경륜이 있는 사람이면 상기 모든 사항을 사전에 철저히 점검할 것이다. 회의 진행 과정에서 예기치 못한 장애에 봉착하는 것은 모두 상기 점검사항이 보다 철저하지 못한 데 원인이 있다.
　그리고 다수 인사가 참석하는 모임이면 모든 참석자 앞에 누구나 볼 수 있는 명패가 놓여야 한다. 참석자가 모두 20명 남짓한 회의이면, 회의 탁자를 중심으로 둘러앉는 것이 가장 좋은 좌석 배정이다. 탁자가 원형이면, 사회자 역시 평범한 참석자로 보이므로 격식만 좇는 딱딱한 분위기가 훨씬 감소된다. 큰 규모의 회의이면 장방형 탁자가 준비되고, 보다 큰 규모이면 회의 탁자를 T자형으로 배열, 한쪽 끝에 사회자가 앉도록 준비한다.

회의 줄거리는 의제를 소개하고, 회의를 진행하기 위한 사회자의 지침과 비슷한 것이다. 일련의 소규모 집회, 회의를 포함하는 모든 모임의 사회 지침은 회의의 목적, 시간, 장소, 참석자, 진행 순서 등이 명시된 의사 일정이다.

정책 결정이나 문제 해결책을 결정하는 비교적 소규모 경영자 회의는 토의 순서에 따라 모임을 진행해 나가므로 줄거리는 다음 형식을 취하는 것이 보편적이다.

◇ 회의 줄거리

1. 리더가 회의 목적을 설명
2. 필요시, 참석자 소개
3. 조건 정황 또는 문제에 참석자의 주의를 환기하기 위해 사회자가 하는 간결한 예비 설명
4. 당면 문제와 문제의 범위 한정, 원인 및 결과에 대한 토론
5. 가능한 해결책 또는 결정해야 할 정책 토의
6. 최선의 해결책 책정
7. 정책 결정을 실천하기 위한 구체적 계획
8. 리더의 회의 요약, 다음번 회의 일시와 장소 그리고 폐회 인사

사회자는 회의를 사회할 때, 회의 줄거리를 항상 염두에 두고 있어야 한다. 이 줄거리 가운데 참석자에게 던지는 중요한 전체 질문 내용이 포함돼야 하고, 질문은 언제쯤 하나를 미리 결정해 둔다. 이 줄거리는 도표, 발표물 등 특정 자료를 어느 때 이용할 것인가를 미리 결정 표시해 놓는다. 언제든 리더는 회의 내용을 기록으로 남겨야 한다.

가장 좋은 회의 형식은 테이블 한쪽에 사회자가 자리잡고 있는 것이다. 가장 전형적 회의는 같은 회사 동료들이 운영 방침을 에워싼 토의 토론이나 문제 해결을 위해 모이는 회의이다. 거기서 그들이 다루는 의제가 생산이든, 영업이든, 연수이든 또 앞으로 취할 행동의 결정에 대해서든 상관 없이 주어진 당면문제를 해결한다는 것이 대체적인 회의 목적이다.

　이 회의에 참가하는 일반 참석자들은 특별한 준비를 하지 않는다. 다만 출석자의 배경과 평소 생각이 발언의 계기를 이루는 것이 통례일 뿐이다. 그러나 회의 목적과 토의할 문제를 미리 알고 있다면 더없이 바람직하다.

　어느 정도 회의준비에 대해 미리 차비를 차리고 나가는 것이 의사관례이기도 하다. 그리고 논의가 예상되는 분야의 자료 등을 휴대하게 된다.

　모든 회의 진행에 적용되는 양식은 규칙에 따른다. 사회자는 문제 및 정황의 중요성과 정도 그리고 원인 등을 검토하면서 참석자의 문제 해결, 사고 방향, 토의 범위 등을 리드하는 것이 보통이다. 나아가 가능한 해결책과 그 장단점, 가장 좋은 해결책, 실행의 가능성 및 효용성을 효과적으로 추출하는 방법과 앞으로 취할 행동 또는 정책방향을 사회자가 리드하게 된다.

　한편, 일반 참석자는 어디까지나 뜻있는 기여와 공헌을 위해, 적극 자기 역량껏 회의에 참여한다. 참석자가 회의석상에서 하는 담화의 기본 규칙을 알고 준비가 충실하면, 한층 효과적으로 활약할 수 있다.

　오늘날 경영층 및 감독자 측은 그의 부하 직원 및 동료들과 함께 회의 또는 집회로 자주 모인다. 특히 기업의 최고 경영층은 하루에 한 번 이상 회의를 주재하고 여러 모임에 자주 참석한다. 이런 종류의 집회만 있는 게 아니다. 각종 동호인 그룹의 모임 또는 공식 집회에서 의제와 연사를 미리 선정, 토론회를 주최하는 일이 있다. 혹은 클럽이나 단체 모임에서 의장을 선출하는 정황이 있다. 이렇듯 주어진 여러 정황에서, 어느 경우나 동일하게 사회자가 있기 마련이고, 또 사회자 역할과 임무는 매우 중요하다.

누구나 사회 능력과 역량을 갖고 있어야 한다. 사회의 책임과 임무를 효과적으로 수행하기 위해 회의 또는 집회의 유형에 따라, 진행 준비와 계획을 짜며 동시에 지도자의 자격과 지도자의 임무 수행 방법을 연구하게 된다.

우수한 회의 사회자란 효과적 화자, 훌륭한 조직자 및 여러 사람이 좋아하는 개성, 이 세 가지 특징을 한 몸에 지닌 사람을 가리킨다. 그는 사회의 특징과 사회 방법을 발전시키고 계획과 준비를 완료한 다음 회의에 들어간다. 사회의 특징은 효과적 화법의 특성과 밀접한 관련을 갖고 있지만 다음 사항은 가장 중요하다.

◇ 사회자의 특징

1. 여러 사람이 좋아하는 개성
2. 열의
3. 다른 사람에 대한 심리적 배려
4. 임기응변의 요령과 융통성
5. 유머의 감각
6. 명백한 사고
7. 솔직성
8. 거리낌없이 받아들이는 태도
9. 다변과 침묵을 잘 조정한다
10. 요점 이행을 명확히 구분한다
11. 요약한다

줄거리를 직접 짜면 토의를 사회하는 문제는 한층 쉬워진다. 그러나 한 가지 요점에 너무 많은 시간을 쓰지 않는다. 중요 포인트는 같은 길이의 토의 시간을 할당한다. 참석자 전원이 발언할 수 있게 발언 기회를 균등히 제공한다. 그리고 특정의 소수인에게 발언 기회가 편중되지 않게 특별히 주의한다.

  토의 진행중에 요점 이행을 명확히 구분하고 이따금 토의 내용을 요약하는 일이 중요하다. 질문 내용을 사고와 토의를 자극하기 위해 미리 마련해 두지 않으면 안 된다. 토의에 따른 사회자의 조정 역할은 매우 중요하다.

조건부 긍정

1. 조건부 긍정

　상사에 대한 부하의 처신 유형은 대체로 네 가지 타입으로 나눌 수 있다. 매사 긍정형, 매사 부정형, 조건부 긍정형, 조건부 부정형이 그것이다.
　상사의 처지에서 볼 때 어느 유형이 가장 마음에 들까.
　개연성에 입각하면 아무래도 조건부 긍정형일 것이다. 가장 마음에 안 드는 형이 매사 부정형일테고…
　벤자민 프랭클린이 극단을 피하는 것이 중용이라 일렀듯 조건부 긍정형이 어느 유형보다 빼어나다고 본다.
　조선조 초기 전설적 설화에 이태조와 무학선사의 대화 한 토막이 있다.

　태조는 선사에게 임금과 신하의 관계를 떠나 허심탄회하게 흉금을 터놓고 서로 농담을 나누자고 제의한다.
　"무학은 외모가 꼭 돼지 같구료."
　선사는 이 말을 듣고 얼굴에 잔잔한 웃음을 머금은 채 말을 받는다.
　"임금님은 부처님 같은 인상이십니다."
　태조가 기이하게 여겨 되묻는다.
　"우리는 지금 농담을 하기로 한 것인즉, 어찌해 무학은 나를 부처님 같다고 하는가?"
　"돼지 같은 마음을 가진 사람은 모든 것을 돼지같이 보고, 부처님 같은 마음을 가진 사람은 모든 것을 부처님같이 봅니다."
　매사를 부정적으로 보는 사람은 그가 부정형의 인간이기 때문이다. 삐딱한 사람은 모든 사물을 삐딱하게 본다.
　반대로 매사 긍정적으로 보는 사람은 긍정형의 사람이다. 밝은 사람은 모든 사물을 밝게 본다. 이 경우 그의 앞길이 밝게 열릴 것은 명약관화하다.

　인간사 모두가 어둡기만 하지는 않은 것처럼 모든 일이 밝기만 하지도 않다. 항상 밝고 어두운 양면이 빛과 그림자처럼 따라다닌다. 다만 이 같은 형상을 어떻게 보고, 어떻게 받아들이느냐가 중요하다.

　낙관도 비관도 바람직한 관점이 못 되는 경우가 생활주변에 허다히 깔려 있다. 그러나 가능한 한 낙관하고, 가능한 한 긍정하고, 가능한 한 적극성을 띠어 주어진 업무를 추진해 나갈 때 능률적인 성과를 기대할 수 있는 것이다.

　부정형에서 적극성이나 능동적 자세를 발견할 수 없고, 부정적 사고에서 당면문제에 따른 명쾌한 해결책이 나올 수 없다.

　그렇다 하여 긍정 일변도로 사리를 추구할 때 편견에 빠지기 쉽고, 궁색한 사고의 범위를 벗어날 수 없음을 잊어선 안 된다.

　도산 선생은 그의 긍정적 주장을 더욱 반석같이 굳히기 위해 일부러 반대와 부정의 입장을 취해 본 연후에 긍정적 사고와 자세를 확정하여 알차게 소정의 계획을 추진했다.

　부정적 인간형에서 찾아지는 공통적 특징은 부분으로 전체를 속단해 버리는 점과, 헐뜯고 매도하여 결점 중심으로 상사를 신랄히 비판하는 점이다. 특히 사석에서 뒷공론의 주역이 된다. 사리판단이 무디고 인간 덕목이 크게 결여되어 있다. 끈기와 인내, 그리고 부단한 노력 같은 것을 찾기 힘든 것이 이들이 갖는 또다른 특성이다.

　그러나 긍정적 인간형은 때로 우직하리만치 끈기와 인내로 역경을 극복해낸다. 긍정형의 사람은 비관보다 낙관을, 가능성을 믿는 신념에 찬 인물일 경우가 많다. 지식보다 지혜를, 재기보다 덕목을, 나보다 우리를, 현재보다 미래를 더 아끼고 소중히 여기며 대인관계를 이루어 간다.

　현대를 사는 우리는 모름지기 긍정적인 자세를 갖추고 매사를 긍정적으로 수용하여 밝은 장래를 추구해 나가야 한다.

2. 세일에 전 인격을

"우리는 모두가 생애를 통해 매일같이 세일즈맨 노릇을 한다. 아이디어, 계획, 열의 같은 것을 접촉하는 사람에게 항시 판매하고 있는 것이다."

이 명언은 강철왕 찰스 슈와브의 말이다. 틀림없이 인생은 세일이다. 아무 일 하지 않고 수수방관해도 남이 이쪽 의견을 받아들이고, 이쪽이 팔고 싶은 것을 사준다고 하면 세일즈 테크닉은 아무 소용 없을 것이다. 어떻든 이 세상은 모든 일이 뜻대로 잘 이루어지지 않고, 부탁한 일이 잘 받아들여지지 않는다. 즉, 인간관계가 늘 원만하게 유지되는 것이 아니다.

그러나 이 같은 일은 이쪽의 판매 방법이 서툴기 때문이지 결코 남의 책임은 아니다. 사람 마음을 자유자재로 장악하고 이쪽 의도대로 상대를 움직이는 설득력을 몸에 붙이면 여러 사람의 이해와 협력 그리고 호의를 불러일으킬 수 있고 이쪽의 목적을 쉽게 달성할 수 있다.

새로운 설득화법을 익힌 사람만이 정보화 사회의 격렬한 경쟁에서 승리를 쟁취해 나갈 수 있을 것이다. 즉, 넓은 시장의 수많은 고객이 나를 기다리고 있다. 내가 판매하지 않으면 누군가가 판매할 것이 틀림없다. 설득의 기술을 경시하는 사람은 단지 한 사람의 연인의 마음조차 사로잡을 수 없을 것이다. 즉 자기 자신을 능동적으로 세일해야 한다.

인간 접촉의 장면에서 집약된 최고의 커뮤니케이션 기술을 요구하는 것이 바로 상담일 것이다. 정보의 가치, 화법의 우열, 설득력의 유무, 개성의 매력 등이 여기서 승부의 관건이 된다. 용기있는 세일즈맨은 스릴에 찬 상담을 통해 자신을 갈고 닦으며 효과적 화법을 창출해 나간다. 창조에는 고통도 수반되나, 크나큰 기쁨도 있는 것이다. 여기에 화법의 깊이와 끝없는 흥미가 있는 것이다.

흔히 얄팍한 언변이나 테크닉이 훌륭하면 좋다고 생각하는 사람이 있는 듯하나, 그것은 잘못이다. 음성을 내고 어휘를 구사하는 것은 바로 화자인 인간이다. 참된 언변은 사람됨이나 개성이라는 인품 자체 속에 진정 감춰져 있는 것이다.

만인의 혼을 흔들어 깨운 '산상 수훈', 설득력이 가득 찬 황금과 같은 금과옥조의 말 역시 발언자 그리스도의 인격을 통해 영원불멸의 빛을 던진 것이다. 발언자와 발언 내용은 하나인 것이다. 의사와 의사의 충고를 따로 떼서 생각할 수 없고, 세일즈맨과 그의 화법을 따로 떼어서 생각할 수 없는 것이다.

미국의 유명한 보험 세일즈맨 앨머 레터맨은 이렇게 말했다.

"나는 보험판매는 하지 않는다. 나는 나 자신을 파는 것으로 대신하고 있다. 모든 상품에 있어 가장 권위 있는 검인은 상품을 취급하는 인간의 지문이다. 충분히 신용되는 인물이면 고객에게 이를 능가하는 품질 증명은 없다."

자신을 파는 데 있어 적극 열의를 보이지 않으면 안 된다. 마음 내키지 않는 태도로 사람을 만나 무엇을 설명하면 그 말은 이미 생기를 잃게 된다. 생기있는 말은 전인격이 경주된 때 비로소 빛을 발한다.

정열 없이 완성한 위대한 과업은 아무것도 없다. 정열 추진의 로켓이 되는 것은 세일즈맨 자신의 확신이다. 확신을 갖고 당당히 행동하는 인물을 사람들은 늘 높이 평가하게 된다.

3. 저항 제거의 화법

'비가 와야 땅이 굳어진다'는 말이 있다. 폭풍이 지나면 하늘이 갠다. 부탁이나 상담이나 교섭에 나서서 거치른 반대 태도와 거부반응에 부딪칠 때가 있을 것이다. 그것을 허리 굽혀 제거해야 판매 성취의 갠 하늘이 펼쳐진다. 고자세로 싸우듯 덤비는 사람, 저자세로 나약해 보이는 사람, 냉랭하고 무뚝뚝한 사람, 남의 말꼬리를 잡아 질문 공세를 펴는 사람 등 다양하다.

그런데 이 같은 사람의 반대 태도와 거절 어구를 두려워하면 부탁, 교섭, 판매는 영구히 불가능하게 된다. 손님 처지가 되면 아무리 가치 있는 상품을 흥정해도 일단 사지 않겠다고 거부하는 것이 상정이라 각오하고 나서면 틀림없을 것이다. 사람들 마음의 문은 늘 열린 채 있는 것이 아니라 유동성 있게 열리기도 하고 닫히기도 하기 때문이다.

애인이나 아내에게 마음의 문을 열어도 상사나 부하에게는 마음을 닫을지 모른다. 가까운 친구에게 마음을 열어도 무엇을 부탁하러 오든가, 판매를 위해 오는 사람이면 마음을 닫아버릴지 모른다. 결국 상대에 대해 마음을 열어놓은 상태가 상품을 구매할 때요, 닫혀진 상태가 거부할 때이다.

손님 마음은 낙하산과 같은 것이다. 제때에 펼쳐지지 않으면 아무 소용 없다. 마음의 문을 닫는다는 것은 상대방에 대한 저항에서 오는 것이다. 심리적 저항이 반대와 거절의 태도로 나타나는 것이다. 저항의 이유로는 대체로 다음 다섯 가지를 추출할 수 있다.

1. 호의를 가질 수 없어 저항한다. 호의를 가질 수 없으므로 찬성할 뜻이 안 생긴다. 마음의 문을 꼭 닫고 만다. 싫다는 저항은 싫은 소리를 들을 때 일어나기 쉽다.
2. 경계를 위해 저항한다. 이쪽 의견에 불안을 느낀다. 말주변에

속는 것은 아닌가, 속임수에 걸려드는 것은 아닌가, 이걸 사면 누가 비웃지 않을까 등과 같은 불안에서 경계심이 싹트고 방어 본능에서 접근을 꺼린다.
3. 이쪽 간섭 때문에 저항한다. 누구나 간섭받기를 싫어한다. '좀 귀찮은데, 바쁜중에 갑자기 찾아오다니, 무슨 용건인지 모르나 지금은 바쁘단 말이야' 하는 식이다. 상대는 자유스런 자기 시간을 빼앗기기 때문에 저항한다. 귀찮은 태도를 보이기 쉽다.
4. 이해되지 않기 때문에 저항한다. 상품 가격에 이해가 안 간다. 혹은 상품에 대한 편견이나 오해에서 오는 저항 등 극단적인 경우에 분개와 같은 형태로 나타난다. "난 그런 이야기 듣는 사람이 아니라구, 가보시오."
5. 욕망 부족 때문에 저항한다. 욕심이 없다. 욕망이 없으므로 이쪽 의견이나 제안에 흥미와 관심을 보이지 않는다. 무관심의 형태로 저항한다.

이러한 저항의 대비책은 다음과 같이 강구할 수 있다.
1. 나쁜 인상, 불쾌한 이미지를 제거한다. 불친절, 냉정함, 거친 표현, 불확실성, 건방진 점 등을 반성한다.
2. 어떻든 선수를 쳐서 능동적으로 상대를 안심시키고 불신을 제거하지 않으면 안 된다.
3. 상대의 흥미를 끄는 면접 방법을 연구한다. 흥미와 관심의 최대 요소는 이익이다.
4. 판매 상품의 가치를 이해시키는 한편, 자신의 화법이 불완전하고 정보 제공이 부족하지 않은가를 점검한다.
5. 욕망을 불러일으킬 도리밖에 없다. 필요에 호소하면 욕망은 자연스럽게 일어난다. 누구나 필요치 않은 것은 탐내지 않는다.

4. 비즈니스 화법

◇ 진실하되 아름답게

"지금 김과장께서 좋은 말씀을 하셨는데…"
평소 우리가 회의에 참석하여 흔히 이런 투로 이야기 서두를 삼는 경우가 있지만, 설령 김과장 의견이 이쪽과 정반대의 것이라도 대개 이렇게 말머리를 꾸민다. 그렇게 말해야 하는 이유는 다음과 같다.

첫째, 상대방 인격과 자존심 그리고 기분과 비위를 상하게 하고 싶지 않다는 의례적 입장이요, 다른 하나는 사람이 남의 비판과 반대에 대단히 민감할 뿐 아니라 그것을 매우 두려워하는 형편이므로 이를 사전에 진정시키고자 하는 의도이다.

노자는 <도덕경>에서 말하기를,
"진실한 말은 아름답지 않고, 아름다운 말은 미덥지 않다."
고 하였지만 우리가 남과 더불어 의견을 교환하는 대화의 장면에서 이상적인 타입은 '진실하되 아름답게 말할 수 있어야 한다'고 본다. 진실하다 하여 상대방에 대한 감정상 문제가 전혀 배제되거나 외면될 수 없고, 또 동시에 아름답게 말한다 하여 말 속에 간직되어야 할 진실이 결여될 수 없기 때문이다.

말하는 것은 입이 아니라 인격이다. '진실하되 아름답게 말한다.' 이처럼 실천이 힘든 모토가 없을 것이다. 그러나 이것을 발판으로 삼아 지기(知己)하고 나아가 지피(知彼)하되 상대방에 대한 최소한 두 가지 고려사항을 지켜야 한다.

첫째, 상대방의 인격, 자존심, 기분, 비위가 상하지 않게 말할 것과 둘째, 상대가 이쪽의 비판과 반대에 민감하여 긴장하기 쉬우므로 긴장하지 않게 배려하면서 이쪽 의도를 개진하되 온화한 말씨를 구사해야 한다는 것이다.
 이때 비로소 백전이 불패가 될 수 있다. 그렇기 때문에 사람의 말은 인격의 반영이라 보는 것이다. 항간에 알려지기는 문장이 인격이라 일러오지만, 문장은 말하고자 하는 바를 문자로 기록한 것이니 이에 앞서는 것이 바로 말이며, 따라서 그의 말은 그의 인격이라 일러 크게 잘못되는 바 없다고 하겠다.
 그러므로 고대 그리스의 두 계열을 따져 보게 된다. 한쪽은 소크라테스, 플라톤, 아리스토텔레스요, 또 한쪽은 소피스트의 정상인 프로타고라스 계열이다. 인격을 바탕으로 삼은 쪽과 비인격을 배경으로 궤변을 농한 쪽으로 크게 갈라진다. 즉, 정(正)과 사(邪)로 나뉜다.
 우리는 물론 정에 바탕을 둬야 한다. 그러므로 비즈니스 화법의 입문에서 마땅히 크게 의논해야 할 것이 바로 말하는 사람의 인격이다. 인격의 함양과 도야가 선행 또는 병행돼야 한다.

◇ **조화있게 나를 가늠해야**

 플라톤 이후의 철인과 로마의 철인 세네카의 말에,
 "인간은 사회적 동물이다"라는 평범하면서도 평범하지 않은 명제가 있다.
 이와 유사한 뜻으로 쓰이는 영국의 시인 존 단의 말이 있다. "인간은 고도가 아니다"는 표현이다. 어떻든 '사회 속의 나'라는 전제에서 발상된 말이다. 주어진 사회환경에 더 비중을 두거나 혹은 나에게 더 비중을 두거나간에 다같이 바람직하지 못하다.
 그러므로 개인적 처지와 사회적 처지에서 균형되고 조화있게 나를 가늠해야 한다. 그러나 아무래도 자기 중심의 경향이 두드러지고 보면, 그러한 관점에 따라 사회 적응을 생각해 보지 않을 수 없다.
 동양에서 '성현도 시속을 따르라' 하였고, 서양에서 '로마에 가면 로마법을 따르라' 하였다. 이 두 말의 공통 분모는 모름지기 자기를 에워싼 환경에 잘 적응하라는 뜻으로 풀이된다.

그러므로 사회생활을 놓고 곰곰이 따지면 나를 남에게 주는 나의 인상에 주의를 돌리지 않을 수 없게 된다. 내 주변의 사람들 이를테면 가정에서, 직장에서, 지역에서 나를 어떻게 보아주도록 내가 처신해야 정당하냐 이 점 세심하게 심시숙고해 보지 않을 수 없다.

나를 에워싸고 있는 사람들 마음의 눈에 내가 어떻게 비치고 있는가, 어떻게 비치는 것이 바람직한가, 나의 처신이 어떠해야 하느냐는 계속 추구해 나가야 할 생활의 지혜라 하겠다. 남이야 어떻든 내 생각만 하고 오불관언하는 자세와 태도를 취한다면 사회 속의 나는 크게 소외되지 않을 수 없다.

사회 속의 나를 인식하면서 비즈니스에 임하여 지능지수를 발양하고, 인간 접촉의 장면에 임하여 감정지수(EQ)를 높일 수 있다면 얼마나 이상적인가. 지능(IQ)으로 따져 남의 추종을 불허하는 사람이 인덕을 쌓지 못하고, 또 남의 인덕을 쌓았으나 살아가는 재가 부족한 사람이 많은 듯하다. '재승덕박'이나 '덕승재박'이 모두 불가하다. 따라서 '재덕겸비'가 이상적 인간형이어야 한다고 믿는다.

◇ 호감은 성실한 관심에서

남의 호감을 사는 여러 길 중의 하나는 남에 대한 성실한 관심의 표명일 것이다. 나는 어느 해 겨울 세모에 즈음하여 경향 각지에서 부쳐온 지기, 친우, 친지로부터의 연하장을 받았는데, 그 중 다음과 같은 간결하고 우정이 담뿍 담긴 글귀를 발견해 냈다.

"전형! 보고 싶구려. 안녕 아무개."

나도 즉각 여기서 힌트를 얻어 친구에게 보내는 연하장에 대개 다음과 같이 써보냈다.

"김형! 보고 싶구려. 안녕 전영우."

그리고 얼마간의 시간이 흐른 뒤에 오래 적조하던 친구의 전화를 받았다.

"전형이야? 나 김 아무개야…"

"김형! 오랜만이군 그래. 그동안 연락 한번 없다니 거 어떻게 된 거야?…"

"그래서 지금 전화 건 거 아냐?"

"좌우간 반갑군. 별일 없지?"

"별일은 없구. 자네가 요전에 보내준 연하장에 나를 보고 싶다고 해서 걸었어. 나오게, 오랜만에 모처럼 얼굴이나 보고 술이나 한잔 하세…"

"그러지."

오랜만에 회포를 풀며 우정을 나누는 좌석이라 시간 가는 줄 모르는 속에서,

"자네, '보고 싶구려 안녕'이라니, 그 체중에서 그런 말이 어떻게 나오나?"

"아냐, 그건 나의 창작이 아니고, 나도 모방한 거야, 내 친구에게서 아하하…"

"하하하…"

상대방에 대한 성실한 관심만큼 호감을 사는 데 안성맞춤이 없을 것 같다. 비즈니스 화법에서 상대방에 대한 성실한 고려, 그리고 성실한 관심의 표명 또 상대방 중심의 화제 선택, 상대방 입장에 서서 생각하고 말하는 성실한 대인 접촉의 자세가 확립되고 실행될 수 있다면 비즈니스 화법의 정수를 체득한 것이라 보아도 좋다.

5. 묘사화법

　웰스는 그의 공상과학소설에서 독자를 아득히 먼 미래로 안내하기 위해 '타임 머신'을 창안했다. 주인공은 이 기계를 타고 미래세계에 당도한다. 웰스는 독자에게 그 시대 사람들의 모습을 언어로 묘사하여 보여준 것이다.

　무엇을 판매하려는 사람은 자기의 상품이나 아이디어에 관해 말할 때, 자기의 '타임 머신'을 타고 미래를 여행한 후 현재의 시점으로 되돌아와, 자기가 보고 온 것을 언어로 묘사해 줘야 한다. 그 상품을 사용하고 그 아이디어를 실행하면 어떻게 되는가를 일러주는 것이다. 이때 화법을 '묘사화법'이라 할 수 있다.

　그러나 화자 자신이 아름답다고 생각하지 않으면, 그리고 머릿속으로 아름다운 형태를 묘사할 수 없다면 청자에게 아름다운 이미지를 심어줄 수 없다. 먼저 화자 자신이 매력있는 이미지를 머릿속으로 묘사하고 그 이미지를 언어의 색채 필름에 담는다.

　화자의 필름은 아름다운 이미지가 되어 청자의 머릿속 스크린에 차례대로 영사된다. 난방기구를 판매하는 유능한 세일즈맨은 상품의 좋은 점을 거침없이 강한 어조로 말하지 않는다. 사람은 그것이 좋기 때문에 탐내는 것이 아니라, 탐내기 때문에 좋게 느끼는 것이다. 사람은 탐내는 욕구충동 없이 아무리 좋은 상품이라도 사지 않는다는 사실을 알고 있는 것이다. 그는 서투른 세일즈맨처럼,

　"냉기가 도는 방에서 아침 일찍 일어나기가 매우 불유쾌하죠." 하는 식의 틀에 박힌 어구는 말하지 않는다. 난방기구 없는 방이 어떻게 찬 것인가를 청자의 머릿속 스크린에 영사해 줄 뿐이다. 상대방 손님을 그 영화 장면의 주인공으로 내세워 영사한다. 가령,

　"자명종 시계가 울죠. 이불을 차고 일어나면 냉기가 도는 방은 춥기 이를 데 없죠. 급히 화장실로 갑니다. 춥기는 더합니다. 덜덜 떨

리죠."

청자는 언어의 그림 속에 추위에 떠는 자기 모습을 볼 수 있다. 이 화법이 현재 진행형으로 말하여지는 점에 주목할 일이다.

스테레오를 판매하는 세일즈맨은 이렇게 말한다.

"스테레오를 서재 저쪽에 놓습니다. 소파에 앉아 담배를 피워 물고 눈을 감습니다. 교향악단의 연주가 흐릅니다. 댁에 계신지, 음악 감상실에 앉아 계신지 모르게 됩니다."

승용차를 파는 세일즈맨은 이렇게 말한다.

"손님께서 저녁 6시 차를 직장 앞에서 타십니다. 그러면 6시 15분에 벌써 댁 앞에 멈춰서게 됩니다."

그들은 아름다운 음색, 시속 80킬로미터 등의 평범한 표현을 쓰지 않고, 다만 생생한 미래도를 묘사할 뿐이다. 성공한 세일즈맨은 모든 설득자가 그렇듯 침묵으로 일관, 판매에 임하는 일이 없다. 그들은 다만 꿈을 그려주는 묘사화법을 쓸 뿐이다. 그것이 전부이다. 그들이 입을 열어 말하기 시작하면 상품과 아이디어는 꼭 누구에나 필요한 것이 되고, 사고 싶은 감정으로 손님이 들뜨게 되니 불가사의하다.

먼저 화법을 개선한다. 손때 묻은 판매방식의 세일즈 화법은 생기가 없다. 틀에 박힌 형식의 판매화법에서 즉각 벗어나야 한다. 신선한 이미지를 새겨줄 수 있는 묘사화법으로 바꿔 나간다.

6. 암시화법

사람을 움직이는 데 직접 공격보다 간접 공격하는 편이 마찰이 적어 더 좋다. 간접 공격보다 효과가 더 큰 것이 바로 암시화법이다. 암시에 잘 걸리기 쉬운 정도는 성인보다 소년이, 소년보다 아기쪽이 더하다. 특히 자식에 대한 부모의 권위적 암시력은 매우 크다. 또 일반적으로 여성은 남성보다, 무지한 사람은 교양인보다 암시에 더 잘 걸린다. 암시작용을 이용한 화법을 다음 두 가지로 나누어 생각할 수 있다.

◇ 소극적 암시화법

침묵에 의한 암시이다. 화법에 능한 사람은 공백표현의 효과를 제대로 살린다. 그들은 의도적으로 침묵한다. 침묵하는 것으로 의사와 감정을 표현하는 것이다. 한 가지 포인트를 강조하려 하는 때 큰 목소리로 과장되게 떠드는 것만이 능사는 아니다. 때로 침묵하는 편이 훨씬 더 포인트를 강조하는 효과를 가져온다.

사람을 꾸짖을 때나 칭찬할 때, 또 가르치거나 바로 타이를 때에 침묵하는 편이 더 좋을 경우가 있다. 또 질문을 받고 침묵하면 의문이나 거부나 반항을 의미할 경우가 있다. 침묵은 소리 없는 암시화법이다.

◇ 적극적 암시화법

직함이나 큰 숫자 같은 것은 그 자체가 암시력을 갖는다.
"아무개 박사가 이렇게 말하고 있다."
"아무개 사장도 찬성이다."
암시에 약한 것이 인간이므로 명함에 직함을 많이 쓰는 경향이 있다.
"그동안 약 천 개 가량 팔았습니다. 이제 겨우 네 개밖에 안 남았습니다."
숫자가 어떤 암시적 마력을 갖고 있는 것인가? A상점에서 950원 짜리를 850원에 할인 판매하고, B상점은 1050원 짜리를 950원에 할인 판매했는데 어느 쪽이 더 싸냐고 질문하면 B점포 것이 더 싸다고 대답한다.

　광고인은 암시에 가득 찬 뇌쇄적 어구를 창안하는 데 지능을 짜고 있고, 판매에 능한 세일즈맨은 언어의 적극적 암시력을 고도로 활용한다.

　"이것은 우수한 상품입니다. 하나 사시죠!"
라고 말하는 것은 직접 공격이다.

　"파리 여성은 모두 이것을 애용하고 있습니다."
라고 하면, 사달라 말하지 않더라도 여성의 마음을 움직인다.

　최근 패션계에서 해외 유명 메이커의 상표를 로얄티까지 지불하는 조건으로 쓰는 것만 보아도 알 수 있다. 외국 상표를 쓰는 것으로 손님 관심을 끈다. 외래 상품에 편향하는 심리에 편승한 암시일 것이다.

　암시화법에 의한 간접 공격에 확실히 강한 설득력이 있다. 같은 것을 설명하더라도 결점보다 장점을 강하게 암시하는 화법을 써본다.

　"대단한 미인이지만 약간 키가 작군"이라고 하는 경우와,
　"약간 키는 작지만 대단한 미인인데" 하는 경우에 받아들이는 느낌에 현저한 차이가 생긴다.

　"약간 가격은 비싸도 매우 귀중한 물품이구먼"이라 하는 경우와,
　"매우 귀중한 물품이지만 약간 가격이 비싸구먼" 하는 경우 역시 둘다 동일 사실을 말하는 것이지만, 이야기 순서나 음성표현에 따라 암시효력은 다양하게 나타난다.

　프로 세일즈맨은 암시화법을 잘 쓴다. 주유소에서 운전기사에게,
　"몇 갤런이죠?" 하고 묻지 않고,
　"만 탱크죠?" 하고 묻는다. 대개 대답은 '오케이'다.
　이것은 미국의 경우이다. 레스토랑에서,
　"계란을 드릴까요?" 하고 묻지 않고, "프라이를 해드릴까요? 스크램불로 해드릴까요?" 하고 묻는다. 가령, 설렁탕 집에서,

"특별로 하실까요? 보통으로 하실까요?" 하고 묻기보다,
"모두 특별로 하시지요?" 하고 묻는다면 어떻게 될까. 대부분 손님은 상인이 말하는 대로 따르는 경우가 많다는 사실이 흥미롭다.

◇ 긍정적 암시어

암시화법에서 중요한 점은 이쪽에 마이너스가 되는 부정적 암시어를 쓰지 않고, 플러스가 되는 긍정적 암시어를 쓰는 것이다.
"아마 그렇게 생각하지 않으셨겠죠?"라고 하기보다,
"이미 잘 아시리라 믿습니다"라고 하는 편이 좋다. 상대가 이미 아는 것으로 간주하는 것이다.
"오늘은 약주 자시지 말고, 일찍 들어오세요"라고 하기보다,
"오늘은 곧장 들어오세요"라고 하는 편이 좋다. 술과 같은 암시를 줌으로써 잊고 있던 욕망만 자극하니 곤란하다.
"제 이야기에 거짓말이 없다는 것은 인정해 주시리라 생각합니다만…"이라고 말하는 것은 서투르다. 어딘지 모르게 거짓으로 들린다.
"이 제품은 한 달간 부패하지 않습니다"라고 하기보다
"이 제품은 한 달간 선도를 유지합니다"라고 말하는 편이 더 효과적이다.
"사지 않겠습니까?"
"마음에 안 드십니까?"
"싸다고 생각되지 않으십니까?"
와 같은 부정 암시를 포함한 질문을 받으면 '사지 않겠다', '마음에 들지 않는다', '싸지 않다'고 말하려는 의도가 의식 속에 투사되고 만다. 무의식중에 부정적 대답이 나오기 쉽다.
처음 부정하면 부정어를 낳는 연쇄반응이 일어나 마침내 구매자는 상품 구매 의욕이 꺾이고 만다.
"꼭 마음에 드시죠."

"잘 어울리십니다."
"어떤 손님도 기뻐하십니다."
와 같은 긍정어를 써서, 긍정적 응답을 하도록 구매자를 이끌어나간다. 상대가 '과연 그렇군!' 하고 무의식중에 말하도록 암시하면, 이쪽이 결정적 질문을 던질 때 생각할 겨를 없이 '그렇지' 하고 대답하기가 쉬워진다.

어느 양품점에서 점원이 여성 손님을 응대하고 있다. 손님은 22세 정도의 아가씨 인상이다. 살 생각은 있는데 어떤 모양을 고를까 하고 망설이고 있다. 좀 잘못 응대하면 놓칠 우려가 없지 않다. 센스 빠른 점원은 긍정적 암시화법으로 손님을 잘 유도해 나간다.

"선물하실 거죠?"
"네…"
"25, 6세의 남자분이시죠?"
"네…그래요…"
"세련된 무늬를 좋아하시겠죠?"
"네, 그렇죠."
"이 무늬면 꼭 마음에 드실 거예요. 이건 올해의 최신 유행입니다."
이렇게 말하면서, 두세 가지 상품을 보인다. 손님은 어느 것을 택할까 하고 잠깐 망설인다.
"이 무늬가 꼭 마음에 드시죠?"
"그래요."
"이것이 멋지죠?"
"네."
"그럼 이걸로 하시죠."
"그러죠."

이와 반대로 부정 암시로 말하면 어떻게 될까?
"이런 것은 안 될까요?"

"그렇게 좋지 않은데요."
"화려한 건 안 되나요?"
"너무 화려하면 싫어할 거예요."
"수수한 건 안 되겠습니까?"
"수수한 건 더 안 되죠."
"이건 수수하지도, 또 화려하지도 않은 좋은 무늬라 생각되지 않습니까?"
"좋은 무늬인데, 좀 오래된 느낌이군요."
"자신이 없는데요. 진열장 속의 것을 보시죠. 마음에 드시는 것 없으세요?"
"네, 꼭 마음에 드는 무늬가 없는데요. 그럼, 실례하겠습니다."
하고 손님은 떠나게 된다.

암시화법을 쓰는 상인은 반드시 판다는 긍정적 암시를 자기 자신에게 한다. 긍정적 자기 암시는 뜻밖의 힘을 발휘한다. 화자 마음에 신념이 넘쳐, 그의 온 정신이 판매에 집중 긴장하면 신체 각 기관의 활동은 그 일점에 집중 에너지가 연소한다. 그의 몸에서 그것은 눈에 보이지 않는 파동으로 방사, 끝내 상대방 마음을 움직이고 만다.

7. 판매화법

예전부터 논쟁에 이기고 동시에 판매에 이겼다는 선례는 없다. 판매화법은 논쟁을 벌여 상대를 설득시키는 것이 아니라 감정적인 만족을 주는 납득 위주의 설득이어야 한다. 그러면 논쟁과 설득은 어느 점이 다른가.

논쟁의 목적은 논리나 사실에 의한 논증이다.

"당신은 흑이라 하는데 그것은 틀린 생각이오. 내가 말하는 것은 줄거리가 논리적으로 서 있소. 절대로 백이 정당하오. 어째서 백이 정당하냐 하면, 그 근거가 되는 이유가 있고, 이를 뒷받침하는 사실이 있기 때문이오. 그러면 어느 쪽이 정당한지 토론해 봅시다."

흑과 백이라는 두 가지 입장에 서서 각기 다른 위치로부터 출발, 어디까지나 흑백을 말하고 다툰다. 한쪽이 손들지 않는 한 영구히 평행선을 긋는다. 그러나 설득의 목표는 다르다. 이기고 지는 승부가 아니오, 행동에의 유도이다.

"당신은 흑이라 하는데 분명 그렇게 보는 관점이 있겠고…" 하고, 상대와 어깨를 나란히 하고 동일 지점에서 출발한다. 상대는 저쪽으로 걷고 이쪽 말은 안 듣는다. 이쪽에서 저쪽으로 접근, 함께 걸으며 언젠가는 이쪽으로 유도한다. 이쪽으로 이행시키려면 많든 적든 마찰이 따르기 마련이다. 되도록 마찰을 피하여 리드해 나가는 것이 설득자의 설득방법이다.

직접적으로 공격을 가하는 것은 급소를 찌르는 화법이다. 꾸짖을 때 욕을 하면 상대는 반발한다. 그것이 아니라는 자각이 들어도 충심으로 복종하려 하지 않는다. 도리어 한을 품을 수 있다.

간접화법은 감정의 만족을 주고, 상대방의 저항을 부드럽게 이완시키며, 필요 이상의 마찰을 피하는 방법이다. 시냇물을 가로질러 저쪽으로 건너갈 때, 수영을 능하게 하는 사람은 곧바로 저편 강 언덕을 향하여 가는 직선 코스를 택하지 않고, 시냇물이 흐르는 물살의 저항을 피해 가며 물길의 흐름에 따라 비스듬한 방향으로 수영해 간다. 설득도 이와 동일한 요령이라고 생각한다.

판매 장면에서 손님의 마음결에 어긋나지 않게 되도록 논쟁을 피하고, 상대에게 마음의 꽃다발을 안겨주고 상대방 체면을 세워 나간다. 손님이 이쪽에 반대의견을 제시할 때 다음 방식으로 말하면 최소한 정면 충돌을 피할 수 있을 것이다.

1. 상대방 의견의 일부분과 일치시킨다.

"바로 지금 말씀하신 그 점입니다. 지금 말씀하신 것은 옳습니다.

저도 동감입니다만, 그러나…"
하고 이쪽 의견을 제시한다. 상대방 의견을 끝까지 끈기있게 듣고, 작은 부분이나마 이쪽 의견과 일치하는 점을 찾아내는 방법이다.

  2. 일찍부터 상대방 생각과 동일했다는 행동 또는 동작을 보이고 이쪽 생각을 말해 나간다.

  "네, 잘 알겠습니다. 아니죠, 제 생각과 같습니다. 저도 말이죠, 지금껏 손님과 동일하게 생각해 왔습니다만, 그런데 말씀이죠…"
하고 이쪽 의견을 말해 나간다.

  3. 대부분 다른 사람 의견이 그의 의견과 일치하고 있음을 인정해 준다.

  "그렇습니다. 손님께서 말씀하시는 것은 대개 일반적 경향입니다. 어떤 손님도 일단은 그런 말씀을 하십니다. 결국, 여러분이 모두 같은 의견이신 거죠, 당연한 말씀이시죠. 헌데 말씀입니다…"
하고 이쪽의 의견을 개진해 나간다.

  4. 상대를 공격하기 앞서 상대를 칭찬하는 일에 인색하지 않는다.
  "잘 생각하신 거죠. 훌륭한 의견입니다. 그러한 의견을 가지셨다는 것은 평소 간단없이 이 문제에 대해 연구하셨기 때문이겠죠. 오늘은 많은 것을 가르쳐 주셨습니다. 그런데, 이 점은 어떻게 생각하시는지 의견을 들려주실 수 있겠는지요?"
하고 이쪽 의견에 끌어들인다.

  어떻든 처음부터 상대방 의견을 공박해서는 안 된다. 그러면 논쟁이 싹트기 쉬운 것이다.

연설과 토론

1. 청중을 안다

◇ 좋은 말도 싫듯이

　커뮤니케이션의 효과를 올리려면 먼저 청자의 권리를 존중하고 청자에 관한 것을 생각해야 한다. 단지 막연하게 생각하는 것이 아니고, 모든 사항을 분석하여 되도록 상세히 주의깊게 청자에 관한 지식을 머리에 넣어두는 것이다. 이것은 말을 성공시키는 중요한 관건이 된다. 자칫하면 청자의 분석이 불충분했다든가 좀더 시간을 들여 주의깊이 청자를 분석했어야 했는데 하는 후회를 남기는 수가 종종 있다.
　그러면 이같이 중요한 청자의 분석은 어떻게 하면 좋을 것인가. 일상의 대화를 생각해 보아도 선생에 대한 경우와 친구에 대한 경우는 말의 내용도, 표현되는 말씨도 달라진다. 동료직원에 대한 경우, 상급자에 대한 경우, 가족과 손님에 대한 경우, 친구라도 중학시절의 동창과 대학시절의 동창의 경우, 직장친구, 취미 그룹의 경우들은 각각 다르다. 알지 못하는 사이에 은연중 상대방이 누구냐에 따라 화제가 바뀌고, 말씨가 바뀌게 되며 언제나 똑같이 말하게 되지 않는다. 이 사실은 우리가 말할 때 어떻게 상대방에 적응하느냐는 사실을 여실히 보여준다.
　똑같은 내용의 것이라도 상대방에 따라 강조할 점이 바뀌고, 설명의 방법이 달라진다. 주어진 시간내에 적당히 내용을 선별해서 간추리지 않으면 상대방으로부터 똑같은 반응을 기대할 수 없다. 어떤 사람이 자기 견해에 찬성하고 지지해 준다고 해서 다른 사람에게 똑같은 이야기를 해도 동일한 반응을 받는다고 장담할 수 없다.
　커뮤니케이션은 상대적인 것이어서, 상대방에 따라 동일한 내용의 이야기가 여러 가지 반응을 일으킨다. 친한 친구라도 아무 일 없이 방문할 경우, 약혼식에 초대받을 경우 각기 이야기가 바뀌는 것은 당연하며, 언제든 똑같은 상태로 말해서는 안 된다. 어떻든 말이란 것은 청자와 화자의 공동 작품이므로, 청자의 분석이 부족하고 판단이 잘못되든지 하면 모처럼 준비한 이야기라도 남에게 이해되기보다 오해받기 쉽다.

우리는 무의식중에 여러 가지 제약을 받으며 상대방에게 잘 적응해 나가고 있다. 이것이 잘 행해지지 않으면 친한 친구 사이에 충돌이 일어나고 오해가 생기고 나아가 감정 문제로까지 번진다.

한 예를 들어보자. 어떤 노인은 초등학교밖에 못 나왔지만 큰 기계공장의 주인이다. 돈도 넉넉하기 때문에 경제적 기반이 튼튼하다. 사업 이외의 시간에 바둑도 두지만 최근엔 골프를 친다.

경제적 기반이 닦인 사람이기 때문에 자연 찾아오는 손님이 많다. 손님이 찾아오면 이야기를 하지 않을 수 없다. 그러나 이 사람은 어떤 손님이 오든 자신이 흥미를 갖고 있는 골프치는 이야기만 늘어놓는다. 손님이 화제를 돌려 다른 이야기를 해도 곧 골프 이야기로 방향을 바꾼다.

처음엔 손님도 예의바르게 듣고 있지만 너무 전문적 이야기를 길게 하기 때문에, 끝내 창 밖을 내다보든가 딴청을 해서 화제를 바꾸려고 한다. 이 노인은 골프 이야기 외에 또 다른 재미난 이야깃거리를 갖고 있지 않다. 부인이 이따금,

"당신은 늘 똑같은 이야기만 해서 손님들을 지루하게 하는 것 같아요."

하고 귀띔을 해도 그는 골프 이야기만은 어느 때 누구에게 말해도 하나도 창피할 게 없다고 생각하는 것이다. 몇 번이고 이 노인은 내게,

"사람들 앞에서 구변 좋게 이야기하는 게 부럽소."

했지만, 이 사람은 청중의 분석이나 장면의 분석을 몰랐던 것 같다.

1대 1로 말할 때면 대개 잘하다가도, 다수의 경우와 초면의 사람

이 많은 경우면 때로 청자에 적응해 가며 말해야 한다는 사실을 잊을 때가 많다.

　대부분의 경우 준비할 때 청중이 눈앞에 없을 뿐더러, 어떤 사람들일지 전혀 예측할 수 없는 경우가 있으므로 어쩔 수 없이 일방적으로 이야기를 준비할 수밖에 없다. 청자가 시간 낭비였다고 생각하는 이야기는 대체로 청자 분석이 부족했든가, 화제가 청자의 기대에 어긋났든가, 아니면 화법의 이야기를 이해할 수 없었든가의 어느 경우이다.

◇ 일방 대화

　어떤 모임의 연설이나 인사는 1대 1로 마주보고 하는 대화와는 달리 어디까지나 일방통행이다. 이쪽에서 가지만 저쪽에서 오지 않는다. 어디까지나 청자는 개인이 아니고 집단이다. 청중은 군중이기 때문에 군중심리에 좌우되는 것은 당연하다. 이 요점을 터득해 두지 않으면 실패를 가져오는 수가 많다.

　군중심리의 대체적 특징은 냉정한 이성이 희박하고, 맹목적 감정에 움직이기 쉽다. 혼자일 때 사물을 잘 판단하는 사람도 일단 청중 속에 들어가면 전혀 다른 사람으로 변한다. 약간의 자극만 받아도 반응하기 쉬운 상태에 놓인다. 그래서 군중은 곧 흥분하고 암시를 잘 받아들인다.

　누가 말할 때, 한 사람이 웃으면 그것으로 인하여 웃음이 물결처럼 넓게 파문져서 너도나도 웃게 된다. 그리고 한 사람이 손수건을 꺼내 눈물을 닦으면 여기저기 손수건을 꺼내는 사람이 늘어간다. 이와 반대로, 한 사람이 싫증을 느껴 하품이라도 하면 곧 마이너스의 연쇄반응을 일으키고 모두가 역겨운 분위기 속으로 빠져들어가게 된다. 이처럼 열광도 하고 외면도 하는 게 청중이지만, 그 본질적 성격은 냉정한 자기 중심의 사람들 모임이다.

"이렇게 열심히 말해도 청중은 왜 내 이야기를 잘 듣지 않나" 하고 못마땅해 하는 사람을 가끔 본다. 이것은 결코 이쪽 이야기가 특별히 서투르거나 특별히 싫어서가 아니다. 대체로 청중이란 들뜨기 쉬워서 남의 이야기 같은 것을 착실하게 들으려 하지 않는 까닭이다.

청중은 모두 남의 이야기보다 자기에 관한 것만 생각하기 쉽다. 때문에 의식에 참석했을 때 머릿속으로 의식과 관계 없는 다른 일을 생각하든지, 거기 모인 주위 사람들을 쳐다보든지, 창 밖을 내다보든지, 연신 자기가 차고 있는 팔목시계의 시계바늘만 보든가 해서 어딘지 침착한 맛이 없다.

사람의 주의력을 시험한 보고에 의하면, 한 가지 사실에 기울이는 주의력은 대단히 짧은 동안이다. 한 가지 사실에 기울여지는 주의의 지속은 약 3~24초라고 한다.

주의의 지속이 끝나면 긴장이 풀리고 또 새로운 자극에 반응할 차비를 차린다. 그리고 다음 사실에 주의를 돌린다. 매일 우리는 이런 긴장과 이완의 반복 속에서 산다. 청자의 주의가 산만해지기 쉬운 것도 당연하다. 그러므로 청자란 늘 화자에 대해 똑같은 호의와 경의를 표하고 있다고 할 수 없다.

청자는 언제나 마음이 텅 비고 백지의 태도로 화자의 이야기를 받아들이는 것이 아니다. 편견과 신념의 색안경으로 화자의 이야기를 해석하고, 그때의 좋고 나쁜 감정이 틀에 박힌 채 화자 이야기를 들을지 모른다.

◇ **청중은 여름 하늘**

사람이 스피치를 들으려 하지 않는 주된 원인은 다음과 같은 점들이다.

1. 화자의 태도가 나쁘다 : 거만하다, 아니꼽다, 허풍스럽다, 너절하다.

2. 이야기 시간이 길다 : 언제까지 계속 말할 것 같다. 빨리 끝내 달라.
3. 말을 잘하지 못한다 : 목소리가 듣기 거북하다. 꾸물거려 이야기 내용을 잘 모르겠다. 대체 무엇을 말하려는 것인지 모르겠다.
4. 이야기가 흥미 없다 : 자기 자랑은 재미없다. 그런 것은 모두 알고 있다. 어렵기만 하다. 독선적인 강요는 싫다.
5. 분위기가 좋지 않다 : 설비가 좋지 않다. 알지 못하는 사람들뿐이다. 피곤하다. 빨리 돌려보내 달라.

이처럼 청자란 조금도 방심할 수 없는 대상이다. 듣는 척하면서 듣지 않는 경우가 많다. 말해도 듣지 않고, 보여주어도 보지 않는다. 상대방은 자기가 듣고 싶은 것만 듣고, 보고 싶은 것만 본다. 그러므로 화자는 말하고 싶은 것을 말할 게 아니라, 상대방이 듣고 싶어하는 것이 무엇인가를 알지 않으면 안 된다.

여기서 청중이 어떤 사람들로 이루어져 있는가를 분석할 필요가 생긴다. 먼저 다음 사항을 조사하고 말할 것이다. 동일한 테마라도 청중의 성별이나 연령의 차이에 따라 화법을 바꾸지 않으면 안 되기 때문이다.

1. 성별 : 남성만의 모임인가, 여성만의 모임인가, 혹은 남성과 여성이 섞여 있는 모임인가. 그 비율은 몇 대 몇 정도인가. 여성이 적더라도 그들의 존재를 무시하지 말 것이며, 얼굴을 붉혀주는 이야기는 금물이다.
2. 연령 : 노인이 많은 모임인가, 젊은이들의 모임인가, 어린이가 있는가에 따라 똑같은 테마를 가지고 말하더라도 화법을 바꾸지 않으면 안 된다. 어른보다 어린이가 많은 모임에서 어른에게도 '그렇구나' 하는 생각을 갖게 하는 어린이를 위한 이야기를 꺼내는 것이 무난하다.
3. 인원수 : 작은 집단인가, 큰 집단인가. 사람이 많으면 많을수록 군중심리에 움직이기 쉽다. 말하는 어조도 바꾸고 감정의 요소

를 치켜세워야 한다.
4. 수준 : 똑같은 수준의 교양을 가진 청중이면 말하기 쉽다. 청중 수준이 애매한 모임에서 낮은 수준에 맞추는 편이 낫다. 다만 그것은 표현을 쉽게 할 뿐이지 내용을 낮추는 것은 아니다.
5. 욕구 : 정도가 높은가, 낮은가, 보통인가. 똑같은 화제라도 청중이 지금 듣고자 하는 문제점은 무엇인가. 이것은 결국 동기 부여를 중시하기 때문이다. 듣고 싶어하지 않는 이야기를 들려줄 때만큼 고통스러운 일이 없다.
6. 경향 : 정치적 문제를 다룰 때 청자의 정치적 성향을 조사 분석해 두어야 한다. 이쪽과 정치적 경향이 같을 때 별 문제가 없으나, 반대 처지에 있는 청자들일 때 이쪽의 설득력이 필요하다.

이밖에도 직업, 교육 정도, 경제적 수준, 종교의 차이, 화제에 대한 청자의 지식, 청자의 관심, 청자의 신념, 화자에 대한 청자의 태도 등을 미리 조사하면 그것이 곧 청자의 분석이 되고, 이 청자의 분석이 완벽하면 훌륭한 화자로서 효과적으로 그의 의사와 감정을 상대방에게 잘 전할 수 있다.

2. 말하는 사람

◇ 주제를 정한다

일단 주제를 뽑았다면, 주제를 어디까지 넓힐 것인지 범위를 정하고 엄격히 범위 안에서 생각한다. 그렇다고 무제한 손을 뻗쳐서는 안 된다.

<기원전 50년의 아테네에서 2차 세계 대전까지>라는 주제로 30분간의 연설을 준비한다면, 그것은 매우 어처구니없는 노릇이다. 연

설을 끝내고 다시 제자리에 앉을 때, 겨우 아테네 시의 형성과정 정도밖에 말할 수 없을 것이다. 이것은 한 번 연설에 지나치게 많은 내용을 말하려는 욕심의 충동으로 생긴 실패의 예가 된다. 물론 이것은 극단의 예다.

이 정도가 아니더라도 거의 비슷한 이유 때문에 청중의 관심을 끌 수 없던 연설을 우리는 얼마든지 알고 있다. 많은 것을 한꺼번에 말하려고 한 때문이다. 사람의 정신은 단조로운 사실을 나열하면 그렇게 오래도록 청중의 주의를 끌 수 없다.

어떤 주제도 마찬가지다. 판매법, 탄도 미사일 등 말하기 전에 한정해 뽑아놓고, 주어진 시간내에 끝낼 수 있도록 주제를 좁혀야 한다. 5분간의 여유밖에 없는 짧은 이야기의 경우, 말할 요점은 하나나 둘이면 된다. 30분쯤 걸리는 이야기라도 말할 요점은 세 개를 넘길 필요가 없다.

◇ 예비적 힘을 길러 놓는다

사실을 파헤쳐 놓느니보다 표면을 슬쩍 건드려 놓는 정도로 말하는 것이 의외로 간단하다. 그리고 그런 안이한 방법을 취한다면 청중에게 거의 아무런 감동을 줄 수 없을 것이다. 주제를 작게 좁힌 다음, 주제에 대한 이해를 깊이하기 위해 화제를 여러모로 뽑고, 뽑혀진 화제에 관해 권위를 갖고 말할 준비를 한다.

"나는 어째서 이 주제가 정당하다고 믿는가. 이 논점이 실생활에서 실증된 사실을 본 적이 있는가. 정확히 말해 무엇을 증명하려 하고 있는가. 그것은 실제 어떻게 일어났는가."

이 같은 질문은 화자에게 예비의 힘, 결국 청자의 앉은 자세를 고치게 하고 '이것은 무엇인가' 하는 기대를 갖게 한다.

식물학의 귀재라 일컫는 루터 버뱅크는 하나나 둘쯤 최상의 식물 표본을 만들기 위해 100만이 넘는 표본을 만들어 보았다고 한다. 말하는 것 역시 동일하다. 한 개 주제를 놓고 100가지 이상의 아이디어를 모아 거기서 90가지는 버린다. 그리고 언제든 비상한 경우에 대비하는 준비를 게을리하지 않는다. 이야기가 끝난 다음 질의 응답이 있을 때 청중이 해올 질문에 즉각 대처할 수 있는 준비가 돼 있어야 한다. 예비의 힘은 되도록 일찍 주제를 뽑아야 길러진다.

주제가 결정되면 주제에 대해 항상 잠재의식을 발동시킬 수 있다는 막대한 이점이 있다. 하루 일을 하는 중에 주제를 뽑아내 의식을 집중하게 된다. 버스를 탔을 때, 별로 하는 일 없이 무심코 있을 때 시간을 활용해 이야기 주제를 충분히 검토할 수 있을 것이다. 마음속에 기발한 아이디어가 떠오르는 것은 의식의 잠재기간이다. 그것은 화자가 매우 일찍 주제를 결정하고 화자의 정신이 무의식적으로 그것을 생각한 결과밖엔 아무것도 아니다.

전혀 정반대의 정견을 갖는 청중에게 경의와 주목을 받는 연사 노맨 토마스는 이렇게 말했다.

"중요한 스피치를 하려고 할 때 화자는 마음속으로 주제와 논점 등을 되풀이 검토하고 그와 함께 생활할 뿐이다. 거리를 걸을 때와 신문을 보는 동안 자리에 눕기 전 또는 아침에 일어날 때 자기가 말할 이야기에 유용한 실례와 구성을 위한 힌트 등이 차례대로 떠오르는 것에 놀랄 때가 있을 것이다. 독도 아니고 약도 되지 않는 이야기는 옳지도 않고 옳지 않지도 않은 진부한 생각의 필연적 결과이고, 정해진 주제를 완전히 통달하지 못한 결과에 지나지 않을 경우이다. 이런 과정에 있을 때 화자는 이야기 내용을 한마디 적어 놓으면 어떨까 하는 강한 유혹에 빠질지 모른다. 그러나 화자는 그래서 안 된다. 그것은 일단 틀을 만들어 놓으면 화자는 거기에 만족하고 그 이상 건설적 의견을 더 첨가하려 하지 않는 나태를 갖기 때문이다. 나아가 연설 원고를 그대로 한 자도 빼지 않고 암기할 위험성이 있다."

마크 트웨인은 암기에 대해 다음과 같이 말했다.

"쓰여진 것은 말하는 데 적합하지 못하다. 그것은 어디까지나 문장인 까닭이다. 딱딱하고 탄력성이 없으며 효과적으로 입에 올릴 수 없다. 이야기 목적이 어떤 정보를 주는 게 아니고, 다만 사람들을 즐겁게 해주는 것뿐이면 격식을 갖춘 딱딱한 말이 아닌, 분방하게 일상 쓰는 말로 즉흥적 이야기면 족하다. 그렇지 않다면 모두 딱딱해지고 즐거워하지 않을 것이다."

발명의 뛰어난 솜씨로 세계 제일의 회사인 제너럴 모터스의 약진에 공헌이 큰 찰스 캐더링은 유명한 연사의 한 사람이다. 그는 지금껏 연설 원고를 쓴 일이 있느냐는 질문을 받고 이렇게 대답했다.

"내가 말하려는 것은 매우 중요하기 때문에 종이 같은 것에 쓸 수 없다. 나는 자신의 전존재에 부딪쳐 청중의 마음과 감정에 직접 새겨주는 편이 낫다. 종이 같은 데 써가지고 나와 내가 감동을 주려는 청중 사이에 흥이 깨질 것은 뻔한 일이 아닌가요?"
라고 말했다.

◇ 실례를 많이 든다

루돌프 후렛슈는 그의 저서 <문장 작법>의 제1장을 '참으로 읽기 좋은 것은 어떤 스토리이다'라는 구절로 시작했고, 다음에 <타임>지나 <리더스 다이제스트>에 어떻게 그 원리가 응용되고 있는가를 실례를 들어 증명하고 있다.

이같이 발행부수가 많은 잡지 대부분이 순전히 말하는 구어체 문장으로 씌어 있고, 일화가 많이 소개되어 있다. 스토리는 잡지 기사는 물론 신문 기사에까지 파급되는 경향이 있으며, 이것은 스피치에 그대로 응용해도 청중의 관심을 크게 끌 수 있다. 유명한 설교자 노만 필은 이렇게 말했다.

"내가 아는 한 사실에 근거를 둔 실례야말로 사고를 명백히 하고 남에게는 흥미를 주며 설득력을 갖는 가장 놀라운 방편이다. 언제나 나는 중요한 논점을 뒷받침하기 위해 각각 몇 개의 실례를 쓴다."

실례를 효과적으로 쓰는 데 다섯 가지 방법이 있다. 그것은 인간미가 넘치는 것, 개인화하는 것, 세부적인 것을 분명히 하는 것, 극적인 효과를 올리는 것, 시각화하는 것이다. 데일 카네기는 말했다.

"우리는 설교 형식의 이야기를 듣고 싶어하지 않는다. 그런 이야기는 누구도 즐거워하지 않는다. 무엇보다 먼저 즐거운 이야기가 아니면 누구도 주의를 기울여 주지 않는다. 그리고 또 하나 이 세상에서 무엇보다 흥미 있는 것은 승화하고 미화된 가십이라는 점을 잊어서 안 된다. 그러므로 화자가 아는 두 사람의 인물에 관해 이야기해 보면 좋다. 어째서 한 사람은 성공했고, 또 한 사람은 실패했는가를 말하려는 것이다. 그러면 청중은 즐겁게 그 이야기를 듣고 그것을 기억할 뿐 아니라, 거기서 반드시 얻는 것이 있을 것이다."

진부한 이야기라도 인간미가 넘치는 일화를 많이 섞으면 끝내 사람 마음에 호소하는 무엇이 있을 것이다. 요점은 매우 작게 다루고, 대신 요점을 구체적인 실례로 설명하는 것이다. 이 점을 명심하고 말하면 거의 언제나 사람의 관심을 불러일으킬 수 있다. 물론 인간미가 넘치는 자료의 풍부한 원천은 화자 자신의 환경과 경험이다.

자신에 관한 것을 말하지 말라는 상식적 에티켓에 얽매여 자신이 경험한 것을 말하는 것조차 꺼리면 안 된다. 청자가 화자의 개인적 이야기에 반감을 보이는 것은 도전적이거나, 자기 중심적 이야기를 할 때뿐이다. 이밖의 것이면 청자는 화자의 개인적 이야기에 흥미를 갖는다. 그것은 흥미를 끄는 데 더없이 확실한 수단이다.

남을 말할 경우 꼭 그 사람의 성명을 써야 한다. 반대로, 그 사람 이름을 감추고 싶을 때 가명을 쓴다. 가명이 비록 개성이 없는 이름이라도 '이 사람', '이 여자'라고 하는 편보다 어느 정도 설득력이 있다. 이름이 들어가면 사람을 구별하기 쉽고 개성이 살아난다.

루돌프 후렛슈는 이렇게 지적하고 있다.

"사람의 이름처럼 스토리를 진실하게 해주는 것이 없다. 반대로 이름을 감추는 것처럼 비현실적인 것이 없다. 주인공의 이름이 없는 소설을 생각하면 알 일이다."

　이야기에 이름과 인칭대명사를 많이 쓰면 반드시라 할 정도로 청중의 마음을 포착하기 쉬워진다. 왜냐하면 그 경우 화자의 이야기 속에 인간의 관심을 끄는 가치있는 것이 포함되기 때문이다.

　다음은 세부를 명백히 하는 것인데 대체 어떻게 해야 세부적인 것을 분명하게 설명했다고 확신할 수 있을 것인가. 첫째로는 신문기자가 기사를 쓸 때 다섯 가지 원칙을 사용하는 것이다. 언제, 어디서, 누가, 무엇을, 왜, 어떻게를 쓰는 것이다. 이 방식을 따르면 화자가 드는 실례는 생명이 있고 색채가 뚜렷해질 것이다.

　둘째로, 대화를 써서 이야기를 극적으로 이끌어가는 것이다. 인간관계 법칙을 응용해 대화를 만들어 혼자 말한다면 매우 효과적이다. 언제나 이야기 속에 대화를 만들어 넣어야 한다고 할 수 없으나, 직접 대화를 삽입하면 그만큼 화자의 이야기에 활력이 들어간다. 만약 화자가 어떤 무엇을 흉내내서 할 수 있다면 이야기 속의 대화는 한층 효과적일 수 있다. 또 동시에 대화법을 쓰면 이야기에 일상의 대화 같은 영향을 미친다.

　또 인간 지식의 85퍼센트 이상은 시각적 인상을 통해서 받아들여진 것이라 한다. 이 말은 텔레비전이 단순한 오락만이 아니고 광고 선전의 매체로 그 기능을 효과적으로 수행하는 것만 보아도 의문의 여지가 없다.

　말하는 것도 그렇다. 말한다는 것은 청각 호소의 기술이며 동시에 시각 호소의 기술이기도 하다.

　상세하게 설명하는 대목에서 실제 있는 것을 나타내 보이는 최상의 방법은 그것을 눈에 보이도록 하는 표현법을 쓰는 것이다. 그것은 마치 어깨로, 요란스럽게 흔들리는 날개를 표현하면서 위기 일발의 비행기 사고를 말하면 청자는 구사일생으로 살아난 화자의 이야기에 보다 더 긴장해서 귀를 기울이는 것과 같다.

"어떻게 하면 이야기를 시각화할 수 있을까?"
하고 자문자답해 볼 필요가 있다. 그리고 그것을 실제로 해본다. 옛 중국인은 그림을 보이는 것은 수천 수만의 말로 설명하는 것보다 낫다고 했고, 백문이 불여일견이라고 했다.

3. 능변의 조건

말 잘하는 사람이란 말하기 듣기의 일정 법칙을 종횡으로 구사할 수 있는 사람이다. 설득력을 몸에 붙이려면 아이디어의 정리, 이야기 장면에 가장 잘 맞는 방법을 써서 듣는 이에게 흥미를 안겨주는 것이 무엇보다 중요하다. 말 잘하는 사람이 되기는 그렇게 어려운 일이 아니다.

어느 누구도 날 때부터 선천적 능력은 없다. 중요한 화제가 효과적으로 선택되도록 그 이야기를 잘 구성해서 전개하는 사람이 말 잘하는 이라 불리운다. 또 듣는 이의 주의를 끌고, 그에게 흥미를 안겨주며 듣는 이를 납득시켜 말하는 이의 주장을 받아들이게 할 수 있는 사람이 바로 말 잘하는 이다.

아무리 내성적이고 소극적인 사람이라도 말하기 교육을 받고 거듭 연습과 경험을 쌓아나가면 말 잘하는 이가 될 수 있다. 말 잘하는 이가 되려면 경험을 쌓는 일이 중요하다. 말할 기회가 주어지면 이를 놓치지 않는다. 말하는 장면을 수없이 거치면 점차 능변으로 변모해 나간다. 다음 방법을 실제 이야기 장면에 활용해 본다.

◇ 품위있는 태도

내용 있는 것을 말한다. 이야기가 끝나면 곧 말을 멈춘다. 이것이 말 잘하는 요령이다. 품위있는 태도로 자신을 갖고 말하며 이야기할 것을 끝내면 곧 말을 멈추는 것이다. 이야기할 것을 끝내 놓고 새삼 이야기를 꺼내기보다 안 하는 편이 효과가 큰 것이다. 언제든 이 요령을 지키면 누구나 듣는 이의 칭찬을 받게 된다.

◇ 이야기 자료의 구성

이야기의 구성은 공식에 따라 이야기 자료를 올바른 순서로 구성, 효과적인 이야기 허두에 이어, 계속 이야기를 전개하는 것이 중요하다. 이야기 구성에 3, 4, 5단계 등 세 가지 양식이 있다.

◇ 이야기 자료의 준비

보통 쓰이는 이상으로 많은 자료를 준비할 필요가 있다. 대체로 목적을 이룰 수 있는 자료를 모을 일이다. 정해진 논점은 이야기를 전개할 때 그 목적을 이룰 것이 아니면 안 된다. 말하는 이의 임무는 듣는 이의 바람직한 반응을 얻는 것이다. 적절치 못한 논점은 어떤 것이든 피하며, 목적 달성에 도움되지 않는 자료는 버려야 한다.

◇ 이야기 허두

이야기 허두에 여러 가지 사실의 장식이 가능하나 보통 듣는 이를 놀라게 하는 뉴스를 발표하여 듣는 이의 주의를 불러일으키도록 노력하든가, 또는 말하는 이가 특히 듣는 이에 대해 친숙감을 안겨 주면 바람직하다. 청중의 주의를 집중시키는 심리적 배려와 함께 청중과의 공감대 형성을 꾀하는 일이 매우 중요하다.

◇ 빠른 속도

흥분하지 않고 침착하게 말하는 편이 좋다. 만약 흥분할 것 같은 기분이 들면 일부러 느긋하게 말하여 침착한 기분으로 전환시킨다. 보통 속도로 말할 때 1분 동안에 260자를 말할 수 있다. 화자의 말이 비교적 느릴 때 자신, 신념, 의지가 표명된다.

◇ 말하기 속도

이야기 표현이 단조로워지는 것을 피하기 위해 음성의 크기를 바꾸든가, 음성의 억양을 높이든가 낮추어 말한다. 즉 음성표현상 여러 가지 변화를 주어 듣는 이에게 싫증을 주지 않는다. 화자는 말소리의 강약, 속도, 고저에 유연성을 보일 필요가 있다.

◇ 포즈의 이용

말하는 이가 이야기 내용에 대하여 듣는 이에게 생각할 기회를 주는 것이 필요하다. 듣는 이에게 이따금 숨쉬는 틈을 주지 않으면 피로해질 염려가 있다. 말하는 이도 숨을 쉬고 다음 아이디어를 전개하기 위하여, 듣는 이로 하여금 말하는 내용을 이해시키고 이야기 내용을 음미하여 반추할 수 있는 기회를 주는 게 중요하다.

의미 단위를 구분짓는 포즈(pause), 말하기 효과를 올리기 위한 포즈, 어세를 강조하기 위한 포즈, 아이디어를 창출하기 위한 포즈, 절정에 다다른 뒤의 포즈, 결론에 이르기 전의 포즈 등을 이용하면 마음의 긴장을 이완시키고 동시에 듣는 이의 마음에 강한 인상을 심어줄 수 있다.

◇ 사례의 이용

'가령', '사례를 말하면' 하는 식으로, 말하는 이가 논점 설명과 관련된 사례를 이용하면, 듣는 이의 이해를 깊게 할 수 있다. 도표, 사진, 필름 등 시각자료를 이용하면 듣는 이의 주의를 끄는 데 큰 도움이 된다. 또한 다양한 사례 인용은 설득의 효과를 증대시키는 결과를 가져온다.

◇ 스토리의 이용

말하는 이가 마음속으로 생각하고 있는 아이디어를 설명하기 위해 스토리를 요령있게 이용하면, 말하는 이의 아이디어를 듣는 이에게 보다 분명하게 이해시킬 수 있다. 스피치의 시간 조절에도 스토리처럼 유용한 방편이 없다.

◇ 논점을 말한 뒤

듣는 이가 싫증낼 때까지 이야기를 계속하면 안 된다. 간단하게 꼭 흥미를 끌 수 있는 정도로 요령있게 말하는 것이 중요하다. 이것이 한층 효과적으로 말하는 방법이다. 말하는 이가 잠기지 않은 수도꼭지에서 물 쏟아지듯 이야기를 퍼부어 실패하는 경우도 있다. 청자 입장에서 더 들었으면 할 때 이야기를 끝내 아쉬운 여운을 남기는 것이 더 효과적이다.

◇ 활기있게 말한다

이야기를 즐겁게 하는 것처럼 보이기 위해, 음성으로 활기를 가하여 듣는 이의 감정이 즐겁고 유쾌해지게 하는 것이 필요하다. 슬픈 장면 외에는 냉정한 얼굴 표정과 태도를 보이면 안 된다. 연사가 활기있게 말하면 청중 분위기도 활성을 띠게 된다.

◇ 듣는 이가 생각하도록 한다

하나에서 열까지 모두 말하지 않고 듣는 이가 마음속으로 생각하게 하여, 듣는 이 자신이 다소나마 문제해결의 노력을 하게 하면 듣는 이는 '나도 다소 해결책을 알고 있다'고 느끼고 기뻐한다. 이야기에 끌어들이기 위해 듣는 이에게 질문을 던져나간다. 연사와 청중의 호흡이 일치될 때 스피치 효과는 배가된다.

◇ 생동하는 흥미

실제 논점에 이르기 앞서 결론을 미리 알려주는 방법은 매우 서투르다. 서스펜스가 있으면 이야기가 한층 돋보인다. 영화와 연극에서 서스펜스의 비결을 배워 이용한다. 그렇게 하면 이야기는 한층 돋보이고 흥미 있는 것이 될 것이다. 복선이 많이 깔린 추리소설의 형식도 참고해 볼 필요가 있다.

◇ 일시에 모든 것을

이야기 자료는 어느 정도 남겨두는 것이 좋다. 어떤 일이 벌어질지 모른다. 질문에 대답할 필요가 생길지 모른다. 하고 싶은 이야기를 다하기보다 어느 정도에서 끊는 것이 바람직하다. 화자의 침착성은 이처럼 여유에서 찾아지는 것이다.

◇ 흥미와 관심을

 인간은 사물보다 인간에 흥미를 더 갖는 것이 만인 공통이다. 가능하면 사람 이름, 명사 이름을 들어 인물담을 한다. 불특정 누구라고 말하기보다 뉴스에 나오는 특정의 인물 그리고 세인에게 낯익은 인물을 끌어들여 이야기를 전개하면 보다 흥미를 일으킬 수 있다. 특히 듣는 이 중에서 한 사람의 이름을 들어 언급해도 좋다.

◇ 듣는 이의 지성

 듣는 이의 지성에 경의를 표하면 듣는 이가 말하는 이를 존경하고, 그 이야기에 주의를 기울이게 된다. 인간의 교류는 상호 인격 존중에 바탕을 두어야 효과를 거둘 수 있다. 사람이면 누구나 칭찬을 듣고 인정을 받을 때 만족감을 느낀다.

◇ 구체적이고 건설적인 의견

 무엇을 할 것인가를 추상적으로 말하기보다, 어떻게 하면 좋은가의 구체적 방법을 말하도록 노력한다. 누구든 비판하고 불평하기는 쉬우나 건설적 의견은 좀처럼 말하기 어려운 것이 보통이다. 건설적 의견과 충고에 누구라도 감사하게 된다. 문제를 놓고 비판으로 일관하기보다 오히려 문제 해법 제시에 무게를 두는 편이 한층 현명하다.

◇ 지나친 조언

 인간은 건설적 의견을 좋아하나 조언은 좋아하지 않는 경향이 농후하다. 누구나 맞대놓고 무엇을 할 것인가를 질문하면 좋아하지 않으나 남이 무엇을 했는가를 말하면 경청하는 것이다. 제3자의 유사한 사례를 인용하는 것이 바람직하다. 만약 무엇을 해야 할지를 말하지 않으면 안 되는 때 완곡하게 말하는 것이 중요하다.

◇ 이야기 목적

이야기 목적을 정하지 않고 이야기를 시작하면 무엇을 말하려 하는지 모른다. 어떤 목적의 이야기를 하려는가를 정하고 이야기를 준비하는 것이 필요하다. 연설 구상을 도식으로 보이면, 표제-주제-목적-도입-전개-종결 등으로 순서를 짜게 된다.

◇ 절정에 이르면

절정에 이른 다음 이야기를 계속하면 효과를 상실하게 된다. 중언부언이 되풀이될 뿐이다. 청중이 짜증을 낼 것은 뻔한 일이다. 어디에서 어떻게 절정을 마련할 것인가에 신중을 기해야 한다.

◇ 목적 분류

이야기 목적은 보통 다섯 가지로 분류된다. 상대를 즐겁게 하는 목적의 이야기, 상대에게 정보를 주거나 혹은 설명하는 목적의 이야기, 상대를 이쪽 의도대로 행동시키는 목적의 이야기, 남을 설득하는 이야기, 감동을 주어 울리는 이야기다. 목적을 분명히 의식하고 있어야 이야기 전개가 효과적으로 이루어진다.

위의 21개 항목들은 말을 효과적으로 잘하기 위해 고려할 수 있는 사항이다. 누구나 조금만 유념해 실제 적용해 보면 큰 성과를 거둘 수 있을 것이다.

4. 이야기 목적

 무엇을 말하고 싶다는 목적이 없으면 설득에 성공할 수 없다. 목적 없는 이야기는 목적지를 결정하지 못한 여행과 같다. 어디를 가는지 알 길이 없다. 이야기를 듣는 이에게 귀중한 시간을 허비하게 하는 결과밖에 아무것도 아니다.
 일반적으로는 말하는 이가 이야기를 시작하기 앞서 이야기 목적을 미리 정해 놓지 않는 경우가 많다. 그러므로 화법에서 명확한 목적을 미리 세워놔야 하는 필요성을 우선 연구해 본다. 먼저 듣는 이의 입장에서 살펴본다. 듣는 이가 이야기 듣기 위해 쪼갠 시간에는 제한이 있다. 또 듣는 이는 지금 말하는 이의 이야기를 듣는 외에 다른 유명인사의 이야기를 듣고 싶어하고 그밖에 또 해야 할 용건이 많다. 듣는 이에게 시간은 금이요, 매우 귀중한 것이다.
 말하는 이가 한쪽으로 이야기를 이끌어 나가는가 하면 다시 다른 쪽으로 이야기를 돌려, 결국 말하는 이가 무엇을 말하려는지 시간만 낭비하는 까닭모를 이야기라면, 듣는 이는 더이상 참을 수 없어진다. 이때 짜증스러워 듣는 이는 이야기 도중에 자리를 뜨게 된다.
 화법에서 가장 중요한 것은 말하는 이가 말할 것만 말하고 이야기가 끝나면 말을 멈추는 일이다. 바꿔 말하면 말하는 이는 주어진 시간내에 한층 효과적인 방법으로 이야기 목적을 달성할 수 있게 이야기를 전개시켜야 한다. 이렇게 하기 위해 말하는 이는 이야기를 시작하기 전에 미리 목적을 정해놔야 한다. 어떤 이야기든 신중히 목적을 생각하고 또 말하는 이가 내용을 취소하든가 똑같은 사실을 지루하게 반복하는 일 없이 듣는 이가 분명히 이해할 수 있게 말해야 한다.
 다음, 말하는 쪽에서 보면 목적을 분명히 하고 무엇을 말하고 생략할 것인가를 결정해 둘 필요가 있다. 말하는 이는 결정된 목적에 따라 이야기 자료를 선택한다. 말하는 이는 화제에 대하여 모든 것을 5분이나 10분의 주어진 시간내에 말할 수 있는 게 아니다. 그러므로 말하는 이는 이 자료가 자기 목적을 달성하는 데 충분히 도움이 되는가의 여부를 고려, 이야기 자료를 취사선택하지 않으면 안 된다. 이처럼 말하는 이가 목적을 분명히 정하고 준비를 하면 듣는 이 역시 그 이야기를 잘 이해할 수 있게 된다.

◇ 다섯 가지 목적

이야기 목적은 보통 다섯 가지로 분류된다. 즐겁게 하는 목적, 정보를 주든가 설명하는 목적, 감동시키는 목적, 납득시키는 목적, 행동시키는 목적의 이야기이다. 이들 다섯 가지 목적은 각각 독립하여 그 목적의 이야기를 구성하기도 하나 대개 둘 또는 세 개의 목적이 중복되는 경우가 많다.

가령 즐겁게 하는 목적의 이야기라도 어떤 새로운 정보를 주고 또 듣는 이가 행동을 일으키는 데 영향을 불가피하게 미치는 경우가 있다. 행동시키는 목적의 이야기도 어느 정도 즐겁게 하고 지식을 주며 감동시키고 납득시킨 토대를 이루지 않으면 행동을 일으키는 데 성공하기 어렵다.

말하는 이는 어떤 목적을 뽑는 것이 가장 적절한가를 판단해서 이야기를 준비해야 한다. 이 같은 형식의 목적을 일반목적이라 하고, 다루는 내용에 따른 목적을 특정목적이라 한다.

5. 윤리적 표현

남의 귀를 끄는 이야기가 있다. 우리가 말할 때 이야기가 남의 귀를 끌 수 있다면 매우 바람직하지 않은가.

    첫째, 진실이다. 듣는 쪽은 말하는 이의 이야기 내용을 여과장치를 통해 간단없이 여과한다. 진실은 받아들이되 거짓은 거부한다. 노자는 <도덕경>에서
"진실한 말은 아름답지 않고, 아름다운 말은 미덥지 않다."
고 했다. 진실보다 강한 설득력은 없다. 거짓은 인격을 훼손한다. 거짓은 남과의 인간적 교류를 차단하는 원인이 된다. 일시적으로는 남을 속일 수 있을망정 지속적으로 남을 속일 수 없다. 거짓은 남과 등지는 수단이 되나, 진실은 남과의 교류를 지속적으로 이어가는 방편이 된다. 가리고 감추고 덮어도 거짓은 드러난다. 진실은 말하되 거짓을 말해선 안 된다.

    둘째, 양식에서 우러나오는 소리다. 양식은 학식이 아니다. 학식은 지식의 축적으로 이루어지나, 양식은 지식의 축적으로 이루어지는 것이 아니다. 양식은 훌륭한 식견과 판단력이다. 또 식견은 생활체험에서 얻은 삶의 지혜일 것이다. 양식을 바탕으로 말할 때 그의 말은 설득력을 갖고 호소력을 갖는다. 그리고 남의 귀를 끌 수 있다. 그러나 선악의 구분이 불분명하고 정과 사를 가릴 줄 모르면 식견과 판단력을 의심받기 쉽다. 양식의 호소는 윤리적 표현에서 중요한 부분을 차지한다.

    셋째, 정의감이다. 불의를 말하지 않고 불의의 편에 서지 않으며 불의를 옹호하지 않고 언제나 정의의 편에서 기치를 들고 과감히 불의에 저항하고 항거할 때 우리는 그를 정의감에 불타는 사람이라 부른다. 정의로운 이야기는 만인의 공감을 산다. 때로 정의로운 이야기는 듣는 이에게 분개심을 일으킬 수 있고 단합을 촉진할 수 있으며 행동 통일을 꾀할 수 있다. 통상 신은 정의의 편이라고 믿고 있다. 따라서 종교적 신념 같은 것이 정열적으로 표출될 때 그것은 분명 지성과 야성의 사자후임에 틀림없을 것이다.

    넷째, 겸허한 자세이다. 상대를 높이고 나를 낮추는 기본 자세가

우리의 사회 처신을 한층 높이 평가받게 해준다. 비록 허물없는 친구나 동료사이라 해도 겸허는 우정을 돈독히 쌓는 밑거름이 되게 할 것이다. 나아가 구면의 사람이나 또는 전혀 미지의 사람과 대면할 때라도 언제든 겸허한 자세를 견지할 수 있다면 그의 인간됨이 무한한 우정을 불러모으게 될 것이고, 그는 인격적으로 존경받는 위치에서 분명 남의 선망을 사게 될 것이다.

다섯째, 상대방에 대한 이익을 염두에 두고 말하는 것이다. 상대방 불이익은 피하고 상대방 이익을 크게 고려하는 방향으로 이야기가 전개되면 누가 그의 이야기에 귀기울이지 않겠는가. 사람은 누구나 그의 이익과 불이익에 대단히 민감한 것이다. 이익에 귀를 세우지만 불이익에 무관심해진다. 욕구추구나 욕구불만 해소 역시 동일한 설명이 가능하다. 자기가 추구하는 욕구에 부합되거나 자기가 추구하는 욕구불만 해소에 부합될 때 사람은 설득된다. 이 점은 또 설득의 동기가 된다.

여섯째, 유머이다. 현학적 표현은 지양하고, 난삽한 어구 표현은 쉽게 고치며, 복잡다단한 화제 전개를 되도록 피할 때 한결 이야기는 이해하기 쉬워질 것이다. 나아가 유머는 금상첨화이다. 이야기를 통해 남의 웃음을 자아낼 때 분명 이야기는 남의 귀를 오래도록 끌 수 있을 것이다.

6. 음성표현법

◇ 목소리는 그 사람

씌어진 어구를 구체음성으로 읽을 때도 그렇지만 일상적으로 말할 때, 구체음성에 실로 여러 가지 미묘한 변화가 나타난다.

"자, 이제 그만이야."

이 말을 놓고 보아도, 구체음성이 되면 천차만별의 느낌을 준다. 즉, 딱 잘라 말하는 경우, 낙담과 실망의 기분으로 말하는 경우, 체념의 뜻으로 말하는 경우, '그대가 정 그러긴가, 그렇다면 이쪽에도 생각이 있어' 하고 위협하는 경우 등 각각 의미가 달라진다. 여러 갈래로 어조의 변화가 나타난다. 의미 차이뿐 아니라 그 사람의 성격, 사람됨이 목소리로 나타난다. 때문에 몸에 밴 교양, 품성조차 화자의 목소리로써 짐작할 수 있다.

인간의 내면세계에 깊이 잠겨 있는 모든 것이 음성상으로 명암, 고저, 강약, 완급 등 여러 가지 형태로 나타난다. 이 같은 구체음성상의 여러 가지 변화에 의하여 우리의 구두표현어는 매우 미묘한 양상을 띤다. 동시에 어구 이상의 의미가 직접 표현된다. 모든 전기호적(前記號的) 요소가 작용하는 것이다.

일상생활에서 우리의 말하기는 기호적인 것과 전기호적인 것의 큰 복합이다. 가령, 날카롭게 노한 상태의 명령은 같은 명령을 낮은 목소리로 낼 때보다 일반적으로 보다 빠른 효과를 가져온다. 음성의 질 자체가 사용된 기호와 더불어 또다른 감정을 표출하는 힘이 있다.

글이 그 사람인 것처럼 목소리가 그 사람이다. 음성표출이 화법에서 크게 중요시되며, 동시에 인간교육 품성지도 등으로 볼 때 역시 동일하게 중요시된다. 이 같은 음성 구실을 몇 개 항목으로 살펴보면 다음과 같다.

◇ 어조(Intonation)

구두표현에서 호흡의 단락마다 나타나는 고저의 변동을 이르는 것인데, 말할 때 화자의 주관을 직접 표현하게 된다. 강한 명령을 내릴 때 말끝의 어조는 보다 낮아지고, 질문을 던질 때 말끝의 어조가 보다 높아지는 현상이 있다. 어조는 발성할 때, 인간공통의 행동에 관계된다.

 그리고 목소리의 높낮이는 성대를 진동하는 속도에 비례한다. 정지된 상태의 성대를 급속히 진동시켜 속도를 유지하기보다 처음은 느리게 진동시키고 점차 빠르게 하는 편이 생리적으로 자연스럽고 효과적이다. 동시에 목소리의 끝부분이 낮아지고 전체로 보면 고저 관계가 이루어진다. 이것이 일반적인 음성표출의 원칙이며 어조의 기본이다.

 단정이든 명령이든 질문이든 일종의 의도를 바탕으로 자연적인 기본어조를 구사, 여러 가지 고저의 변화를 붙여 말하기 효과를 올린다. 그러나 실제의 어조는 거의 습관화되고, 반사적으로 나타난다. 즐거울 때 전체적으로 어조가 높고, 슬플 때 전체적으로 어조가 낮아진다.

 어조는 화자의 주관적 기분이 그때마다 직접 반영되는 것이므로 발화시에 기분대로 솔직히 표현하면 되는 것이지 특별히 고심할 필요는 없다.

 말하기 효과를 더 올리려고 지나치게 과장하든가, 반대로 말할 때 분위기와 그 밖의 조건으로 위축되어 묘하게 숨어드는 어조는 피한다. 요컨대 변화 없는 단조로움이 바람직하지 않은 것처럼 과장된 기분의 표출도 곤란하다. 이에 항상 균형과 조화를 이루도록 한다. 악센트는 단어의 억양이요, 인토네이션은 어구의 억양이고, 인플렉션은 개성의 억양이다. 여기서 주로 다룬 것은 어구의 억양인 어조이다.

◇ 강조(Prominence)

 강조는 말하기에서 중요한 의미를 갖는 부분에 표시되는 음세의 변동을 뜻한다. 중요 대목을 두드러지게 나타내는 것으로 화자의 기분을 중점적으로 표현하고, 상대방이 화자의 참 뜻을 정확히 알게 하기 위한 의지 표시이다.
　예를 들면,
"그는 내 시계를 훔쳤다."
　이같이 단순한 문장이지만 음성표현 방법에 따라 전달되는 의미가 크게 달라진다.
"<그는> 내 시계를 훔쳤다."
　<그는>에 어세를 주면, 도둑이 강조되고,
"그는 <내> 시계를 훔쳤다."
　<내>에 어세를 주면, 시계 소유자에 대한 주의가 환기되고,
"그는 내 <시계를> 훔쳤다."
　<시계를>에 어세를 주면, 훔쳐진 물건이 명시된다.
"그는 내 시계를 <훔쳤다>."
　<훔쳤다>에 어세를 주면, 행위를 강조한 셈이 된다.
　이처럼 단순한 한 개 문장이 네 개의 각기 다른 의미를 표출한다. 그러나 이때 화자에게 가장 먼저 떠오른 넷 중의 한 아이디어를 청자에게 전달하게 된다.
　강조하는 어세 역시 어조와 마찬가지로 합목적적이지만 비체계적 특징을 가지고 있으므로 어디까지나 화자의 주관적 기분을 직접 단적으로 표현하면 된다. 이 점으로 볼 때, 어조와 강조를 말하는 현상이라 부르게 된다. 어조와 강조의 차이는 다음과 같다.

1. 어조는 말소리 높낮이의 변화가 중요한 의미를 갖고, 강조는 강약의 음성 변화가 중요한 의미를 갖는다.
2. 어조는 화자의 호흡 단락마다 나타나지만, 강조는 문장 중에서 화자 주관에 따라 특히 중요하다고 생각되는 부분에 나타난다.
3. 어조의 경우, 어느 부분을 비교적 낮추는 것으로 앞뒤의 부분을 상대적으로 높여 효과를 올리는 방법과 같이, 강조에서도 어느 부분을 특히 약하게 소리내는 것으로 앞뒤의 부분을 상대적으로 강조하는 방법이 있다. 이때 반대로 오히려 약하게 표

현된 부분이 강조되는 수가 있다.

◇ 공백(Pause) : 띄어 말하기

　말할 때 적당한 공백을 두면, 말하기에 효과를 거둘 수 있다. 말하기는 소리내는 것인데 말하는 중에 소리내지 않는 부분이 있다. 이 것을 영어로 '포즈'라 이른다. 쉽게 설명하면 '띄어 말하기'이다. 실은 화법에서 공백의 기능이 매우 중요하다. 단지 생리적으로 무신경하게 어구를 구분짓는 것이 아니라, 신경을 예민하게 기능하여 정확히 표시하는 침묵의 순간들이 의미에 적절히 대응된다.
　그러나 공백, 즉 침묵은 오해이다. 공백은 허와 실의 조화이다. 때문에 말할 때 어구만의 연구는 불충분하다. 어구 사이에 두는 공백의 적절한 연구가 반드시 포함되어야 한다. 말할 때 이 포즈가 정확하면 의미 전달이 분명하고, 청자는 일종의 쾌감을 맛볼 뿐만 아니라 이야기에 도취해 버리는 지경에까지 이른다. 바꾸어 말하면 공백의 조화가 가져다주는 쾌감이다. 공백은 다만 숨쉬기 위한 휴지의 작용에 머물지 않고 무엇인가 표현을 충실케 하려는 의도를 담고 있다. 그러므로 공백을 소극적인 소리요, 적극적인 뜻이라 말하게 된다. 음성표현상 다른 어떤 요소보다 이 포즈는 정밀한 계산이 필요한 것으로 알려져 있다.
　어떻든 공백의 효과를 살리는 음성표현상 기교는 물론 화자의 인격과 말하는 내용에 크게 의존하게 된다. 이야기 내용이 충실한 것일수록 화자의 인격이 매력적일수록 공백이 쓰인다. 공백은 원래 개성적인 것이므로 길이나 자리가 일정하지 않다. 화자의 상상력과 재체험 또는 감정 동화 능력이 포즈의 효과를 배가시킨다.
　문장에서 독자를 위하여 바른 구두법이 쓰여야 하는 것같이, 말하기에서 청자를 위한 바른 공백이 화자의 구두표현에 반드시 포함되어야 한다. 이야기의 클라이맥스 앞에 오는 공백은 이야기에 서스펜스를 증가시키는 요인이 된다. 더욱이 극적인 공백은 어떤 어휘 표현보다 한층 강하게 화자의 정감을 표시할 수 있다. 그럼에도 불구하고 휴지에 신경쓰이는 게 두려운 나머지 군말을 섞든가 휴지 없이 잇대어 말하는 경우가 많다.

공백은 화자가 느끼는 것처럼 청자 역시 길게 느낄 때가 있다는 사실과, 공백을 두며 말할 수 있는 것은 화자에게 평정과 자제의 능력이 있음을 보이는 좋은 징후란 사실을 꼭 명심할 필요가 있다. 그렇다 하여 불필요한 데까지 공백을 둘 것은 없고, 오직 화자가 강조하고자 하는 사상과 감정에만 적용, 공백을 둘 일이다.

7. 표정 언어

거리의 상점으로 상품을 사러 갔을 때 "어서 오십시오." 하고 웃으며 반길 때와, 손님 온 것조차 내색을 보이지 않는 무표정한 주인을 대할 때 손님 입장에서 느낌이 전혀 다르다. 상점 주인이 내색도 안 보이면 물건을 사려던 마음이 일순 사그러지지만, 상면한 순간 미소를 머금은 얼굴은 보기만 해도 기분이 상쾌해진다. 웃는 얼굴에 누구나 성내지 않는 법이다.

아침 직장에 나가 먼저 본 사람이 웃으며 "안녕하십니까?" 하고 인사한 뒤 기분좋게 웃는 낯으로 "안녕하십니까?" 하는 답례를 받으면 '오늘 하루도 즐겁게 지내자'는 환희가 샘솟는다.

그런데 이와 반대로, 미소가 없는 인사는 먼저 반감부터 생기고 열심히 일해야겠다는 생각이 들지 않는다. 각계각층에서 빈번히 명랑한 사회, 명랑한 직장 등의 슬로건을 잘 내세우지만, 그것은 채광이 좋고 분위기가 깨끗한 환경 이상으로 미소를 잃지 않는 사람들에 의해서 비로소 이루어질 수 있다.

남편과 아내가 미소를 잃지 않으면 가정에서 봄처럼 화사한 분위기가 감돈다. 근엄한 표정을 지어야 그것이 위엄있는 것으로 새기는 사람이 있으나 그것은 못내 부자연스럽다. 여기서 주의할 점은 미소는 억지 웃음이나 의례적 웃음과 다르다는 사실이다. 때문에 불쾌할 때 미소가 지어질까 하는 의문이 생긴다. 미소짓고 싶지 않더라도 미소지으려 의식적으로 노력하면, 언젠가 밝은 감정이 솟아 자연스런 웃음으로 바뀌어갈 것이다.
　말이 훌륭하고, 목소리마저 아름답다 하더라도 미소가 빠져 있다면 어딘지 서먹한 감정을 상대에게 줄 것이고, 그것은 마치 조화에 향수를 뿌린 격이 될 것이다. 생화 같은 맛과 멋은 도저히 남기지 못한다.
　칸트는 표정이 정신에 미치는 영향에 대해, "얼굴 표정은 서서히 마음에 인상을 새기고, 그 사람의 성정을 밝게 그리고 사교적으로 만든다"고 했고, 특히 딸을 둔 어버이에게 어려서부터 딸에게 웃는 습관을 붙여줄 필요가 있음을 강조했다. 미소 지을 수 있는 사람이 남의 마음을 끌고, 남을 유쾌하게 하고, 남을 즐겁게 할 수 있다.
　인간의 표정과 행동은 일반 언어보다 한층 명료하게 그 사람의 본심과 의도를 잘 표출한다. 미소의 표정은, "나는 그대에게 호의를 가지고 있습니다. 걱정이나 주저말고 무엇이나 말해 주세요."라는 메모지를 전달하는 커뮤니케이션의 역할을 하는 셈이다. 일반언어를 '버벌 커뮤니케이션' 표정언어와 동작언어를 '넌버벌 커뮤니케이션'으로 통용하고 있다.
　표정은 말보다 더 많은 것을 말한다. 말로 옮길 수 없는 것을 표정이 전할 수 있는 것도 있다. 얼굴 표정에서 눈은 언제고 중심이 된다. 눈빛이 상대방에게 던지는 인상, 그것은 다양한 의미를 함축한다. 눈은 마음의 창이다. 하지만 마음의 움직임, 마음의 정체를 대체 누가 정확히 알 수 있을까.

8. 언어 표현법

◇ 말을 고른다

1. 구체적인 말

말에는 원칙으로 외연과 내포의 두 가지 구실이 있다. 책상이란 말은 현실의 이 책상 저 책상을 가리키면 외연이고, '위가 평평한 것', '무엇을 쓰기 위한 것', '다리가 달려 있는 것', '서랍이 끼어 있는 것' 등이 머리에 떠오르면 내포이다. 되도록 외연이 좁혀져 누가 그 말을 들어도 동일한 것을 생각해 낼 수 있는 말만 골라 쓰는 것이 좋다. 이것이 바로 구체적인 말이다.

단지 "책상을 사오라"고 할 때 그대로 "네!" 하고 달려나가는 직원이 있다면 그는 바보같은 사람이다. 보통 사람이면 "어떤 책상입니까?"라고 되묻는다. 한편, 이렇게 직원이 반드시 되물어야만 하도록 말하는 상사 역시 남에게 일을 시킬 자격이 없는 사람이다.

"저 사람은 참 좋은 사람이야" 하는 말은 무책임한 말이다. '인격이 훌륭하다'는 뜻인지, 아니면 '누구나 싫어하지 않는 바보같은 사람'이란 뜻인지 그것은 듣는 사람 나름으로 해석된다.

키가 큰 사람도 뚱뚱한 사람도 모두 '큰 사람'이라고 하든가, 그림 그리기를 좋아하는 사람도 그림을 보기 좋아하는 사람도 모두 '그림을 좋아하는 사람'이라고 하는 것과 동일하다. 그러므로 가리키는 대상이 분명한 것이 되게 하기 위해 구체적인 말을 써야 한다.

2. 가까운 말

'좋다'는 말만 해도 '우수', '미려', '양호' 또는 '잘 먹었다', '재미있다', '즐겁다' 등 각각 쓰이는 정황이 다르다. 길을 걷는 사람이 많으나 사람마다 걸음걸이가 다르다. 갈짓자로 걷는 사람, 유유히 걷는 사람, 뚜벅뚜벅 걷는 사람, 슬슬 걷는 사람, 꾸부정히 걷는 사람, 이것은 걸어가는 사람의 모습을 나타내는 유사표현이 된다.

우리 나라에는 '유어 사전'이 있다. 우리는 겨우 학생들만 국어사전 정도를 가지고 가까운 말을 배운다. 많은 어휘를 필요로 한다 해서 사람이 잘 알지 못하는 난삽한 말을 부활시킴으로써 역효과를 가져오는 수가 있으므로 이 점에 주의가 쏠려야 한다.

3. 자신의 말

우리는 남에게서 들은 말을 잘 알지 못하면서 무작정 쓰는 수가 있다. 이것 역시 자칫하면 오해를 사기에 안성맞춤이다. 나아가 부지불식간에 자신의 무식이 드러나기도 한다. 이 경우 외래어와 외국어의 사용에 많다. 되도록 남이 한 말은 사전을 찾아 자기 것으로 만든 다음 써야 한다.

4. 통용이 넓은 말

필요한 경우만 제외하고 전문어를 쓰지 않는다. 전문어를 써야 할 때는 겸손하게 그 말에 설명을 덧붙인다. 외국어와 외래어는 흔히 지식 수준을 자못 과시하는 인상을 주기 쉽고, 잘못하면 청중에게 '건방지다'는 혹평을 받을 수 있다. '직업어'를 일반에게 사용하면 안 된다.

◇ 표현은 힘있게

1. 의문부호

스피치를 전개하면서 청자에게 질문을 던져 반응을 시험한다. 물론 현실적 해답을 구하자는 의도는 아니다. "그렇지 않습니까?"는 "그렇다"는 말보다 힘이 있다.

2. 클라이맥스

 기복이 없는 이야기처럼 흥미 없는 것이 없다. 가장 큰 기복은 한 가지 이야기에 항상 하나이나, 그것을 준비하기 위한 작은 기복이 따로 하나, 둘 있는 것이 좋다. 기복은 대개 본론의 끝부분에 둔다. 클래이맥스에서 청자의 마음을 한층 힘있게 불러일으키지 않으면 안 되기 때문에 문장의 구성을 세심히 연구할 필요가 있다.

3. 대구법

 "할아버지는 산에 나무 하러 가시고 할머니는 개울에 빨래 하러 가셨다."
 "배는 고프고 다리는 아파서……"
와 같은 대구법은 청자의 귀에 쉽게 들어간다. 다만 이런 형식을 취하다 보면 내용보다 형식에 치우칠 염려가 있다. 그것을 주의해야 한다. 그리고 이야기는 시의 낭독과 다른 것이므로, 그렇게 정확하게 구를 대응시킬 필요가 없다.
 일반적으로 대구와 비슷한 것으로 반복법이 사용되기 쉽다.
 "겨울이 가고, 봄이 가고, 그리고 여름이 찾아왔습니다."
 "선생님은 훌륭한 분이었습니다. 선생님의 어머니도 훌륭했습니다. 선생님의 외할머니도 역시 훌륭한 분이었습니다."

4. 수식어

 수식어가 많을수록 문장이 길어진다. 청자에게 짤막한 어구가 이해에 도움을 준다. 방송 뉴스는 신문 뉴스보다 문장이 짧은 것이 특색이고 문어를 쓰는 신문에 비해 방송은 구어를 쓰는 것이 다르다. 어떤 종류의 것이든 스피치는 구어를 써야 마땅하다.

5. 군소리

'말이야'를 연발하든가, '에'를 자꾸 되풀이한다는가, 아니면 '또한', '역시'를 쉴 사이 없이 중간에 넣는 경우가 있다. 이것은 청자에게 무엇을 전달하는 커뮤니케이션상 대단한 장애가 된다. 연단이나 교단에 서기 앞서 이 같은 자기의 어벽을 고쳐두지 않으면 안 된다. 일반적으로 상대방 화자의 이 같은 어벽에 정신이 쏠리면 청자는 말하는 내용에 등한하기 쉽다.

6. 미문

대구법이나 반복법이 지나치면 '미문법'에 빠지기 쉽다. 이야기 듣는 청자보다 화자 자신이 말에 도취되는 수가 왕왕 있다. 화자가 자기 자신에 도취해 버리면 커뮤니케이션의 길은 막히고 만다. 미문에 얽매이면 이야기의 맥이 끊어지기 쉽다.

7. 비유

어떤 수사학 문헌이든 비유의 활용을 가르치고 있다. 비유는 어디까지나 표현을 실감나게 하는 효과가 있다. 이것을 적당히 쓰면 설득에 효과가 있다. 본래 비유는 청자에게 심리적 암시작용을 일으키는 것이다. 논리에 관계 없는 경우가 많기 때문에 이것을 논리에 적용하면 안 된다. 이미 증명된 것을 다만 설명하기 위해 비유를 써야 한다. '…처럼', '…같은', '…이듯이', '…하듯이' 등이 비유적 표현이다.

◇ 말의 의미

말과 사실과의 사이에 어느 정도 거리가 없지 않다. 모든 언쟁의 원인은 말과 사실의 괴리에서 많이 찾아진다. 말을 잘못 오용하면 각각 다른 개념이 같은 말로 표현되고 이 때문에, 화자와 청자 사이에 근본적인 의미 차이가 발생한다.

1. 사실에 맞게

말은 사실을 대신 표현하는 것이지 사실 그 자체는 아니다. 그럼에도 불구하고 실제 생활에서 말과 사실을 혼동하는 일이 많다. 그러므로 거짓을 말하지 않고 간판만의 말을 쓰지 않을 일이다. 누군가를 훌륭하다고 기릴 때, 그 사람이 행한 모든 일을 정당하게 보는 것 같이, 말의 의미를 부당하게 과장하면 안 된다.

2. 개략적인 표현

우리는 흔히 어떤 사실을 모든 측면에서 관찰할 수 없다. 그럼에도 불구하고 '모두', '누구나'라는 말을 매우 간단히 쓴다. 길거리를 지나는 대여섯 사람이 자기를 쳐다보았다고 "모든 사람이 나를 보았다"고 말한다.

이 말을 들은 사람의 머리에 대여섯 사람이 일제히 그 사람을 쳐다본 장면이 떠오르지 않는다. 이런 표현을 쓰는 것으로 남에게 오해를 사고 자기 인생관을 흐리게 할 염려가 있으므로 주의해야 한다. 이를 피하려면 매사를 항상 냉정하게 사고할 필요가 있다.

3. 사실과 추측

'아침부터 침묵이다'는 표현은 사실을 말하는 것이나, '성이 났다', '병이 났다'고 말하는 것은 어디까지나 추측이다. 루머(rumor)가 세상에 퍼질 때 대개 이런 추측이 꼬리를 물고 나간다. 남에게 어떤 사실을 말할 때 이 같은 루머를 함부로 쓰면 안 된다.

4. 색안경

색안경으로 사물을 보지 않고 그런 표현을 쓰지 않는다. "우리 자식은 그런 일이 없다", "아무래도 저 놈은 눈초리가 이상해." 결국 매사를 색안경으로 보면 편견과 선입관의 함정에서 벗어나기 어렵다.

5. 다의어

같은 말이 여러 가지 의미를 갖는다. '색'이라 하면 '빛깔'도 의미하지만 '여자'의 뜻을 나타낸다. 또 '근사하다'면 '가깝다'는 뜻과 '훌륭하다'는 두 가지 의미를 갖는다. 그러므로 말을 택하는 데 신중해야 한다. '…과 같다'는 말은 '…이다'는 말과 전혀 다르니, 이것을 혼동하거나 동일한 것으로 보면 안 된다. 또한 시간과 때가 들어가지 않는 말은 상대가 착각하기 쉽다.

'그 사람은 수재였다'는 말은 어느 학교, 언제라는 것이 분명치 않으므로 사람을 혼란시킨다. 누가, 무엇을, 어떻게 등 되도록 구체적으로 밝힌다. '나는', '나에게는'이라는 말을 쓰는 것을 습관 붙인다. '제가 아는 한도에서는…' 하고 말을 붙이도록 주의한다. 이것은 결국 인간은 모든 것을 다 안다고 할 수 없기 때문이다. '어느 정도…'와 같은 말도 분명히 해둔다. '그 사람이 하는 일은 장래성이 없다…'와 같은 말은 크게 오해받기 쉬운 말이다. 어느 정도라는 것을 명백히 하지 않으면 남을 착각에 빠뜨릴 수 있다.

◇ 표현을 새롭게

1. 틀에 박힌 표현

흔히 여러 사람 앞에서 인사할 때, 일상 쓰던 문구를 통하여 틀에 박힌 표현을 한다. 여기서 벗어나 관용구를 버리고 표현을 바꿔보면 훨씬 신선해진다. '십년이면 강산이 변한다'는 표현을 들을 때 청자는 빛바랜 말을 듣는 느낌을 갖는다.

2. 장면에 맞는 표현

표현은 상대방을 보고 상황을 살펴 변화를 줄 필요가 있다. '산새가 운다'라고 하면 설명이 되나, '산새가 노래한다'고 바꿔 표현하면 산새에 대한 화자의 태도, 즉 사물을 바라보는 깊이가 달라진다.

수사의 명수인 찰스 램은 이렇게 말한 적이 있다.

"아냐, 저 사람은 할 수 없어 나는 저 사람을 싫어하지만 만나기만 하면 싫지가 않아…"

이렇게 말을 바꿔 표현하면 스피치는 한결 격이 달라진다.

3. 신어와 외래어

분별없이 신어와 외래어를 쓰면 청자의 반발을 사기 쉽다. 바캉스 붐·장르·뉘앙스·가십·노코멘트 등 퍼졌다가 다시 사라져가는 유행어를 쓰지 않으면 시대에 뒤떨어지는 듯한 착각을 하는 사람이 있으나, 이것을 상황에 맞게 써야지 그렇지 않으면 반발을 사기 쉽다. 신어의 빈번한 사용 역시 삼가는 편이 좋다.

4. 한자어구

남에게 말할 때는 보다 알기 쉬운 말을 써야 한다. 외래어만 아니라 한자어구를 써서 추상적 표현으로 만족해 하는 사람이 있다. 극한 상황, 소외지대, 격세지감, 차원, 실존 등 난해한 한자어로 자기 말에 권위를 붙이는 습관은 예부터 있어온 일이나, 오늘에 와서 좀 고려해 볼 문제이다.

스피치에 쓰이는 말은 알기 쉽고 구체적이어야 한다는 것이 변함없는 원칙이다. 보다 훌륭한 스피치는 보다 훌륭한 대화의 연장이다.

9. 긴장과 흥분

　여러 사람 앞에서 말할 때나 초면의 손윗사람과 이야기할 때는 누구라도 가볍게 흥분하여 제대로 이야기 진전이 안 되는 법이다. 그럼에도 불구하고 가벼운 흥분이 자기만의 것이고 남은 그렇지 않은 것으로 추측, '어째서 나만 이럴까?' 하고 생각하기 쉽다. 그러나 이 현상은 나만의 특별한 것이 아니고 누구나 다 그런 것이다. 단지 가벼운 흥분 상태를 남에게서 느낄 수 없을 뿐인 것이다.

　그것은 남 앞에서 하는 이야기나 연기를 통하여 자기역을 연출하는 탤런트 경우도 역시 동일하다. 어느 탤런트는 녹화 개시 시간이 가까워지면 우선 화장실에 가고 싶어지고 그곳을 5분마다 찾는 경우도 있다고 한다.

　또 어떤 아나운서는 신인 시절에 방송실시 전에 먼저 목욕탕에 가서 목욕 한번 하고 나와야 침착을 되찾곤 하였다. 때문에 조금 일찍 방송현장에 가면 근처에 마땅한 목욕탕을 찾아보는 것이 몹시 수고스러운 일이었다. 어떤 연극배우가 말하기를 첫 번 출연은 가볍게 흥분한다고 하였다.

　어떤 상황에서 인간은 누구나 가볍게 흥분한다. 바꿔 말하면 긴장하고 가볍게 어는 상태를 경험한다. 긴장은 정상이다. 만약 어떤 장면에서 얼굴표정 하나 변하지 않고, 심장고동 또한 전혀 변화하지 않는 사람이 있다면 그만큼 그는 정상인이 아니다.

　인간은 시각을 비롯하여 오감으로 외부세계의 동태를 파악하여 즉시 이에 상응하는 행동을 일으킨다. 긴장은 "여기 많은 사람이 있구나, 초대면의 사람이 있구나…" 하는 사실을 오감이 수용, 다시 이에 대응하기 위하여 얼굴이 빨개지고 가슴이 두근거리는 등 신체기관이 정상으로 작동하는 증거이다. '긴장하고 흥분했다. 정상이구나' 하고 오히려 기뻐할 일이다.

이렇게 돌려 생각하면 마음에 여유가 생기고 침착을 되찾게 된다. 그러나 '긴장되는구나, 어떻게 한담' 하고 당황하기 때문에 한층 더 불안감을 조장시켜 말하기 어렵게 된다. 긴장하고 흥분된 상태를 솔직히 인정하는 편이 낫다.

어느 가수가 "만약 내가 관객 앞에서 긴장되지 않는다면 그때 나는 가수로서의 생명이 끝났다"고 말하는 걸 들었다. 이것은 노래하기를 진지하게 생각하고 있다는 증거이다. '적당히 노래하면 되지 뭐' 하고서 대수롭지 않게 생각하면 긴장되지 않을 것이다.

말할 때도 역시 이 원리가 그대로 적용된다.

어떤 젊은 정치인이 중견 정치인에게 질문을 던졌다.

"저는 연설하기 직전이면 가슴이 두근거리는데 이건 아무래도 정상이 아니겠죠?"

그러자 중견이 대답하였다.

"그것은 당신이 말하기에 대하여 진지하게 생각하는 것이므로 당연한 일이오."

과거 유명한 방송인이 "방송을 끝내고 나면 일주일 정도 밥맛이 없다"고 말한 적이 있다.

이처럼 말하기 분야에 전문적 식견을 가진 이조차 자기가 한 이야기의 성과를 반성하면 이 같은 심경을 갖게 되는 것이다. 하물며 비전문의 처지에 있는 사람이 말하기 앞서 가슴이 두근거리고 긴장하는 것은 당연하다.

그러나 긴장이 지나쳐서 '나머지 이야기 줄거리를 놓쳐버렸다', '중도에서 이야기를 끝냈다'고 할 정도면 매우 곤란하다. 긴장이 정상이라고 생각, 여러 사람 앞이나 초면의 장면에 임하는 것이 바람직하다. 바로 이 점이 긴장의 공포감을 해소하는 첫걸음이다.

'연단 공포'가 있는 연사는 그의 생리적 현상에 대해 심리반응을 한다. 그러나 때로 특징적이고 생리적 징후를 갖는 사람은 그의 심리 반응에 따라 장애를 받지 않는다. 이때 강한 정신 조절을 꾀한

다음 말하면 강한 감정반응이 오든가 혹은 연단 공포가 다소나마 극복된다.

　신경증적 징후는 조절할 수 있는 원리를 적용하는 것이 바람직하다. 누구에나 적용되는 자기발전 방법은 없다 그러나 재교육은 연단 공포 제거 구실을 한다.

　여기서 지적하는 원리적 시사는 연단 공포의 조종법을 둘로 분류할 수 있다. 감정적 반응의 강도를 감소하고, 지적 행위의 능률을 증진시키는 것이 그것이다. 이 두 요소가 중복되는 경우가 대부분이다. 외부작용과 지적 조정으로 감정의 강도를 감소시킬 수 있다.

　우리는 공포 반응의 강도를 감소시키는 여러 가지 방법을 모색해 봐야 한다.

◇ 감정 반응

　미지의 사실에 대하여 인간이 공포를 느끼는 것은 잘 알려진 사실이다. 감정적 반응의 특성을 통찰하고 합리적이고 구체적 설명이 가능해야 한다. 때로 당황하고 곤경에 빠지는 것이 자연스런 일상적 경험인데도 불구하고 이를 갑자기 의식할 때, 더욱 당황하게 되는 현상에서 새로운 습관이 형성되고 바람직한 방법이 제시된다.

◇ 긴장된 감정

　감정적 반응에 갈등이 생긴 때 대화의 상대를 찾으면 크게 도움이 된다. 정신병의학에서는 자백의 효과를 '정신적 하제'라 일컫는다. 이를테면 개인적 경험을 말하는 것을 통해서 자기 희생의 감정적 고통을 덜 수 있다. 괴로운 감정을 남과 더불어 나눌 때 우리는 감정의 긴장을 풀 수 있다.

◇ 개인적 갈등

　인간의 활동 국면에서 남과 비교하여 열세인 때 열등 콤플렉스가 발생한다. 갈등은 때로 경쟁심리를 자극, 야심으로 발전한다. 필요한 자기표현과 이기(利己)의 상반 사이에 여러 가지 갈등이 빚어진다.
　목표한 일에 최선을 다하는 즐거움과 허장성세에 대한 혐오감, 대인관계에서 인정받는 기쁨과 소외에서 오는 고립의 두려움, 공익사업에 대한 의욕과 현실적으로 봉착된 장애, 자기를 내세우려는 현시욕과, 남에게 비판받지 않을까 하는 두려움, 평판 좋은 모범을 보이려는 욕망과, 남에게 오해받지 않을까 하는 두려움, 목표 달성을 위하여 끈기 있게 노력하는 자세와 남에게 융통성 없는 사람으로 보이면 어떡하나 하는 두려움이 그것이다.
　이 같은 갈등은 스스로 인식하든가, 누가 그것을 지적해 줄 때까지 무의식중에 항상 벌어진다. 그러나 비록 작은 우정일지라도 함께 하면 갈등 해소를 위한 지적 계획을 세울 수 있다.

◇ 불쾌한 감정

　대부분 사람들은 양립되는 감정의 반응을 동시에 경험하지 못한다. 연사가 언어에 의한 성취에 크게 흥미를 느끼면, 그가 처한 환경에서 연사가 유머를 발견하면, 연사가 그가 설명한 사물 및 현상에 대하여 정당한 의분을 느끼면, 연사가 유익한 경쟁의식을 가지면, 연사가 무의식중 자신을 나타내면, 연사가 남과 함께 즐길 수 있고 남과 함께 공동작업하는 그룹활동에 참여하기를 좋아하면 공포감과 불쾌감은 아마 효과적으로 제거될 것이다.
　불쾌한 감정을 유쾌한 감정으로 대치하는 조정이 대상의 한 형태이다. 그리고 일반적 경험과 일반적 감각은 모두 잘 조절하면 원상회복이 무난하다. 예를 들면 용기를 내기 위해 심호흡을 하고, 예기되는 실망은 냉담한 채 돌리고, 기분전환으로 흥분하면 슬픔을 잊게되는 것 등이다.

◇ 정신활동

정신활동의 능률을 증진한다. 적극적이고 능동적이며 낙관적인 경우와 소극적이고 수동적이며 비관적인 경우는 정신활동 면에서 대단한 차이를 보인다.

누구든 인간에게 있어 사고가 바뀌면 습관이 바뀌고, 습관이 바뀌면, 개성이 바뀌며 개성이 바뀌면 행동이 바뀐다. 적극적 사고가 적극적 행동을 가져온다. 정신활동의 중요성을 새삼 강조할 필요가 없을 것이다.

◇ 합리적 조건

연사가 합리적 조건을 구비할 때가 언제인가를 판단해야 한다. 그래서 모든 사람을 즐겁고 기쁘게 하려면 연사는 낙천적이어야 한다. 사람은 어느 경우 자기 최선을 다하지 않는다. 그러나 이것은 인간 기능면에서 정상적 변이이다. 청중이 무리하지 않을 것을 기대하고 있음을 안다면, 불만요인을 알아보기 위하여 객관성을 충분히 확립할 수 있다면, 그는 좀더 가까이 청중에 밀착할 수 있다.

연사가 만약 스피치 기준과 자기분석 방법에 대한 합리적이고 명백한 이해가 없다면, 스피치 기준과 자기분석 방법을 우선 체득해야 한다.

◇ 완벽한 준비

설사 준비가 완벽하더라도 특별한 경우 감정의 방해를 받지 않는다는 보장이 없다. 준비가 부족하면 능률이 안 오를 뿐 아니라, 정신적 공허마저 초래하게 된다. 말하려는 화제가 자신의 경험에서 우러나온 것이거나, 혹은 그 화제에 대해 이미 심사숙고한 것이거나, 화제에 따른 마음가짐이 명백히 가늠된 때라면 비로소 준비를 착실히 갖춘 셈이 된다.

10. 의미 강조의 반어

18세기 유럽에서 패권을 쥔 프리드리히 대왕은 코린의 대회전에서 어느 포대의 공격을 주저한 병사를 향해 이렇게 꾸짖었다.
"이 용기 없는 사람들아! 그대들은 영원히 살 것 같은가?"
이것은 말할 것도 없이 '죽는 것이 두려우냐?'는 뜻이 강조된 것이다.
"죽는 것이 그렇게 두려우냐?"라고 말하면, 이 말은 상대에게 강한 반향을 일으키지 못한다. 그것을 '영원히 살 것 같은가'라고 뜻을 강조하니 말이 칼날같이 날카로워져서 상대를 때리는 정도가 매우 강하다.
"자네는 그런 일을 해도 좋다고 생각하는가?"
"자네는 그러고도 현명하다 할 것인가?"
"그대는 틀리지 않았다고 생각하는 것인가?"
상대를 힐난하든가 상대방의 잘못을 꾸짖을 때, 뜻을 강조해서 말하는 것이 보다 효과적이다. 그러므로 이 경우, 뜻을 강조하는 말을 쓰는 것이 보통 있는 일이다. 뜻을 강조하지 않고, '그대는 옳다고 생각하는 것이지?'라고 말하면 오히려 틈이 벌어지고 사이가 늘어져 힐난하는 뜻이 드러나지 않는다. 뜻을 강조해 말하는 결과가 되는 반어(反語)의 활용은 위에 말한 경우 외에 좀더 기교적인 것을 포함하는 사용법이 있다.

제1차 세계대전에 있어 마르느 대회전 최초의 승리는 조풀 원수의 힘이라는 것이 일반적 견해이나 그 중에 이 사실을 인정하지 않는 사람이 있다. 어느 신문기자가 원수를 만나 물어보았다.

"각하! 마르느 대회전의 승리는 과연 누구의 공로입니까?"

원수는 얼마 동안 생각하다가 대답하기를,

"그것을 나는 말할 수 없소. 다만 마르느 전투에서 만약 패전했다면 그 책임은 모두 내게 돌아왔을 것이 틀림없다는 것만은 확실하오."

결국 조풀 원수는 마르느 대회전의 승리를 가져오게 한 것이 자기라는 사실을 말한 것과 똑같다. 그것을 노골적으로 자기의 공이라고 말하고 싶지 않았기 때문에 패전했을 때의 책임을 끌고 들어간 것이다. '반어'는 이와 같이 분명히 말하고 싶지 않으나, 말하지 않으면 안 될 것을 넌지시 상대방이 깨닫도록 겨냥하고 말하는 방법이다.

클레오파트라와 맥베스 부인 역을 맡아 훌륭한 연기를 보인 영국의 여배우 랑드리는 어느 정도 나이가 찼는데도 누구 하나 그의 나이를 아는 사람이 없으리만큼 젊고 아름다웠다. 늙지 않은 아름다움을 경탄하는 사람이 있으면, 그녀는 미소를 머금고,

"같은 나이의 사람과 견주면 그렇겠죠"라고, 항상 똑같이 대답했다. 어느 때 누가 나이를 물어보았는데, 그때 나이가 65세였다.

"65세라고 하면 수도원에서는 그렇게 큰 일이 못 되지만 여자에게는 꽤 먹은 나이죠."라고 말했다. '이렇게 젊다 해도 벌써 65세나 된 걸요'라 말하지 않고 나이 많은 이들이 수도원에 있는 점을 감안,

'수도원에서는 그렇게 큰 일이 못 된다'라고 반어로써 65세 나이가 여자에게 상당하다는 사실을 알리고, 자기가 젊다는 점을 뒷받침해 보인 것이다.

11. 감명을 주는 연설

◇ 호의적인 반응

어느 날 선풍이 부는 앞에 한떼의 남녀가 앉아 있다. 그 선풍은 모리스 골드브렛이라는 인물이다. 선풍에 휩싸인 한 사람이 그때 일을 다음과 같이 토로하였다.

"우리는 시카고에서 점심 테이블을 앞에 놓고 앉아 있었다. 우리는 그 연사가 열렬한 연사로 유명한 것을 잘 알고 있었다. 그래서 그가 일어서서 말하기 시작하는 모습을 주의깊게 바라보았다. 그는 조용히 말하기 시작하였다. 먼저 그곳에 초청받은 것에 대해 감사한다고 했다. 그리고 자기는 중요한 사실에 대하여 말하고 싶다고 하였다.

"주위를 잘 살펴봐 주십시오" 하고 그는 말하였다.

"서로 마주 바라봐 주십시오. 지금 이 자리에 앉아 있는 손님들 가운데 몇 사람이 암으로 죽을 것인가를 알고 있습니까? 45세 이상의 사람이면 네 분 가운데 한 분은 암으로 죽는 겁니다. 네 분 중에 한 분!"

그는 잠시 말을 멈추고 눈을 번득였다.

"이것은 명백하고 냉혹한 현실입니다. 그러나 이 상태는 오래 계속되지 않을 것입니다. 왜냐하면 이에 대하여 우리가 가능한 대책을 세울 수 있기 때문입니다. 그 대책이란 암을 치료하는 방법과 그 발생 원인을 연구하는 일입니다."
 그는 테이블을 굽어보다가 우리를 쳐다보면서 물었다.
 "여러분은 이 연구의 일익을 담당하고 싶지 않으십니까?"
 그때 우리들의 마음속에 '뭐라고?'라는 말 대신에 '물론이죠!'라는 반응이 일어났다고 생각한다. 나중에야 모든 사람이 다 그런 뜻이었다는 사실을 알았다.
 1분도 채 안 돼서 모리스 골드브렛은 우리의 마음을 포착하고 그의 화제 속으로 우리를 이끌고 들어간 것이다.
 호의적인 반응을 얻는 일은 언제 어디서고 모든 연사가 목적하는 바이다. 골드브렛의 경우, 청중의 찬동을 얻고 싶은 극적이리만큼 상당한 이유가 있다.
 그는 그의 아우 네이산과 함께 거의 무일푼으로 일어나 끝내 연간 1억 달러를 넘는 매상을 올리는 백화점 체인을 이루어 놓았다. 오랜 동안의 고난을 겪은 뒤 놀라운 성공을 거둔 것이다. 그러나 그때 아우 네이산이 병에 걸렸고 암으로 세상을 떠났다.
 그 후 모리스 골드브렛은 시카고대학 암연구소에 1백만 달러를 기부하고, 자기 자신은 사업에서 손을 떼고, 암과의 싸움에 일반의 관심을 끌기 위한 일에 여생을 헌신하게 된 것이다.
 이런 사실은 모리스 골드브렛의 인격과 어울려 청중을 파고든 것이다. 성실, 열의, 진지성 등 모든 요소가 연사 의견에의 찬동과 연사에의 우정을 갖게 하였고, 기꺼이 관심을 쏟게 하였으며, 드디어 움직일 수 있게 하였다.

◇ 연사의 자질

 퀸틸리안은 연사를 '스피치에 익숙한 훌륭한 사람'이라고 정의했다. 즉 의사 표현력만 아니라 인격의 성실성을 특히 강조하고 있다. 바람직한 연사가 되기 위한 조건으로 이 근본적인 자격은 더없이 중요하다. 인격은 신용을 얻는 최상의 수단이지만, 또 이것은 청중 신뢰를 얻는 결과와 통한다.

"성의를 갖고 말하면 그 목소리는 어떤 사기사도 모방할 수 없는 진실의 울림으로 터져 나오게 된다."
라고 알렉산더 올코트는 말하였다.

특히 말하는 목적이 남의 마음을 끌어야 하는 경우는 자신의 주장을 확신하는 데서 오는 열의를 갖고 말할 필요가 있다.

다시 말하면 남의 마음을 끌기 전에 먼저 자기 자신의 마음을 잡아놓지 않으면 안 된다.

◇ 분위기 조성

월터 스코트는 다음과 같이 말했다.
"마음속에 새겨지는 모든 관념, 개념과 결론은 이에 반대되는 의견에 의하여 방해되지 않는 한 참된 것으로 받아들여진다."

연사가 말하는 것에 대해 항상 "네"라고 답할 수가 있는 심적 상태로 청중을 매어두는 것이다.

링컨은
"어떤 논의를 시작, 찬성을 얻어내는 데 쓴 방법은 먼저 누구라도 찬동할 수 있는 공통의 기반을 찾는 것이다."
고 하였다. 인화물처럼 위험한 노예문제를 논의하던 때 역시 그는 그 점을 찾을 수 있었다. 당시 중립적 입장에 있던 신문 <미러>지는 링컨의 연설에 대하여 다음과 같이 전하고 있다.

"최초의 30분간은 링컨이 하는 말에 비록 반대자라도 동의를 나타내는 것으로 보였다. 이렇게 시작한 링컨은 조금씩 그들을 유도, 종래는 그들을 장중에 넣는 것처럼 보이게 이끌었다."

청중에게 논란만 불러일으키는 연사는 단지 청중의 저항심만 일으킬 뿐이다. "나는 무엇을 증명해 보일 것이다"라고 시작하는 연설은 옳지 못한 방법이다. 청중은 그것을 하나의 도전으로 받아들여 '해볼테면 해보라'는 식이 되기 쉽다.

　연사와 청중 어느 편이든 다같이 믿고 있는 것을 강조하면서 이야기를 시작, 누가 대답해도 좋을 적절한 질문을 던지는 것이 훨씬 유리하다. 거기서 청중 역시 연사와 더불어 그 답을 얻는 진지한 탐구에 열중하게 된다. 해답을 찾는 동안 청중이 분명히 알도록 사실을 제시하고, 연사의 결론을 어디까지나 청중 스스로 내린 것이라고 청중이 생각하게 해준다.

　사람은 자기 자신이 발견한 진실을 다른 것과 비교할 생각을 안 갖는 강한 신앙이 있다. 단지 설명에 불과한 것일망정 최상의 주장이 된다. 의견의 상위가 심한 어떤 논의라도 거기에 꼭 전원이 찬동할 수 있는 공통기반이 발견되는 법이다.

　1960년 2월 3일 영국 헤롤드 맥밀란 수상은 남아연방 상하 양원 합동회의에서 연설했다. 인종차별 정책이 그 나라 대세를 지배하던 때 입법기관에 대하여 영연방이 취하는 인종차별 철폐견해를 피력하지 않으면 안 되었다.

　맥밀란 수상은 그러나 이 근본적 견해 차이를 연설 허두로 삼지 않았다. 먼저 남아연방의 눈부신 경제발전과 남아연방이 세계적으로 기여한 여러 가지 뜻깊은 사실들을 열거 강조하였다.

　그런 연후에 교묘하고 조리있게 서로 견해를 달리하는 문제를 거론하였다. 그리고 여기서 그는 그같은 의견 차이는 어디까지나 각각의 입장에 확신을 갖는 것이란 점을 지적하기를 잊지 않았다. 그의 전체 연설은 조용하면서도 힘있는 것이었다.

　그는 다음과 같이 말하였다.

　"영연방의 국민으로서 남아연방에 대하여 원조와 격려의 손길을 뻗치는 일은 우리들 마음속에서 희구하는 바이지만, 솔직히 말하여 여러분 정책 중에 우리 관할지역에 있어 현재 우리가 실현하고자 하는 자유스러운 인간이란 정치목적의 깊은 신념을 감추지 않고 지원과 격려를 보낼 수 없게 하는 국면이 있습니다. 우리는 우방으로서 불필요하게 남을 책망하든가 자신을 지나치게 과장함 없이 다만 오늘의 세계에서 우리 두 나라 사이에 있는 이 견해 차이에 공동으로 대처해야 할 것이라고 생각합니다."

◇ 열의가 청중에게

연사가 자기 사상과 감정을 상대방에게 전할 때 열의를 갖고 말하면 반대의사가 청중 의중에 덜 일어나게 된다. 열의는 그대로 상대방에 전해진다. 열의는 부정적인 저항이나 반대를 크게 누그러뜨린다.

연사가 청자의 마음을 끌고자 하면 사고에 중점을 둘 것이 아니라 청자의 감정을 불러일으키는 쪽에 비중을 두는 것이 효과적이다. 감정은 차가운 논리보다 한층 강하다. 감정을 불러일으키려면 어디까지나 진지해야 한다. 아무리 미사여구를 잘 구사하고, 아무리 적절한 실례를 잘 인용하고, 아무리 조화된 음성과 우아한 동작언어를 써도 진심을 나타내는 것이 아니면 그것은 한낱 겉치레에 불과하다.

청중에게 감명을 주려면 먼저 자기 자신이 감동해야 한다. 청중에게 전해지는 것은 연사의 눈동자를 통하여 빛나고, 연사의 음성을 통하여 퍼지며, 연사의 태도를 통하여 표출되는 연사의 정신이다.

연사의 말하는 태도가 청중의 태도를 결정한다. 만약 연사가 무책임하면 청중 역시 그렇게 된다. 연사가 생동감을 느끼게 말하면 청중 역시 활기를 띤다.

◇ 경의와 애정

사람은 누구나 존경받고 싶어한다. 사람의 마음속에 누구든 자기 자신은 가치 있는 사람이라는 의식이 있게 마련이다. 만약 이 점을 망각하면 그 사람을 영원히 잃게 된다. 따라서 어떤 사람을 존경하면 그 사람 역시 연사를 존경하게 된다.

감명을 주는 연설을 자주 듣고 반추할 수 있어야 감명을 주는 연설을 실제로 잘할 수 있을 것이다.

12. 5분 스피치

스피치할 때는 흔히 연사 앞에 많은 청중이 있기 마련이다. 이 많은 청중에게 어떻게 해야 스피치를 잘 듣게 할까? 당연한 이 물음을 놓고 우선 머리에 떠오르는 것은 무엇일까? 역시 듣는다는 것은 대체 어떤 것인가 하는 소박한 문제의 제기일 것이다.

누구의 스피치라도 일단 청중에 의하여 여러 모양으로 평가된다. 이때의 평가기준에 언어표현 능력이 반드시 포함된다는 사실을 알아야 한다. 글짓기 능력과 말하기 능력 양쪽이 모두 필요하다. 어디까지나 스피치 능력은 강의실 또는 연구실이 아니라 이해(利害)의 대립이 엇갈리는 실생활 속에서 시험된다.

스피치 평가의 관점은 여러 방면에서 고려할 수 있으나 그 중에서 가장 비중이 큰 것이 바로 언어표현 능력이다. 가령, 스피치 직전이라도 연사는 항상 다음 기본을 염두에 두어야 한다. 이 기본을 토대로 평소의 끊임없는 준비가 뒷받침되어야 마침내 결실을 맺게 된다.

'말하고 싶은 것을 남김없이 다 말하고, 동시에 청중으로부터 자연스러운 반응을 받을 수 있다'면 그것이 바로 이상적인 스피치이다.

우리가 남과 접촉할 때 무엇보다 먼저 언어의 도움을 받는다. 그리고 사람들은 언어에 의하여 사고하고 회합하며 자신이 다니는 회사 또는 가정에서 보다 나은 인간관계를 형성해 나간다. 그렇기 때문에 우리의 언어능력을 신장해야 할 필요성이 강조되는 것이다. 말은 대화에만 필요한 것이 아니다. 우리 사고과정 자체가 주로 말로 이루어지고 있는 것이다. 독자는 이 글을 읽으며 여러 가지 자기 반응을 일으킨다.

'응, 물론이지. 아무렴 그렇고 말고' 혹은 또 '아무래도 이 부분은 좀 이상한데…' 혹은 '이 같은 사고방식에 나는 찬성할 수 없는데…' 등으로 여러 가지 반응을 보일 것이다. 반응 역시 사고의 일종이다. 이 글을 다 읽은 뒤 독후감을 남에게 말할 때 언어를 차용한다. 남에게 말하든 혼자 글을 쓰든 언어구사가 훌륭하냐 아니냐에 따라 스스로 만족하기도 하고 또 불만에 쌓이기도 한다.

이렇게 생각하면 스피치 연구가 단지 남에게 자기 생각을 잘 전달한다는 목적 외에, 모든 사물에 대하여 스스로 잘 사고한다는 목적이 있음을 알게 된다. 실로 매우 큰 역할을 담당하고 있는 것이 바로 스피치 연구이다. 그러므로 평소 자신이 화법과 문장을 적당히 묵인해 버리면 곤란하다. 말하기 연구에 초점을 맞춰 본격적으로 파고들어야 한다.

명랑한 인간관계를 이루기 위해 남들과 자주 어울리고 대화를 잘 나눠야 한다. 누구든 내 주변의 사람과 마음속으로 친해질 수 있다면 우리의 일상생활은 매일 즐거울 것이다. 그러기 위해 다음과 같은 능력이 필요하다.

1. 생각한 것을 과부족 없이 말할 수 있다.
2. 생각한 것을 바르게 문장으로 옮길 수 있다.
3. 생활 주변에서 여러 사람 이야기를 잘 들을 수 있다.
4. 평소 다방면의 책을 읽을 수 있다.

이 같은 능력이 우리에게 꼭 필요하다. 이처럼 언어를 연구하고 언어능력을 몸에 붙이면,

1. 좋은 인간관계를 이루고
2. 자신 또한 논리적으로 잘 사고하는 처지가 되며

3. 주위 사람들에게 좋은 영향을 미칠 수 있다.

어떻든 스피치 연구의 보다 근본적인 목적은 첫째, 인간적인 매력을 키운다는 점이고, 둘째, 침묵 속에서 확실한 판단을 내리는 민첩한 사고 전개가 가능해진다는 점이다.

13. 말의 첫머리

◇ 시작이 성패를 좌우

말의 첫머리는 스피치를 살리는 중요한 구실을 한다. 청자에게 '할수없군!' 하는 인상을 처음부터 주면 안 된다. 화자가 청자의 마음을 호의로 불러일으키는 것도 또 청자에게 실망을 안겨주는 것도 말의 첫머리, 즉 첫마디 말로 결정된다. 말의 첫머리를 중요시 하는 두 가지 이유가 있다.

첫째, 청자의 주의를 불러일으켜 호감, 존경, 신뢰를 받는 것과 둘째, 주제에 관한 윤곽이나 배경을 대충 말해서 무엇을 기대해야 할 것인가를 청자에게 알려주기 위한 것이다.

그러면 청자의 주의를 집중시키고 화자에게 호감·신뢰·존경의 뜻을 갖게 하기 위한 방법으로 어떤 것이 있을까. 화자 중에는 처음부터 여러 사람의 존경과 신뢰를 받는 사람이 있으나, 청자의 기대가 크면 클수록 청자의 분석을 충분히 해서 청자를 만족시키도록 하지 않으면 안 된다.

자칫하면 '의외다', '실망이 크다'는 비난을 듣기 쉽다. 그러나 또 동시에 청자가 백 퍼센트 호감과 신뢰를 지니고 있을 때라면 약간의 흠은 '곰보 자리도 예쁘게 보면 보조개'처럼 동정받을 수 있다. 다음 항목은 말의 첫머리에서 청자의 주의를 끌 수 있는 대목이다.

◇ 개인적 인사

자기 자신이 어떤 기분으로 청자 앞에 섰는가 하는 심경 표현에 개인적이고 따뜻한 그리고 호의어린 태도를 연사쪽에서 먼저 보인다. 과장이 없도록 한다.

"이 자리에 서게 된 것을 무한한 영광으로 생각하는 동시에…" 등의 의례적인 어구로 시작하는 것은 청중에 대해 너무나 형식적이고 가식적인 인상을 주기 쉽다. 물론 의례적 발언이 필요할 때가 전혀 없는 바는 아니나, 어떻든 지나친 과장은 상대방에게 신뢰감을 주지 못한다.

◇ 청자에게 찬사를

이것도 잘못하면 오해를 살 수 있다. 다만 마음속으로부터 우러나오는 성의가 중요하다. 특히 오해를 사기 쉬운 찬사는 추상적 표현이 들어갈 때이다.

"무척 핸섬한데요!"보다는 "오늘 맨 넥타이 빛깔은 양복과 잘 조화되는군요" 하면 상대방은 다시 자기 넥타이를 매만져 보게 된다.

이것은 형식적이고 의례적인 인사라고 할 수 없다. 막연하게 칭찬하는 것은 형식에 치우치기 쉽다. 그러나 넥타이를 칭찬하면 본인을 칭찬하는 것으로 느끼고 찬사로 받아들인다. 칭찬할 때 지름길은 되도록 빨리 상대방의 장점을 찾아내는 일이고, 장점이 보이지 않을 때 아무것도 칭찬하지 않는 것이 좋다.

상대방이 한 일이나 말한 것이 아무리 작은 것이라도 그것을 열심히 받아들이고 있음을 상대방에게 알린다. 이것은 상대방에 있어 절대적인 찬사가 된다. 여러 사람 앞에서 말할 때 미리 청자를 분석하고 잘 이해하고 있으면 의례적인 말은 안 하게 된다. 요컨대 화자의 진실성 여부에 달려 있다.

◇ 장소와 장면에의 언급

결혼식 주례를 보는 입장이면,
"바로 30년 전 이 자리에서 신랑의 아버지 어머니가 결혼식을 올릴 때 제가 주례를 섰는데, 똑같은 자리에서 그 자제의 결혼식 주례를 맡게 되니 감회가 새롭습니다…"
청자가 특별히 관심을 갖는 점에 언급, 가령 대학생을 대상으로 말할 때, 대학생들의 큰 관심거리인 취직 문제, 결혼 문제, 아니면 등록금 문제 등을 들고나오면 청자는 곧 주의를 집중한다.

◇ 유머

어디까지나 자기가 말하고자 하는 내용과 관계 있는 것을 적절히 뽑아야 한다. 청자가 폭소하는 경우라면 화자의 이야기에 상대방 주의가 집중되고 있다는 것이므로 현상을 계속 유지하는 노력이 전개로 들어가는 도입부 기능이 된다.

◇ 주제에의 언급

지금부터 말할 주제가 얼마나 뜻깊고 유익한 것이냐를 간단히 말하는 것이다. 학교 수업시간과 대학강의 때 비교적 청자의 주의를 집중시킬 수 있는 방법이다. 그러나 장황하면 오히려 역효과를 가져올 우려가 있다.

14. 이야기가 길면

◇ 사람에게 싫증이

　남이 자기 이야기를 즐겁게 듣는다 생각하여 지루한 이야기를 계속하는 사람이 종종 있는데, 이는 어이없는 일이다. 어느 학교든 교장의 훈시를 즐거운 기분으로 듣지 않는다. 교장의 이야기가 길면 길수록 짜증내기 쉽다. 이것은 인지상정이다.

　사람에게는 싫증이 많다. 어린이가 장난감을 가지면 잠시 동안 그것을 가지고 잘 놀지만 곧 싫증을 내고 다시 어리광을 부린다. 이것과 마찬가지로 사람은 무엇이든 오래 계속되는 것을 싫어한다. 나아가 그것이 단조로운 이야기를 계속 듣는 것이면, 청자의 권태는 급격히 증가하고, 다시 이야기를 듣도록 강요하게 되면 그 화자를 싫어하기까지 하게 된다. 왜냐하면 청자는 이야기만 듣는 것이 아니라 여러 가지 작업을 하기 때문이다.

　그 작업을 설명하면 다음과 같다.

　첫째, 눈의 작업이다. 청자의 눈은 화자의 몸 동작만 보는 것이 아니고, 화자가 나타내는 표정 변화와 눈의 움직임에서부터 화자가 하는 말의 참된 뜻이나 의도까지 캐내려 열심히 작업한다. 남의 이야기를 열심히 들으면 들을수록 눈은 쉬지 않고 일하기 때문에 쉽게 피곤해진다. 남의 이야기를 듣고 있는 이상 상대방의 얼굴을 바라보고 듣는 것이다. 그러므로 눈은 남의 이야기를 듣는 동안 계속 작업한다. 한마디로 말해서 '사람은 눈과 귀로 남의 이야기를 듣고 있다'는 것이다. 이처럼 이야기를 들을 때 눈의 작업은 대단히 큰 것이다.

　두 번째, 귀의 작업이다. 엄밀하게 말하면 귀가 피로할 까닭이 없으나, 여기서 알기 쉽게 피로한 것으로 해둔다. 귀를 기울인다, 귀를 세운다는 것은 모두 귀가 작업하고 있음을 나타낸다. 상대방 목소리가 작기 때문에 귀를 기울인다는 것은 물론 있는 일이나, 그것보다 더 큰 일은 상대방이 하는 말에 수반되는 어조를 들어 의미를 분간하는 것이다.

사람이 하는 말에는 반드시 어조가 뒤따른다. 어조는 화자 마음의 표현이다. 사랑에 넘치는 어조, 슬픔이 담긴 어조, 노기에 차거나 울분이 넘치는 어조, 기쁨에 가득찬 어조 등 화자 마음의 미묘한 변화가 그대로 미묘한 어조를 만들어 나간다. 똑같은 말이라도 그 말에 어떤 어조가 뒤따르느냐에 따라 의미가 변화한다.

이밖에 어조는 크게 나누어 강조, 승조가 있다. 승조, 즉 말 전체가 올라가는 어조의 화법은 마음에 없는 것, 겉치레의 인사, 아첨, 거짓말 등의 경우에 잘 나타난다. 호스테스의 어조는 관습상 대체로 승조의 어조가 많다. 반대로, 강조의 경우는 진심을 말하고 있다고 보아도 좋다. 진정으로 알았다, 이해가 간다는 경우, 말의 어조는 대개 내려간다.

청자의 귀는 어조를 포착하려 애쓴다. 진정어린 이야기, 중대한 이야기일수록 청자의 귀는 청진기 이상으로 화자의 마음을 캐치하려 든다. 사람은 누구나 말로 거짓을 말할 수 있어도 어조를 거짓으로 꾸며대기는 불가능한 일이다. 거짓은 냉정하게 듣고 있으면 어조의 부분이 들떠 있으므로 곧 알 수 있다.

'말은 이야기의 액세서리'란 것도 이와 같은 의미이다. 말이 중심인 것이 아니라 본래 사람의 마음이 중심이고, 말은 마음을 표현하기 위한 도구에 지나지 않는 것이다. 본래 도구적인 것을 주체로 생각한 점에 잘못이 있다. 어떤 상태의 마음에서 우러나온 말이냐 하는, 말 뒤에 숨은 것이야말로 마땅히 화법 연구의 대상이 되어야 한다.

셋째, 몸의 작업이다. 남의 이야기를 듣고 있을 때 자칫하면 몸이 일정한 자세를 취하기 어렵다. 그렇다고 잠을 청하든가, 혹은 단정치 못한 자세를 취하면 안 된다. 이렇게 되기 때문에 몸 전체가 피로해진다. 사람은 누구나 움직일 때만 피곤해지는 것이 아니고, 사무실에서 의자에 오랫동안 앉아 있어도 피곤해진다. 영화관 의자도 오래 앉아 있으면 피곤하다. 일정한 자세를 유지하려는 일은 대단히 어렵다.

넷째, 머리의 작업이다. 우리가 남의 이야기를 들을 때 진심으로 들으면 들을수록 들은 후에 피로가 갑자기 느껴진다. 머리는 말할 것도 없이 눈으로 보고 귀로 들은 자극을 분석하고 종합하며 열심히 작업한다. 사람의 머리는 인체 활동기관의 총본산이기 때문에, 그 움직임에 대해 자세히 설명할 필요가 없다.

이상의 작업은 청자가 의식하든 않든 확실히 진행되고 있는 것이므로 피로는 더욱 겹친다. 이것이 원인이 되어 남의 이야기를 듣기가 고통스럽다는 현상이 발생한다. 이에 대해 화자로서 어떻게 대처해야 좋을 것인가, 청자의 시각에 호소하기 위해 화이트 보드와 도표를 쓰든가 실물을 사용하는 것이 좋다.

표정은 부드럽게, 제스처도 자연스럽게 적절히 써야 한다. 청각 작업을 덜어주기 위해 분명히 들을 수 있는 성량이 필요하고, 어조가 분명해야 한다. 몸의 자세는 편안히 하고, 내용은 구체적으로 흥미와 관심을 불러일으킬 화제로 이끌어 나간다.

◇ 3분간 정리

"사람은 생각이 얕을수록 지나치게 혼자의 말만 내세운다."
이것은 프랑스 사상가 몽테스키외의 말이다.
중국의 현인 장자의 가르침에,
"개는 잘 짖는다고 좋은 것이 아니고, 사람은 말을 많이 한다고 어진 것이 아니다."
고 했다. 동서를 막론하고 긴 이야기는 누구나 싫어한다. 생활의 템

포가 빨라진 스피디한 현대에 있어서는 더욱 그렇다. 사람마다 시간에 쫓기는 나머지 시간이 없다. 모두 바쁜 사람들뿐이다. 때문에 어느 모임에 초대된 손님들이 초대 인사말의 스피치가 짧을수록 좋아하는 것은 당연하다.

짧을수록 좋다고 해서 어느 축하의 모임에서 스피치 청탁을 받고, "축하합니다" 하는 한 마디 말로 스피치를 끝낼 수는 없다. 결국 이 경우는 축복을 받는 주인공의 기분을 모르는 결과가 된다. 어떤 연설회의 모임과 달리 결혼식이나 고별식 같은 모임에서 두 종류의 청자가 있음을 잊으면 안 된다. 한쪽은 주인공으로 스피커의 이야기를 듣고자 하는 사람이고, 또 한쪽은 남의 이야기쯤 별로 듣고 싶어하지 않는 사람들이다. 그러면 의례적인 경우, 양쪽 청자의 입장을 고려해서 스피치를 하자면 어느 정도의 길이가 적당한가.

3분 내외로 정리하면 만점이다. 화자 입장에서 생각하면 3분만 있으면 말하고 싶은 점을 단도직입적으로 말할 수 있고, 그 모임의 당사자에게도 만족스러운 스피치가 가능하다. 3분간 말할 수 있는 내용은 글자로 따질 때, 라디오 뉴스를 기준으로 하면 2백자 원고지 넉 장 정도이다. 이것이 일반 청자에게 꼭 알맞은 길이이다. 더불어 화자의 인물을 관찰하는 데 알맞은 시간이다. 들어오는 손님, 나가는 손님 등이 눈에 뜨이는 분위기 속에서 더욱 그렇다.

3분간이면 담배 몇 모금 피울 수 있고, 화장실에 잠깐 다녀올 수 있는 시간이다. '아차' 하는 사이 3분간은 연기처럼 사라져 간다. 그렇지만 만약 이 3분간으로 사람의 마음을 움직이고 화자의 인상을 굳히고 바람직한 인간관계를 만들 수 있는 방법이 있다면, 이에 누구나 귀를 솔깃하게 기울일 것이다. 누구나 할 수 있고, 대부분의 사람이 별로 하고 있지 않은 것, 이것이 효과있는 스피치의 연마이다. 이 원리를 3분간으로 국한하는 연습을 익혀 놓을 필요가 있다.

◇ 짧은 스피치

　1863년 11월 9일, 남북전쟁의 격전지 게티즈버그의 기념비 제막식에 링컨 대통령이 전 국무장관 에버릿과 함께 참석했다. 당시 제1급의 연사로 알려진 에버릿은 열변을 토하기 두 시간, 만장의 청중은 그의 눈부시고, 아름다운 말씨에 완전히 도취해 버렸다.
　박수 속의 흥분에 묻힌 청중 앞에 링컨이 에버릿에 이어 등단하였다. 스피치는 5분만에 끝났다. 청중은 약간의 박수를 쳤다. 기름진 음식을 잔뜩 먹은 뒤의 입가심 같은 것이기 때문이다. 그러나 에버릿은 링컨에게,
　"오늘 제 연설이 좋았던 것처럼 보이지만, 내일이면 반드시 각하의 연설이 좋아질 것입니다. 아니 해를 거듭할수록 저의 연설은 잊어버릴 것이나, 각하의 연설은 길이 역사에 남을 것입니다."
고 말하면서 악수를 청했다. 과연 그의 말은 적중했다.
　이튿날 신문에 실린 링컨의 연설은 대단한 반응을 불러일으켰다. 연설은 모두 3백 단어에 지나지 않는 짧은 것이다.
　"87년 전, 우리의 할아버지는 이 대륙에 자유로 이룩된 새 나라를 건설하고 모든 사람은 평등하다는 주장을 국시로 삼았습니다."
로 연설은 시작되었다.
　"지금 우리는 일대 국내 전쟁을 하고 있으나, 그것은 이 같은 나라가 실로 길이 영속하느냐 못하느냐의 시련입니다. 우리는 이 전쟁의 전장에 모여 있습니다. 우리는 국가를 위해 목숨을 바친 모든 사람의 안식처로 이 전장의 일부를 바치기 위해 여기 모인 것입니다."
라고 거기 모인 사람들에게 알려 그 땅에 잠들고 있는 용사의 명복을 빌고,
　"세계는 우리가 여기서 말하고 있는 것을 전혀 주시하지 않고 또 오래 기억하지 않을지 모릅니다. 그러나 저들 용사가 여기서 무엇을

했는가를 결코 잊을 수 없습니다."
고 강조하고, 여러 사람에게 충성심을 심었다.

"우리는 이들 명예로운 전사가 다하지 못한 일을 완수하지 않으면 안 됩니다. 이들 전사자의 죽음을 헛되이 하지 않기 위해 신의 가호에 따른 보다 새로운 자유가 이룩되도록…"

그리고 끝으로 링컨은 유명한 어구를 말했다.

"국민의 국민에 의한 국민을 위한 정치는 이 지구상에서 영원히 사라지지 않을 것입니다."

모두 5분밖에 걸리지 않은 짧은 스피치이지만, 장장 두 시간 남짓 걸린 에버릿의 연설보다 역사에 오래도록 기록된 데 여러 가지 이유가 있다. 먼저 링컨의 연설이 그때 그 장소에 알맞은 적합한 내용이라는 데 그 이유가 있으나, 그 보다는 짧은 형식의 연설이면서 거기에 무한한 함축성 있는 말이 포함될 수 있었기 때문이다.

내용이 알차고 모든 사람의 공명을 살 수 있다면, 그 어구는 길이 역사에 기록된다.

"다른 사람은 어떤 길을 택하는지 알 수 없지만, 만일 내게 말하라고 하면 자유를 달라! 그렇지 않으면 죽음을 달라!"

이것은 패트릭 헨리가 미국혁명 직전에 버지니아주 리치몬드에서 행한 유명한 연설의 한 구절이다. 또 프랭클린 루스벨트는 미국의 경제공황 당시 대통령의 직무를 계속함에 있어,

"공포를 두려워하는 것 외에 두려운 것은 하나도 없다."
고 미국인에게 말했다. 이것은 모두 정황과 말하는 사람과 청중이 혼연일체가 되어 역사의 한 페이지를 장식하리만큼 위대한 순간이었다. 우리들 대부분은 전국이나 전세계의 시청을 모을 수 있는 정황에 처할 일은 거의 없으나, 말할 때 말할 내용이 청중과 정황에 합치되면 스피치의 효과는 언제나 크게 기대될 수 있다.

내용이 확실치 않으면서 시간만 끌면 스피치의 효과는 대폭 감소되며, 설혹 내용이 있는 것이라도 시간 길이가 어느 한계를 넘으면

청중은 지루해 하고 스피치에 염증을 느낀다.

　유머 작가인 마크 트웨인은 어느 일요일 아침 교회에서 들은 목사 설교가 흥미있기 때문에 헌금 상자 속에 10달러의 돈을 헌금하리라 생각하였다. 그러나 목사가 언제까지 있어도 말을 끝낼 것 같지 않아 끝내 싫어졌고, 헌금도 10달러에서 2달러로 감하고 말았다. 하지만 그래도 목사의 장광설이 계속되자 몇 시간 뒤 정작 헌금 상자가 그에게 돌아왔을 때 마크 트웨인은 슬그머니 깎아내린 2달러마저 포기하고 말았다.

15. 이야기 구성의 5단계 (1)

　먼저 이야기에 들어가기 전에 이야기의 구성 방법부터 생각해 두어야 한다. 보통 전개, 도입, 종결의 3단계로 나누어 이야기를 진행해 나가는 경우가 많다. 그러나 여기서 좀더 멋있는 이야기를 해내기 위한 전개로서 보다 뚜렷한 다음의 5단계법을 소개한다.

　5단계법에 의한 이야기 구성법은 미국의 몬로 교수가 고안한 형식이다. 이 구성방법의 배경은 스피치 학자가 세일즈맨이 예전부터 관습적으로 써오는 판매 설명을 검토해 보니, 스피치가 학문으로 발달하기 훨씬 이전부터 세일즈맨은 5단계로 나누어 판매설명을 진행 손님을 설득했다는 사실을 찾아냈다.

　그는 또 세계 제일의 명연설로 일컬어 오는 링컨의 게티즈버그 연설을 분석해 보니, 역시 5단계로 나누어짐을 주목한 것이다. 이 두 가지 사실을 근거로 5단계법에 의한 이야기 구성을 능숙하게 전개한 이야기라도 각 단계별 구분이 듣는 이에게 있어 명료하게 파악되지 않는 때가 있다. 잘 구성된 이야기를 전개하면 듣는 과정은 마치 주위의 상황 변화에 주의함 없이 집 안으로 들어가 한 방에서 또 다른 방으로 들어가는 것인데, 얼마 있으면 마침내 방 분위기·색체·장식·가구류 등 방마다 조금씩 다른 점에 주의를 돌리게 되는 것과 같은 이치이다.

잘 구성된 이야기도 동일하게 말할 수 있다. 말하는 이는 왜 이 주제를 말하는지 이유를 말하기 시작, 중심 되는 주장·이유·사례·사실 등을 언급하고, 이야기가 진행되는 중에 듣는 이가 특별히 각 단계를 느끼지 못하는 사이 종결에 이르는 것이다.

그러나 이 5단계법의 형식을 이용한 이야기는 듣는 이에게 이야기를 이해시키는 데 도움되는 것이므로 각 단계를 상세히 검토해 보기로 한다.

◇ 제1단계, 주의를 끈다

만약 말하는 이가 듣는 이의 주의를 끌고 친숙해지지 않으면 어느 종류의 이야기도 잘 전개되지 않을 것이다. 그리고 말하는 이의 노력은 수포로 돌아갈 것이다. 그러므로 신중히 할 말을 숙고하고 듣는 이가 침착하게 이야기를 받아들이는 분위기가 되도록 노력한다. 다음에 열거하는 것은 듣는 이의 주의를 끌고 친근감을 안겨주는 방법이므로 적절히 활용한다.

1. 주제에 대해 언급한다

듣는 이가 주제에 이미 중요한 관심을 갖고 있음을 확신하는 때, 주제를 설명한 다음, 곧 주요 논점으로 직접 이야기를 전개시킬 수 있다. 그러나 이야기의 모든 허두를 이 방법으로 해야 한다고 오해하면 안 된다. 적의를 품은 이나 냉담하게 듣는 이에게 이 방법은 부적당하다. 주제가 듣는 이에게 중요한 관심 대상이 되는 것임을 확신한 때 이 방법을 사용한다.

2. 장면에 대해 언급한다

장면의 정황에 따라 행해지는 이야기는 장면에 언급하는 것으로 시작하는 것이 보다 좋다. 이 방법은 기념식이나 전국대회, 그밖의 특별회담 등에 도움이 된다. 화자가 청중과 공감대를 이루는 한 가지 방식이다.

3. 개인 인사

말하는 이의 개인적 인사는 이야기의 훌륭한 시작 방법으로 효과적이다. 말하는 이의 명성이 두드러지게 알려진 때 더욱 그렇다. 인사하는 태도와 동작에 조심성이 있으면 듣는 이의 주의를 끄는 동시에 친숙한 감정을 안겨주는 데 도움이 된다. 그러나

"다른 분이 더한층 좋은 이야기를 할 것이라 생각되는데 어째서 의장님이 저에게 이 주제에 대하여 이야기하도록 부탁한 것인지 이유를 모르겠습니다."

또는,

"이야기하기로 한 분이 아직 이 자리에 나오지 않아 도리없이 제가 맡아서 하게 됐는데 아무런 준비를 못했습니다."

등으로 사과하는 말을 하면 안 된다. 구실이나 사과 또는 변명을 하면 안 된다. 사과하고 말하면 이야기에 주의를 기울일 가치가 없음을 암시하는 결과가 된다.

4. 듣는 이에게 질문을 던져 이야기를 시작한다

가령,

"여러분 이 점을 어떻게 생각하십니까?"

하고 질문을 던지면 듣는 쪽에서

"댁은 이 문제에 대해 어떻게 생각하십니까?"

하고 '지명 질문'이 있을지 모른다고 예견하여, 말하는 이와 함께 이 문제를 생각하여 보자고 마음속으로 진지하게 다짐하게 된다. 듣는 이가 화제에 대해 흥미를 가지고 있지 않은 때 이 방법이 효과적이다. 질문을 던지면 화제를 적극적으로 생각하게 된다.

5. 대담하고 또 놀라운 설명을 가한다

이 방법은 놀라운 사실이나 의견 등을 말하고 듣는 이에게 충격을 준다. 크게 놀래주는 표현법을 처음에 쓰면 듣는 이의 주의를 끄는 데 매우 큰 도움을 받는다. 그러나 정도가 지나치지 않도록 주의한다.

6. 유명인사의 주장을 인용한다

말하는 이가 자기 견해를 말함에 있어 형편에 맞는 유명인사의 의견을 인용, 이야기 허두에 쓰면 듣는 이의 주의를 끈다. 이야기를 시작하기 위해 쓰는 인용이 진기한 것이든가 혹은 인용이 적절한 것이 아니면 안 된다. 어느 경우든 지나치게 긴 인용은 무용하다.

7. 유머있는 일화와 흥미있는 경험담

흥미있는 스토리나 경험담 등은 즐거운 것이 된다. 무엇보다 스토리가 매우 흥미있는 것이어야 한다. 그리고 품위있고 요령있는 것이어야 한다. 주제와 관계 없는 농담을 늘어놓은 뒤 돌연 주제로 이야기를 바꾸는 사람이 있으나 이는 서투른 짓이다. 미국이나 유럽사람의 이야기를 들으면 이야기 허두에 꼭 유머있는 일화를 사용한다. 이 방법은 구미인의 전매특허라 해도 무방할 듯싶다.

8. 참신한 뉴스를 이야기한다

새로 일어난 일 참신한 뉴스는 흥미를 끄니 듣는 이의 주의를 집중시킬 수 있다. 일어난 어떤 일은 말하는 이가 주장하고자 하는 내용에 관련 있는 것으로 한정한다. 언제든 뉴스는 여러 사람의 관심사가 된다.

◇ 제2단계, 이야기하는 이유

 듣는 입장에서 보면 이야기를 들어야 하는 필요성을 말하는 것인데, 이 단계에서 다음 항목 중 하나를 쓴다
 1. 주제가 말하는 이에게 흥미있는 까닭
 2. 주제가 듣는 이에게 흥미있는 까닭
 3. 말하는 이가 이야기를 부탁받은 경위
 4. 말하는 이가 주제에 대해 말할 자격이 있는 배경
 5. 현상의 변화를 주장, 말하는 이는 듣는 이가 감동하여 무엇을 할 것이며, 또 새로운 결정이 내려지지 않으면 안 된다고 납득시키기 위하여 현상에 불만을 느끼게 해야 한다.
 6. 현상의 유지를 주장, 현상에 대하여 듣는 이가 만족하고 또 듣는 이의 신념이 강화된 뒤 이 현상에 위협을 주는 위험이 있음을 말하고, 위험을 제거하기 위해 무엇인가 행해지지 않으면 안 됨을 설명하는 것이다. 총선거 때 여당이 실시하는 선거대책에서 이 방법을 쓴다.
 변화가 일어나면 반드시 위험이 동반함을 경고하고 현상 유지의 필요를 역설, 지금까지의 업적을 예찬하는 것이 이 방법이다.
 7. 정보 또는 지식의 제공, 지식을 주는 목적의 이야기는 주제에 대하여 듣는 이가 좀더 정보를 얻는 것이 필요함을 느끼게 한다.

 1단계와 2단계는 때로 함께 묶어 간단히 말할 때가 있다. 유머있는 일화가 듣는 이에게 호평을 받는다 하여 여기에 시간을 지나치게 할애하면 중요한 3,4단계의 이야기 시간이 격감된다.

그러므로 1, 2단계를 합쳐 이야기 전체 시간의 10%를 쓰면 알맞다.

16. 이야기 구성의 5단계 (2)

◇ 제3단계, 주장

듣는 이 쪽에서 보면 2단계에서 들을 필요를 느끼고, 3단계에서 말하는 이의 주장, 제안하는 아이디어가 정당함을 인정하고, 또 설명으로 사용된 아이디어 내용을 이해하는 것이다.
1. 아이디어와 입장을 설명한다.
2. 아이디어를 풀어나가는 관건이 되는 스토리를 말한다.
3. 아이디어를 명백히 밝히기 위하여 설명하든가 정의짓는다.
4. 아이디어를 전개하기 위하여 듣는 이에게 대답을 구하는 질문을 던진다.
5. 슬로건을 써서 주장을 말한다.

◇ 제4단계, 주장의 입증

아이디어를 뒷받침하고 듣는 이를 설득하는 것이 4단계의 목적이다. 지식을 주는 목적의 이야기나 즐겁게 하는 목적의 이야기는 이 단계까지 오지 않아도 이야기 목적이 이루어진다. 설득하는 이야기만 이 단계가 필요하다. 이 단계는 듣는 이의 희망과 바람을 한층 분명하고 충실하게 해주는 것이다.
듣는 이가 받아주는 신념이나 채택된 제안이 장래 어떤 바람직한 모양으로 실현되는 것인가를 듣는 이의 눈에 보이도록 머릿속으로 상상시키고 감명을 주는 것이 이 단계의 과업이다. 다음 중 하나를 쓴다.
1. 사실·통계·조사·보고 등을 인용한다.
2. 권위 있는 전문가의 의견을 인용한다.
3. 특수 사례를 지적 인용한다.
4. 확실한 증거가 있는 스토리를 쓴다. 유추를 쓴다.
5. 듣는 이에게 감동을 주기 위해 극적인 스토리를 쓴다.
6. 주장이 실현될 경우를 설명, 적극적 방법을 써나간다. 제안하는 해결책이 실천되면 장래 실현되리라 생각하는 상태를 구체적으로 설명한다.

제안이 채택되면 장래 사회복지 시설 등이 확충되고 명랑한 사회가 이루어진다고 듣는 이가 꼭 믿게끔 이야기를 전개한다.

가령,

"각 시도에 설비를 서두르고 있는 노인 복지시설이 확충되면 노후생활의 불안이 가시고 젊은 세대와의 단절을 괴로워할 필요가 없어질 것이다."

와 같이 적극 시책을 설명한다.

7. 제안이 실현되지 않을 경우를 설명하는 소극적 방법을 쓴다. 말하는 이의 제안이 실행되지 않을 경우, 장차 일어날 것으로 예상되는 위험한 사태를 듣는 이가 절감하게 말한다.
8. 비교 방법을 쓴다. 처음 소극적 방법을 써서 말하는 이의 제안이 채택되지 않을 때의 나쁜 결과를 말하고, 이어 제안이 채택된 때의 좋은 결과를 말하는 적극적 방법을 쓴다. 요컨대 바람직하지 못한 상태를 나중에 말하는 것이다.

말하는 이가 이상의 방법 중 어느 것을 택하여 써도 이 단계에서 가장 중요한 사실은 말하는 이가 제안하는 조건이 사실적인 것이 아니면 안 된다는 점이다. 말하는 이는 상상력을 활용, 듣는 이에게 보이고 들려주고 또 느끼게 해주고 맛보게 하면서 오감에 호소하도록 연구할 필요가 있다.

여기서 주의할 점은 증명방법으로 여러 종류의 증명 자료를 쓰는 것이 필요하다. 말하는 이가 한 가지 증명에 의존하지 않고, 여러 방법을 쓰는 것이 현명하다. 만약 사례·통계·권위자의 의견·추리·유추 등의 방법 중에서 4, 5개의 증명 자료를 뽑으면, 듣는 이를 납득시킬 가능성이 크다.

또 듣는 쪽의 어떤 사람은 인용되는 권위자의 의견을 받아들이지 않을 수 있고, 또 증명에 쓰인 사례를 정확하고 타당한 것으로 수용하지 않을 수 있으며, 추리상의 오류를 발견하고 또 유추방법에서 전혀 다른 의견을 가질지 모른다.

그러므로 시간이 허락하는 한 되도록 여러 가지 증명방법을 쓰는 것이 좋다. 증명방법에 다소 오류가 있어도 많은 증명방법을 쓰는 편이 듣는 이를 설득하는 데 효과적이다.

가령 다섯 가지 증명자료를 제공했을 때 듣는 이가 그 중 두 가지에 의혹을 가져도 세 가지 증명이 바르다고 인정하면, 일단 말하는 이 주장이 정당한 것으로 받아들인다.

◇ 제5단계, 결론

1. 호소 ; 이 방법은 행동에 따른 특수방침을 채택하도록 또는 어떤 정해진 태도를 알리고 믿게 하기 위하여 다소 단호하게 호소하는 것이다. 이 호소는 짤막하고 강한 관심을 일으키는 것이 더 효과적이다. 말하는 이가 이야기 중 제안한 행동 요구를 설명의 주된 내용으로 해야 한다.
2. 요약 ; 요약은 이야기 중 주요 논점의 짧은 개요와 말하는 이가 주요 논점에서 뽑아낸 결론을 함께 묶는 것이다. 요약의 결말은 말하는 이의 목적이 듣는 이의 신념 또는 행동에 영향을 미치는 것일 때 도움이 된다. 주요 논점의 요약은 신념을 분명히 보일 수 있고 또 듣는 이가 취해야 할 행동은 무엇인가를 명백

히 시사할 수 있다. 말하는 이가 요약하면 소개된 이야기의 중요성을 덧붙이고 듣는 이에게 잘 기억시킬 수 있다.
3. 유명인사의 말; 듣는 이에게 촉구하고자 하는 행동이나 태도를 암시하기 위해 유명인사의 말을 인용하면 듣는 이에게 강한 영향을 미친다.
4. 스토리의 이용; 말하는 이는 아이디어의 요점을 포함한 어떤 사실이나 스토리를 말하여 결론을 내릴 수 있고, 또 그것으로 듣는 이에게 받아들이기를 희망하는 행동을 시사할 수 있다.
5. 권유; 제안된 행동을 일으키도록 다시 한번 종결에 이유를 약간 덧붙여 자극을 가하고 행동을 일으키게 한다.

이 방법을 쓸 때 길게 말하면 안 된다. 또 가볍게 다뤄서도 안 된다. 이 방법은 판매설명 때 도움이 된다. 보통 이야기의 경우 이 방법을 쓰고, 말하는 이의 제안대로 행동하면 듣는 이에게 어떤 편익이 있음을 강조하는 의미로 사용된다.

6. 말하는 이의 의도; 이 방법은 권장하는 일련의 행동를 취하게 하기 위하여 말하는 이의 의도를 설명한다. 바꿔 말하면
"저는 단호히 이 계획을 밀고 나갈 각오입니다."
와 같이 분명한 의도를 말하는 것이다. 말하는 이의 명성이 높은 때 특히 효과가 있다. 이 방법으로 종결을 말한 유명한 연설은 패트릭 헨리의 '자유 아니면 죽음을 달라'이다.

종결을 말하는 이상 여섯 가지 방법은 말해진 중심 논지에다 듣는 이의 아이디어와 감정이 적중하는 것이어야 한다.

17. 이야기 시작

이야기의 시작은 여러 가지 방법으로 할 수 있지만 미국 세일즈

맨의 지도자 앨머 휠러는

"말을 꺼내고 10초는 다음의 10분보다 더 중요하다. 최초의 열 마디 말은 나중의 10만의 말보다 중요하다."

고 했다. 그러나 그렇게 어렵지는 않다. 다음의 네 가지 철칙은 누구라도 할 수 있는 이야기 허두를 꺼내는 방법이다.

◇ 현장에서

가령, 6월이 장미의 계절이면 어떤 경우의 스피치라도 이야기 허두를 장미꽃으로 잡을 수 있다.

결혼식 주례사에서,

"오늘 이 식장에 오는 도중이었습니다. 한 송이의 장미꽃이 길가에 늘어선 가로수 나뭇가지에 얹혀 있는 것을 보았습니다. 무심코 누가 길에 버렸든가, 아니면 꽃묶음을 머리에 이고 다니면서 파는 아줌마가 잘못해서 떨어뜨린 것일테죠. 이 장미꽃을 마음 착한 사람이 주워서 나뭇가지에 얹어 놓고 간 것이 틀림없습니다. 신부 이양도 장미를 주워서 나뭇가지에 얹어 놓을 수 있는 만큼 마음씨 고운 분입니다……"

영결식 조사에서,

"장미에 가시가 있습니다. 그것은 자기 몸을 돌보도록 한 자연의 섭리이겠죠. 사람도 마찬가지여서 자기 자신을 지키기 위해 가시 돋힌 말을 할 때가 없지 않습니다. 그러나 세상을 떠난 김 선생님은 결코 남의 마음을 아프게 하는 언사는 하지 않았습니다. 말하자면 가시가 없는 장미꽃이었습니다……"

신입사원 환영사에서,

"여러분은 장미꽃이 피는 과정을 지켜본 일이 있는지 모르겠습니다. 장미꽃은 꽃망울이 지는 기간이 깁니다. 작고 파란 꽃망울이 한 달 이상 갑니다. 그러나 꽃피기 1주일 전쯤은 꽃망울이 부풀고 순간 피어납니다. 여러분 지금까지의 학생 생활은 이 파란 꽃망울의 기간이었습니다. 그러나 다음은 점차 꽃을 피우는 시기입니다. 제가 보는 앞에서 꽃망울이 부풀어 피어나기를 당부합니다……"

◇ 반대 방향에서

복선을 깔아 놓고 뒤에 가서 정반대로 끝을 맺는다. 나중의 끝맺음이 플러스일 경우 스타트는 마이너스로 시작한다. 그러면 청자는 매혹된다. 처음부터 플러스를 강조하면 결론은 청자가 알게 되므로 맛이 없다.

이것은 한 '출판기념회' 축사이다.

"우편으로 배달되어온 <목소리의 여로>를 받아 들고 처음엔 그리 대단치 않게 생각하고 그냥 방에 있는 서가에 아무렇게나 던져뒀습니다. 그런 후 얼마 뒤에 그래도 정성스레 보내온 것이라 그 책을 꺼내 목차를 펴보고 이 대목 저 대목 읽어보았습니다. 과연 펴보기를 잘했다고 생각했습니다……"

이혜경이 지은 <목소리의 여로> 출판을 축하하는 모기윤의 축사 허두이다.

◇ 앞사람 이야기를 받아

동아방송 시절 프로그램 중에 <유쾌한 응접실>이 있다. '한량'에 관한 이야기를 나눌 때이다.

"한량이란 예전에 벼슬이 없던 무반을 두고 하는 말인데 어원은 그래도 한량이라면 술 잘 마시고 돈 잘 쓰고 놀기 잘 하는 사람일 것입니다……"

하고 단골손님 한 분이 말머리를 꺼냈다. 이때 이 말을 받아 새 손님이

"옛날엔 한량이라고 했지만 요즘은 그게 플레이보이가 아닐까요?……"
하면서 한량에서 플레이보이로 화제를 부드럽게 옮기며 말했다.

◇ 청자를 놀라게

처음부터 자극적인 말을 던짐으로써 청자를 놀라게 한다. 장면의 상황에 따라서 효과적인 방법이다. 청자의 기분을 긴장시킬 때나 아니면 먼저 말한 화자가 대단히 인기가 높을 때 쓰면 좋다. 제트 여객기를 타면 반드시 좌석 가까이에 구명대가 준비돼 있다. 그 구명대와 함께 구명대의 사용방법을 써놓은 설명서가 거기 들어 있다. 처음 부분에 이 글이 쓰여 있다.
"언제 어느 때 돌발적인 사고가 일어날지도 모릅니다……"
그러나 유머러스한 이야기에도 이 같은 방법이 쓰일 수 있다.
"잠깐 알려드리겠습니다. 앞으로 한 시간만 있으면 중대 뉴스가 발표됩니다. 다름 아니라 제 첫 아기가 출생합니다……"
청자를 놀라게 하는 방편으로 질문이 쓰인다.
"여러분은 이 놀라운 사실을 아십니까?"
하는 투의 허두이다.
연말이면 각 방송사가 연말 대공연을 갖는다. 어느 방송사의 공연에서 사회가
"다음은 몸이 아픈데도 무릅쓰고 이 자리에 부축을 받고 나온 아무개의 노래입니다……"
이것도 청중의 주의를 끄는 이야기 허두가 된다.

◇ 상대방을 충분히 알고

무엇인가 중요한 이야기를 하고 싶지만 상대방은 별로 들어주려

고 하지 않는다. 이런 때 전혀 다른 화제로 이야기를 꺼낸 다음,
"실은 이것도 좀 말했으면 하는데요……"
하고 자연스럽게 화제를 돌리면 뜻하지 않은 전환이 되므로 거절하기 어렵게 된다. 아무래도 일단 이야기를 들어주지 않을 수 없다. 그러나 말을 그렇게 걸어봐도
"그런 이야기는 듣고 싶지 않은데…"
하고 거절받을 수 있다. 그때는,
"별로 중요한 것은 아닌데요……정 그러시다면……"
하고 깨끗이 물러선다. 그리고 나서 다른 이야기로 돌리다가
"그래서 그것도 함께 이야기해 두는 것이 좋을 것 같은데요……"
하고 말하는 게 좋다.

큰 문제가 아닌 것으로 경쾌하게 나가면 상대방도 문제의 상담에 할 수 없이 응하게 된다. 중대한 이야기를 아무것도 아닌 것처럼 시작하고, 하찮은 것을 사뭇 중대한 것으로 이야기를 꺼내는 것도 사람을 끌어들이는 방법이다. 이와 흡사한 것으로 이쪽이 선수를 써서 상대방 마음에 호의를 불러일으키는 방법이 있다. 가령, 상대가 용서한다거나 용서하지 않는다거나 말하지 않고 있을 때,
"일전에 잘못한 것을 지금 정중히 사과드립니다."
와 같은 말이다.

원래 인간은 남의 말 듣기를 싫어한다. 말로 제 뜻을 정확하게 전하기 위해 상대가 어떤 선입관을 갖고 있는가를 먼저 알아내야 한다. 즉, 색안경을 쓰고 있는 상대에게 그것을 벗기고 허심탄회한 상태로 만든 다음, 이야기의 본론으로 들어간다. 청자의 선입관을 없애는 일은 말할 때 가장 기본적인 문제로 다루어야 한다.

18. 토론 전개

◇ **토론의 효용성**

토론은 영어 'debate'에 해당한다. '디베이트'는 결의안의 채택을 둘러싸고 긍정측과 부정측이 대결하는 정식 토론으로 룰이 있는 지적 대결이다. 또는 제3자에게 판정을 맡기되 의논을 통한 의사결정이요, 문제 해결의 한 방법이다. '디베이트'는 지적 논쟁법이다. 이를 습득하면 회의·논쟁·상담 등 모든 지적 대결에서 유리할 뿐 아니라 논리적 사고력을 크게 신장시킬 수 있다.

'디베이트'를 룰이 있는 지적 논쟁이라 하면 즉각 이해하는 사람이 드물다. 그러나 예를 들어 대통령 선거에서 케네디와 닉슨이 텔레비전을 통해 공개토론하였다든가, 혹은 또 카터와 레이건의 토론이 전형적인 것이라면 대부분 쉽게 이해한다. 기실 '디베이트'는 구미의 교양있는 사회인이라면 누구나 사회생활에 필수불가결의 소양으로 습득하는 스피치 유형이다.

최근 우리 나라를 둘러싼 국제환경이 긴박감마저 자아내게 하고 있다. 또 각종 기업이 안고 있는 제반문제도 급격한 국제화의 영향으로 이상보다 현실에 한층 비중을 두는 경향이 있다. 이 같은 추세를 감안할 때 우리는 대내외적으로 빈번히 각양 각태의 논쟁에 직면한다. 이때 토론방법을 익혀 주장과 반박을 논리정연하게 발표하는 설득력 있는 대비책이 아쉽다.

'디베이트'의 사전식 정의는 '정해진 일정 룰에 따라 대립되는 두 팀 사이에 행하는 논의'이다. 그리고 보다 전문적 입장에서 정의하면,
1. 어느 한 개의 논제를 중심으로 논의한다.
2. 대립되는 두 팀 사이에 행한다.
3. 인원수·진행방법·심사방법 등 일정한 룰에 좇아 행한다.

4. 의논은 단정이 아니라 입증되는 것이어야 한다.
5. 경과를 어떤 형태로 최종 판정한다.
6. 목적은 진리 탐구, 의사 결정, 문제 해결이다.

토론은 사회토론과 교육토론의 둘로 나누고, 다시 사회토론은 특별, 법정, 의회, 비공식으로 나눈다. 교육토론은 전통형, 신문형이 있다.

토론의 효용성은 다음에서 찾을 수 있다.

◇ 객관적 분석력

모든 사물에 항상 표리의 양면이 있다. 어느 한쪽만 보면 본질 파악이 잘 안 된다. 그럼에도 불구하고 왕왕 우리는 자신의 형편에 맞는 유리한 면만을 고려하기 쉽다. 자신에게 합당한 것이면 남에게도 합당한 것으로 간주한다. 그런데 토론은 이 같은 편견을 허용하지 않는다. 그것은 쟁점의 양면을 보지 않으면 토론할 수 없기 때문이다. 한 문제의 양 측면을 파악할 때 비로소 자기 주장의 결함이 발견된다. 상대방의 주장 역시 잘 이해된다. 토론은 실로 여기에 효용적 가치가 있다.

교육토론은 한 팀이 긍정 혹은 부정 양측에 설 것을 요구한다. 어느 쪽을 지지할 것인가가 토론 직전에 결정된다. 객관적 관찰·분석력을 키우는 데 있어서 토론처럼 좋은 훈련이 없다.

◇ 논리적 사고력

토론에서 유리한 입장에 서려면 자기설의 정당성을 주장할 뿐 아니라 상대방 반론을 반박할 태세를 갖춰야 한다. 그러므로 이유와 원인의 논리를 냉정히 분석하는 능력이 필요하다. 상대방 이야기에 모순은 없는가, 허위와 억지 그리고 논리의 비약은 없는가, 토론은 훈련을 통하여 이 같은 사실을 간취하는 능력을 키운다. 논리가 만능은 아니다. 또 감정 역시 만능이 아니다. 논리와 감정의 조화가 설득력을 증대시켜 나간다.

◇ 발표 능력

토론은 긍정측·부정측·청중 등 3자간의 커뮤니케이션이다. 긍정측, 부정측, 어느 쪽이 보다 잘 청중을 설득할 수 있는가, 여기에 토론 승패의 분기점이 있다. 정연한 논리가 간결명료한 이야기 구성, 호의어린 설득과 함께 일체가 된 때 비로소 한층 더 가치를 발휘한다. 토론을 통할 때 우리의 발표 능력은 비교우위를 차지할 수 있다.

◇ 보다 훌륭한 청자

토론은 또한 남의 이야기를 경청하는 능력을 키운다. 토론이 사물의 양면을 보는 습관을 몸에 붙여주는 까닭이다. 요컨대 자연스럽게 남의 견해를 관찰하게 되는 것이다. 적극적 경청은 남에 대한 관찰의 자세에서 비롯된다. 토론이 상대방을 논파하기 위한 논쟁은 아니다. 목표는 어디까지나 통합 조정된 의견 조화에 있다.

◇ 정보 수집 능력

토론에서 정보가 빠질 수 없다. 재판에서 증거와 증인이 빠질 수 없듯 토론에서 자기 주장을 지지하는 증거 자료가 불가결하다. 토론은 신문·잡지·간행물·문헌 등 홍수처럼 쏟아지는 정보 가운데 꼭 필요한 것만 선택하는 능력을 키우는 절호의 기회가 된다. 긍정이든 부정이든 확고한 문제의식에 기초한 체계적인 리서치가 요구되기 때문이다. 한층 설득력 있는 증거자료를 탐구하는 자세, 이 점이 사실을 포착하는 감각적 추구력을 키운다.

◇ **토론의 방법**

토론의 주제를 논제(Proposition)라고 한다. 논제를 이슈(Issue)라고 할 때가 많다. 논제는 취급되는 주제의 종류에 따라 4개 항으로 나눈다.
① 사실논제 ② 가치논제 ③ 정책논제 ④ 응용논제

1. 논제 설정의 조건
① 긍정과 부정의 양론이 제기되는 화제성 있는 것
② 중심 과제가 하나로 한정된 것
③ 감정적 표현이 아닌 것
④ 추상적 표현이 아닌 것
⑤ 긍정측이 입증 책임을 맡되, 현상의 중대변화가 표명된 것

2. 논제의 분석
① 논제를 정의한다.
   조사연구한다. 문제 영역을 파악한다.
② 주요 논점의 확보
   문제는 중요한가, 문제는 현상에 원인이 있는가, 해결안은 실행 가능한가, 해결안은 문제를 해결하는가, 장점이 단점을 상회하는가.

3. 주제의 입증
① 추론의 기본형에 합당한가.
   자료·논거·결론을 확보한다.

지원·한정·조건을 전제한다.
② 자료는 설득력을 갖는가.
어떤 자료를 쓰는가.(실례·통계·의견·논평)
조건이 충족되는가.(결론에의 연결·충분한가·최신·신빙성·모순 여부)
③ 논거는 설득력을 갖는가.
어떤 논거를 쓸 것인가.(인과·징후·유추·일반화·특수화)
각각의 조건이 충족한가.(청중의 가치관 고려·자료의 신빙성·사물의 논리적 관계)

4. 토론의 찬반
① 토론의 찬성측(긍정)
상대방 주장·사실·논거 중 하나를 무너뜨린다.
거짓·속임수 등의 궤변에 주의한다.
이유는 사실로, 숫자는 근거로 대처한다.
질문 공세로 상대방의 주장을 꺾는다.
져주면서 이기는 방법을 기억한다.
② 토론의 반대측(부정)
현실의 중요성을 자주 강조한다.
논리 구성에 만전을 기하여 상대방 반론이 제기될 수 없게 한다.
상대방 감정과 신념을 자극하지 않는다.
상대방 체면을 존중하고, 도피로를 제공한다.
상대가 실수한 말꼬리를 잡아 트집잡지 않는다.

찬반 어느 쪽이든 토론은 주장·사실·논거의 순서대로 발언한다. 이때 주장은 결론이요, 사실은 증거요, 논거는 사실의 해석이다.

찾아보기

〈ㄱ〉
가십 91
가치논제 325
가치있는 정보 112
감정 반응 288
감정이입 20, 104
감화적 내포 209
강원룡 50
강조 274, 304
개략적인 표현 283
개성의 매력 110
개인적 갈등 289
개인적 인사 301
객관적 분석력 323
게티즈버그 142, 307
견성(見性) 76
결어 63
겸허 99, 111
경의와 애정 297
경청이 중요 55
경험을 실례로 144
고객 우선 72
고객은 진정 왕인가 26
공감 107
공감대 104
공감된 사실의 확인 70
공감을 살 수 있다면 160
공개토론 322

공백 276
공백표현 241
공자 141
공중 연설 31
교양 화법 49
교육토론 323
구체적이고 건설적인 의견 267
국어발음 98
군소리 282
귀의 작업 303
그릇된 견해 75
금기어 60
금어 61
긍정적 암시어 243
기따니 85
기본화법 113
기분 좋은 표현 210
기어 60
기지의 사실 93
긴장된 감정 288

〈ㄴ〉
남의 험담 89
남의 혐오 120
납득은 설득의 결과 152
내포 279
너 자신을 알라 200
너와 나 그리고 화제 104
넌버벌 커뮤니케이션 278

네 또는 아니오형 81
네이산 294
노만 필 259
노맨 토마스 258
노사문제 73
논거 326
논리적 사고력 323
논점을 말한 뒤 265
논제 322
논파 324
눈의 작업 303
눌변 112
뉴턴 74
능변가 112
닉슨 322

《ㄷ》
다섯 가지 목적 270
다의어 284
대구법 281
대중 조작 112
대화 분위기 104
대화 성립 193
대화는 인격의 교류 47
대화의 7하 원칙 13
대화의 목적 48
대화중 예의 105
데살로니카 전서 42
데일 카네기 260
델포이 200
도산 14
동료에 대하여 178
동작언어 278
동학사 14

드골 53
듣고 싶은 화제 113
듣기 즐거운 것 93
듣는 이가 생각하도록 한다 266
듣는 이의 지성 267
디베이트 322
디키 128
딸의 선물을 받고 39
띄어 말하기 276

《ㄹ》
라테나 183
랑드리 292
래포 166
레어드 192, 197
레이건 322
루돌프 후렛슈 259
루머 283
루이스 207
루터 버뱅크 257
리드 148
링컨 65, 142, 295, 307

《ㅁ》
마스터스 119
마음 없는 겉치레 31
마음의 벽 161
마크 트웨인 258, 309
마태복음 51
만족을 주는 것 93
말은 교양의 척도 56
말을 고른다 279
말의 의미 282
말하고 싶은 화제 113

말하기 속도 264
맥베스 292
머레이 156
명랑소설 22
명령을 질문으로 192
명확한 것 95
모기윤 319
모두 부정 75
모로아 90
모리스 골드브렛 293
목소리는 그 사람 272
목적 분류 268
몬로 153, 309
몰리에르의 희극 208
몽테스키외 305
무리한 의뢰 190
무엇이고 도를 넘지 말라 200
무학선사 229
문제의식 324
미문법 282
미스 유니버스 35
미테랑 199

《ㅂ》
반대 방향에서 319
반문형 82
반복법 281
반복식 134
반복의 법칙 144
발표 능력 324
방언(放言) 61
버벌 커뮤니케이션 278
베르그송 137
베르나르 타피 198

베어드 128
베토벤 141
베티 157
벤더 155
벤자민 프랭클린 164
벽돌빛 21
변영로 92
보고의 특색 135
보고하기 134
보다 훌륭한 청자 324
부하에 대하여 177
분위기 조성 114, 295
불신감 77
불쾌한 감정 289
불평 불만 164
비교식 131
비속어 61
비유 282
빠른 속도 264

《ㅅ》
사람에게 싫증이 303
사랑스런 예쁜 꽃 14
사례의 이용 265
사물의 표리 72
사실과 추측 283
사실논제 325
사회자의 특징 225
사회토론 323
3분간 정리 305
상대성 원리 74
상류사회 부인 12
상사에 대하여 179
생동하는 흥미 266

샴페인 22
샴페인 색의 승용차 21
선입관 77
선택 방법 96
선택형 81
설득 효과 156
설득력 유무 114
설득력 있는 화법 199
설득방법 152
설득의 목적 150
설득의 의미 152
세네카 236
세일즈맨 72
션 웨들리 35
소극적 암시화법 241
소크라테스 64
수사학 112
쉬와브 157
슈르만 203
스토리의 인용 265
스피치 연구 299
슬로건 314
승무 23
승조 304
시니피앙 97, 98
시니피에 97, 98
시라노 드 벨주락 59
시선의 방향 103
시작이 성패를 좌우 300
시청각식 134
신뢰를 얻어야 191
신문형 323
신언서판 108

실례를 많이 든다 259
실례식 132
실언 61
심층 설득의 방식 165

《ㅇ》
아름다운 표현 209
아리스토텔레스 152, 171
아이 콘택트 69
아인슈타인 74
아집의 사람 71
안창호 108
안항 24
알렉산더 295
알프레드 아드라 42
앨머 레터맨 232
앨머 휠러 318
야리야리 23
양보심 112
양보와 관용 199
어린 자녀에게 192
어벽 63, 282
어조 273
언어 순화 56
에티켓 102, 105
연단 공포 287
연사의 자질 294
열의가 청중에게 297
엷은 화장 36
예비적 힘을 길러 놓는다 257
예의는 인간미로 쌓아야 33
예절 36, 110
오드리 햅번 12
오버스트리트 140

오상순 92
오색 약수터 26
올리버 153
완벽한 준비 291
외연 279
외유내강 109
요구에 호소 156
요령 좋은 대답 82
요령 좋은 질문 78
요점은 짧고 명확히 202
욕구불만 78
욕구에 호소 94
웃음의 철학 137
월터 스코트 295
웰스 239
유능제강 109
유머 101, 272, 302
유머는 윤활유 54
유머의 심리 137
유아의 어투 37
유어 사전 280
은어 62
응대말의 반응 70
응용논제 325
의기를 높이는 말 185
의뢰는 정중히 189
의문부호 280
의문형의 설득 165
의사 일치 부분 204
의사결정 185
의태어 23
이상재 108
이슈 325

이야기 목적 268
이야기 자료의 구성 263
이야기 자료의 준비 263
이야기 허두 263
이완용 108
이해에 호소 155
이혜경 319
인간관계 187
인간관계와 커뮤니케이션 182
인간관계의 황금률 28
인격으로 설득 157
인격의 교류 108
인격의 기준 108
인격의 도야 108
인격적인 설득 167
인력의 법칙 74
인사성 39, 111
인의예지신 109
일반목적 270
일방 대화 253
일시에 모든 것을 266
일치감 104

《ㅈ》
자기 본위의 호의 16
자기 신상 88
자기 이해 89
자기만 아는 것 91
자연스런 타이름 194
자연스런 태도로 36
자연스럽게 99
자존심 213
잘못의 지적 184
장미빛 21

장미빛 인생 21
장소와 장면에의 언급 302
장자 305
장점 칭찬 후 196
재덕겸비 109
저항의 이유 233
적극적 암시화법 241
적절한 것 96
적절한 질문 69
적절한 화법 58
전문용어 171
전통형 323
전화 걸기와 받기 215
전화 에티켓 211
절대의 강조 73
절정에 이르면 268
정보 수집 능력 324
정성 112
정신적 하제 288
정신집중 68
정신활동 290
정의식 130
정재도 61
정책논제 325
제3의 길 163
제1단계, 주의를 끈다 310
제임스 존스 170
조지훈 23
조치훈 30, 84
조화있게 나를 가늠해야 236
조혼파 22
존 단 236
좋은 말도 싫듯이 251

주제를 정한다 256
주제에의 언급 302
증거자료 325
증언식 133
지나친 조언 267
지식·상식·호기심 92
직업어 280
직장에 나가서도 37
진실하되 아름답게 235
진지한 경청 163
질문 종류 81
집단 규범의 중요성 167
짧은 스피치 307

《ㅊ》
찰스 램 285
찰스 슈와브 231
찰스 캐더링 259
참된 설득 164
청자를 놀라게 320
청자에게 찬사를 301
청중은 여름 하늘 254
청중이 기대하는 이익 149
추론의 방법 155
축배의 노래 22
충분한 지식과 정보 129
취미에 관한 것 90
친숙한 것 95
7하 원칙 56
침이 튀지 않게 102

《ㅋ》
카뮈 50
카터 322

칸트 278
칼 힐티 47
케네디 322
쿨리지 141
퀸틸리안 294
클레오파트라 292
키신저 66
키케로 51
탈레스 200

〈ㅌ〉
토론의 방법 325
토론의 효용성 322, 323
통계식 133
특정목적 270

〈ㅍ〉
파브리아스 시라스 42
파우사니아스 200
판매 성취 233
판매수단 157
패트릭 헨리 308, 317
포즈의 이용 264
포프 180, 206
표어의 설득력 159
표정 인사 43
표정언어 278
표정으로 하는 인사 42
표현은 힘있게 280
표현을 새롭게 284
품격을 나타내는 말 57

품위있는 태도 262
프랑스호 53
프랭클린 루스벨트 308
프리드리히 291
플라톤 236

〈ㅎ〉
합리적 조건 290
행동에 필요한 것 92
허심탄회 77
험구는 삼간다 59
헤롤드 맥밀란 296
현장에서 318
협력을 의뢰 183
호감 사는 화법 215
호감은 성실한 관심에서 237
화법 교육 49
화법의 우열 113
화제 선택 113
확신 없는 것처럼 205
확인사항 221
활기있게 말한다 265
회의 줄거리 223
효과의 법칙 144
효과적 방법 128
효과적 설득방법 154
효과적 청법 71
후지사와 84
흉금 터놓기 77
흥미와 관심을 267

저자: 전영우(全英雨)

서울대학교 사범대학 국어교육과 졸업
성균관대 석사과정, 중앙대 박사과정 졸업
문학박사(성신여대)
한국방송공사 아나운서 실장
수원대학교 인문대학 학장
한국화법학회 회장 등 역임
현재: 수원대학교 국어국문학과 대우교수
　　　신성대학 초빙교수
　　　국립국어연구원 국어문화학교 강사
저서: 국어화법론(집문당), 대화의 미학(집문당)
　　　바른말 고운말(집문당), 짜임새 있는 연설(민지사)
　　　토의토론과 회의(집문당), 고등학교 화법(교학사)
　　　한국근대토론의 사적 연구(일지사), 신국어화법론(태학사)
　　　표준 한국어 발음사전(민지사, 집문당)
수상: 외솔 최현배상・동랑 유치진 연극상・서울시문화상
　　　한국언론학회 언론상

느낌이 좋은 대화 방법　　　　　　　　　　　　값 12,000원
2003년 1월 15일 1판 1쇄

　　　　저　자　전　영　우
　　　　발행인　임　경　환
　　　　발행처　**집 문 당**
　　　　　　110-360　서울특별시 종로구 와룡동 95번지
　　　　　　등　록　1971. 3. 23. 제 2-304호
　　　　　　영업부　(02)743-3192~3, 팩스(02)742-4657
　　　　　　E-mail　sale@jipmoon.co.kr
　　　　　　편집부　(02)743-3096,　　팩스(02)743-3097
　　　　　　E-mail　edit@jipmoon.co.kr
　　　　　　홈페이지　www.jipmoon.co.kr

ISBN 89-303-0981-X